El periodismo literario de Marta Brunet

Serie: Literatura, nº 106

GÁLVEZ VELÁSQUEZ, Karim

El periodismo literario de Marta Brunet/ Gálvez, Karim.
Valladolid: Ediciones Universidad de Valladolid, 2024

190 p. ; 24 cm (Literatura ; 106)

ISBN 978-84-1320-299-0

1. Brunet, Marta 1897-1967 - Crítica e interpretación 2.
Periodismo - Historia - Siglo XX. 3. Prensa y literatura. I.
Universidad de Valladolid, ed. II. Serie

070.488-057.1"19"

Karim Gálvez Velásquez

El periodismo literario de Marta Brunet

EDICIONES
Universidad de Valladolid

En conformidad con la política editorial de Ediciones Universidad de Valladolid (http://www.publicaciones.uva.es/), este libro ha superado una evaluación por pares de doble ciego realizada por revisores externos a la Universidad de Valladolid.

© KARIM GÁLVEZ VELÁSQUEZ. Valladolid, 2024

© EDICIONES UNIVERSIDAD DE VALLADOLID

Preimpresión: Ediciones Universidad de Valladolid

ISBN 978-84-1320-299-0

Diseño de cubierta: Ediciones Universidad de Valladolid

Fotografía de cubierta: Comité Marta Brunet y Archivo Central Andrés Bello, Universidad de Chile

Dep. Legal: VA 408-2024

Imprime: Safekat

ÍNDICE

Prólogo

Conocí a Karim Gálvez en Santiago de Chile en octubre de 2018; unos meses antes me había propuesto dirigir su tesis doctoral sobre la obra periodística de Marta Brunet y su entusiasmo contagioso me impulsó a acompañarla en ese viaje. Leída con éxito en 2023, el libro que ahora prologamos, *El periodismo literario de Marta Brunet,* es el fruto sereno, reflexivo y de sedimentación de aquella investigación, y del volumen *Marta Brunet: crónicas, columnas y entrevistas,* que editó en 2019. Sin duda Karim Gálvez ha paliado el olvido que hasta hace pocos años ha sufrido la obra periodística de Marta Brunet, haciendo justicia y homenaje, de este modo, a una gran mujer y, sobre todo, a una gran escritora. Y sin abandonar el rigor científico, lo ha realizado con la sencillez y la honestidad que se derivan de una profunda admiración.

Marta Brunet, escritora hispano-chilena, nació en Chillán, al sur de Chile, en 1897. Desde muy joven mostró interés por la literatura, faceta en la que fue muy prolija y en la que habría de ganar prestigiosos galardones, entre los que destaca el Premio Nacional de Literatura (1961), conseguido junto con Gabriela Mistral (1951), Marcela Paz (1982), Isabel Allende (2010) y Diamela Eltit (2018). Su faceta periodística, que se inicia a los veinte años y alcanza su mayor dedicación entre los años 1925 y 1939, cuando la autora está en la capital, ha sido menos conocida y reconocida, aun siendo de gran calado para trazar el panorama del periodismo literario de la primera mitad del siglo XX. Para atenuar ese injustificado abandono, Karim Gálvez publica este volumen *El periodismo literario de Marta Brunet*, en el que, dentro del vasto panorama del periodismo chileno, la figura de Marta Brunet emerge con una fuerza y relevancia incuestionables. Como demuestra Gálvez a través de los diferentes capítulos del libro, su capacidad para observar y narrar, para penetrar en el tejido social y político de su tiempo, y para abordar con valentía temas de gran envergadura, le confieren un lugar destacado entre los periodistas más influyentes de su generación.

Al leer estas páginas, descubrimos que Brunet no solo fue una cronista de su época, sino también una voz crítica y perspicaz que supo captar y reflejar las transformaciones y tensiones de la sociedad chilena del siglo XX. A través de sus columnas y artículos, algunos firmados con seudónimos —Miriam, Isabel de

Santillana, la Hermanita Hormiga y Aladina—, no se limitó a describir eventos; más bien, los interpretó, les dio contexto y los proyectó en un análisis profundo y enriquecedor. Su labor periodística se caracterizó por una rigurosa investigación, un estilo claro y directo, y una notable habilidad para hacer accesibles temas complejos a un amplio público lector.

La obra periodística de Marta Brunet merecía este estudio que nos brinda su autora, puesto que es testimonio de su compromiso con la verdad y la justicia, de su sensibilidad ante las injusticias sociales y de su inquebrantable lucha por los derechos de las mujeres. En sus textos, Brunet aborda con valentía cuestiones como la desigualdad, la pobreza, y la marginación, pero también celebra la cultura, la identidad y las historias de los más vulnerables. Su voz resuena con una claridad y una fuerza que siguen siendo pertinentes hoy en día, ofreciendo una perspectiva invaluable sobre las dinámicas sociopolíticas de su tiempo y sobre los desafíos que, en muchos aspectos, aún persisten.

En este libro, el lector encontrará no solo la semblanza de una cronista excepcional, sino también de una intelectual comprometida, cuya aguda percepción y profunda humanidad continúan inspirando y provocando reflexión. Los sucesivos capítulos, encabezados por una inestimable aproximación teórica a las relaciones entre periodismo y literatura, dan pie a su autora a hacer no solo un recorrido por la historia de Chile a través de la mirada de una de sus hijas más ilustres, sino también una llamada a la acción, a la conciencia y a la empatía, y de este modo, universaliza la voz femenina en el periodismo de la primera mitad del siglo pasado.

Como señaló Borges en 1975, «el prólogo, cuando son propicios los astros, no es una forma subalterna de brindis, es una especie lateral de la crítica». Sin ser tan ambicioso nuestro quimérico propósito en estas líneas y a la espera del favor de los astros, invitamos al lector a adentrarse en la vida y obra periodística de Marta Brunet de la mano de Karim Gálvez, con la certeza de que encontrará en ella una fuente de conocimiento e inspiración y una guía que ilumina nuestro conocimiento de un lugar, un momento histórico cultural y una mujer inigualables. Y en Karim Gálvez, la tarea de resaltar una voz personalísima con rigor científico y con la complicidad de quien comparte profesión y decoro.

Susana Gil-Albarellos Pérez-Pedrero

Introducción

Marta Brunet es una escritora que ha recibido un trato contradictorio tanto en la escena cultural chilena como hispanoamericana, pese a ser una de las pocas mujeres galardonadas con el Premio Nacional de Literatura (1961).

Es un hecho conocido que, tras la publicación de sus *Obras completas*, en 1963, sus novelas y cuentos fueron escasamente reimpresos y prácticamente ignorados, lo que revela un olvido en un contexto público marcado históricamente por la omnipresencia autoral masculina.

Recién entre 2014 y 2017 —cuando se conmemoraron los cincuenta años de la muerte de la escritora— surgió un renovado interés por el estudio de su literatura que ha reivindicado su importancia, gracias a la labor de académicos como Natalia Cisterna Jara, Lorena Amaro Castro, Berta López, Rubi Carreño, Kemy Oyarzún, Grínor Rojo y Osvaldo Carvajal, entre otros, quienes han aportado nuevas dimensiones a la narrativa de Brunet, problematizando sus escritos desde un enfoque de género modernizador.

En este sentido, el titánico trabajo de Natalia Cisterna –quien realizó una completa edición crítica de la obra literaria de la escritora– ha marcado un hito. A juicio de Lorena Amaro, con estos volúmenes de Ediciones Universidad Alberto Hurtado (2014; 2017) comenzó a saldarse una deuda sostenida por décadas con la creadora de *Montaña Adentro* (1923); *María Rosa, flor del Quillén* (1927); *Cuentos para Marisol* (1938); *Humo hacia el sur* (1946) y *María Nadie* (1957), entre otras obras (Amaro 2014, 33).

Este conjunto de investigaciones ha permitido una relectura de obras que fueron encasilladas en el criollismo por críticos superficiales que pareciera ni siquiera leían la literatura de Brunet cuando la reseñaban (Amaro 2021, 1).

El ímpetu académico por el estudio de la autora, sin embargo, no ha llegado aún con la misma fuerza en otra área en que Marta Brunet se desenvolvió de manera consistente durante 40 años. Se trata de su labor como redactora y directora de medios de comunicación.

La escritora oficia como cronista, entrevistadora, columnista y directora entre 1919 y 1958 en publicaciones chilenas y extranjeras, como *El Día, La Discusión, La Nación, El Sur, Familia, Ecrán, La Hora, Repertorio Americano* y *Atenea*. Varios de sus escritos los publica bajo los seudónimos Miriam, Isabel de Santillana, la Hermanita Hormiga y Aladina. En otras piezas editoriales, en cambio, utiliza su nombre real y en ellas deja de manifiesto una visión crítica y con dosis de rebeldía sobre la democracia, el abandono de la infancia y la falta de políticas de promoción de las artes y la cultura.

Sus agudas reflexiones —probablemente incómodas para el poder político y las élites intelectuales y sociales de la época— encontraron en el periodismo el mejor espacio para difundirse.

Entre 1926 y 1930 publica periódicamente en el diario *El Sur* una sección llamada *Kaleidoscopio*, donde, tal como dice el nombre, transita desde entrevistas con intelectuales y artistas como Claudio Arrau y María Monvel hasta campeonas chilenas de hípica o fundadoras de hospitales de beneficencia; comenta las tendencias de la moda y estrenos de cine. Así mismo, acude a funciones de ópera y espectáculos de vodevil; todo ello tan variopinto como su curiosidad.

Entre 1935 y 1939 ejerce como reportera y luego como directora de la revista *Familia*, de editorial *Zig-Zag*. Desde esta vereda, bajo el seudónimo de la Hermanita Hormiga escribe columnas de educación alimentaria y recetas de cocina.

Como Isabel de Santillana firma editoriales que abogan por que la mujer ocupe un espacio en el mundo público y otras en que defiende los espacios íntimos femeninos en el hogar. Una mujer no tiene por qué renunciar a nada. Marta Brunet, al menos, así lo trasluce. Hay en esos textos —publicados en una inocente revista femenina— una férrea denuncia de las contradicciones sociales que se viven en el panorama nacional.

Desde 1939 hasta 1958 expande sus ideas al continente entero a través de sus publicaciones en el diario *La Hora* y la revista *Repertorio Americano* con una impronta americanista política y cultural. En esta etapa destacan textos como «Americanismo también es obra femenina» (1939) y «El mundo mágico de los niños» (1958), que marcarán su periodo de madurez como periodista.

La presente publicación aborda la desconocida faceta periodística de la escritora chilena Marta Brunet, a partir del análisis de una compilación de cerca de 100 crónicas, columnas y entrevistas publicadas entre 1920 y 1958, a lo largo de la carrera de la escritora-periodista, y que por primera vez fueron rescatadas y recopiladas desde archivos de diarios y revistas de las épocas estudiadas. Lo anterior ha permitido valorar a la escritora Marta Brunet como una representante pionera del periodismo literario chileno de principios del siglo XX.

Capítulo 1

Periodismo y literatura:
Una historia de hibridez

1.1. Antecedentes del cruce entre periodismo y literatura en el mundo hispano

Un discurso permite identificar el momento en que se hace visible la necesidad de definir la naturaleza de la relación, que posee tintes simbióticos, entre periodismo y literatura, y que comienza a tensionarse a mediados del siglo XIX, con el surgimiento de un lenguaje coloquial en los periódicos y que, a diferencia del literario, refleja un notorio registro de tipo conversacional.

El discurso del escritor y político Joaquín Rodríguez Pacheco, pronunciado el 21 de junio de 1845 con motivo de su ingreso a la Real Academia, propone por primera vez al periodismo como un género independiente de la literatura. Rodríguez Pacheco se pregunta si las manifestaciones periodísticas podrían considerarse artísticas, por lo tanto, del ámbito literario.

Periódicos de la época, como *El Tiempo,* reciben positivamente las palabras de Rodríguez Pacheco, ya que este exalta una idea que pocos proclaman explícitamente en España de la época: «...Y es en verdad, un espectáculo altamente revolucionario, tratándose de nuestra literatura, el de un hombre político reclamando los títulos del periodismo en el seno de la corporación encargada de conservar las tradiciones del idioma» (Mancera 2011, 232).

Rodríguez Pacheco aboga por un periodismo como género literario en el sentido que aspira a una escritura artística, postura que en 1895 es respaldada por el escritor y político Eugenio Sellés y tres años después por los intelectuales Juan Valera y Wenceslao Fernández Flórez, quienes coinciden en que el periodismo sí podría considerarse literatura.

Hasta entonces, los manuales de preceptiva literaria que se publicaban pródigamente en España habían optado por clasificar los contenidos en torno a una rígida estructura tradicional bajo dos grandes núcleos: la poética y la retórica, con el objeto de delimitar el objeto de estudio y distinguir la literatura de otras actividades culturales que tenían como foco la comunicación (Mancera 2011, 236).

Se considera al lenguaje periodístico cercano a la oratoria política y la didáctica, aunque no encaja exactamente con ninguna de las dos, ya que no se trata de obras habladas que busquen persuadir ni tienen como propósito la enseñanza, objetivo principal de la didáctica. Tampoco resulta claro si el periodismo es un género literario especial. Sí aprecian la necesidad urgente de estudiarlo debido a «su influencia en la marcha del adelanto social» (Milego e Inglada ctd en Mancera 234).

El desafío es bajo qué principios categorizarlo: ¿debiese o no el texto periodístico considerarse un género literario aparte?, ¿se está frente a un género independiente o tal vez de uno mixto?

La perplejidad no solamente se enfoca en el lenguaje, sino también en la función comunicativa de este y en los formatos en que se expresa debido a la existencia de un pacto periodístico entre el emisor periodista y sus receptores lectores. Ni el autor debía hacer pasar su texto por lo que no es ni el lector exigir lo que no le han prometido (Romero 2002, 162).

Para Juan Manuel Garzón, los textos periodísticos son inclasificables debido a su naturaleza heterogénea, mientras que Ciurana Maijó propugna el periodismo como un género de composición mixta al incorporar asuntos diversos de la literatura (Garzón ctd en Mancera 2011, 235).

Detrás de la imposibilidad de clasificación, subyace por parte de los preceptistas frente al periodismo, una actitud ambivalente, cercana a lo desdeñoso, por considerarlo espurio y superficial, en suma, era literatura en la medida que responde a una modalidad de escritura, pero una literatura de baja estofa (Rodríguez 2010, 205).

Aunque la distinción no se resuelve durante el siglo decimonónico, como indica Salaverría (1997), son los preceptistas quienes sientan las bases de la escritura periodística moderna, heredera de la literatura, y que comienza a ser adoptada por un grupo de profesionales que se hace llamar reporteros y que se aleja de los escritos literarios clásicos para centrarse en los hechos o *facts*. Entregan, por ejemplo, pautas estilísticas y consejos para presentar argumentaciones, además de recomendar el cuidado en la corrección del lenguaje que, debido a la premura de la publicación en prensa, no siempre cumplía con la gramática esperada.

En las dos últimas décadas del siglo se difunden los primeros manuales dirigidos especialmente a los noveles periodistas. En 1886, escrito por Robert Luce, aparece *Writing for the press. A manual for editors, reporters, correspondents and printers*, un libro de cien páginas con pautas de escritura para reporteros. En 1891, los hermanos españoles Ossorio y Gallardo publican *Manual del perfecto periodista*, donde describen las reglas de la profesión y en 1901, Augusto Pérez edita *Tratado de periodismo*.

Todos estos libros, aunque no se detienen en la relación entre periodismo y literatura, «sí destierran la ficción de los fueros periodísticos» (Rodríguez 206), lo que marca la primera diferenciación: el foco de estudio del periodismo sería la realidad y no la ficción literaria. En paralelo, nacen las asociaciones de la prensa.

En 1882, se funda en Málaga la primera organización del género, seguida por las asociaciones de Madrid (1895), Sevilla (1909) y la *Society of Professional Journalist* (SPJ) estadounidense (1909).

La necesidad de establecer distinciones entre escritos periodísticos y textos literarios, entre literatos y reporteros, entre periódico y libro, se torna evidente y se profundiza en los albores del siglo XX con el nacimiento de la sociedad de masas, propiciada por transformaciones tecnológicas como el telégrafo y la imprenta moderna o estereotipia —que comienza a utilizarse en los países anglosajones en 1870—, y los cambios sociales y económicos que irrumpen en el periodo, como el nacimiento de las agencias de publicidad y la inmigración del campo a la ciudad.

Entre 1880 y 1930, Europa, Estados Unidos y América Latina —aunque con ritmos diferentes— observan la aparición de la llamada sociedad de comunicación de masas con los fenómenos que la caracterizan: el surgimiento y desarrollo de diarios independientes; el nacimiento de la radio y el cine; la concepción de la prensa-negocio dependiente de la participación de avisos publicitarios a bajo costo; la apertura hacia lectores de clases burguesas; y la maduración de géneros nacidos durante el siglo XVIII y XIX al alero de la literatura, tales como la crónica, la entrevista y el reportaje (Chillón 1999, 143).

Según Habermas, la prensa imperante de finales del siglo XIX —especialmente las revistas literarias— se vuelve obsoleta al no conectar, ni tampoco intentarlo, con las capas medias que se popularizan y que terminan prefiriendo los folletos ilustrados de gran difusión a los textos dirigidos a la élite (Chillón 1999, 191-197).

Es el escenario propicio para que el periodismo con vocación masiva encuentre su lugar en la sociedad de la época. En 1886, el crítico inglés Matthew Arnold propone el concepto Nuevo Periodismo para definir a la prensa que busca llegar al público femenino y a la clase trabajadora por medio de innovaciones tipográficas y la producción de textos tipo semblanzas de celebridades y noticias de «color». Es la época en que también nacen los grandes consorcios periodísticos como *Hearst* y *Pulitzer*, en Estados Unidos, y *Northcliffe*, en Inglaterra, con periódicos como *New York Morning Journal*, *New York World* y *Daily Mail* cuyos tirajes sobrepasan el medio millón de ejemplares. La fórmula es la que imponen los empresarios de la prensa: notas de interés humano (*human interest stories*) y la incorporación de repertorios como el *cartoon* y el *new picture*, que van reemplazando las formas clásicas de la producción literaria para optar por la llamada literatura de pasatiempo.

En paralelo, este nuevo periodismo impone sus propios mandatos para el oficio: exactitud, entretención y veracidad de la información, aunque no siempre logre cumplirlos al subordinarse al impacto y el sensacionalismo que requieren la venta y la circulación. La literatura, a su vez, también se ve influenciada por los cambios sociales que dan origen al movimiento realista, heredero de los franceses Honoré de Balzac y Gustave Flaubert y el español Benito Pérez Galdós.

Según la opinión de Habermas, si se pensó en separar periodismo y literatura, información y raciocinio, lo que termina creándose es una forma de entretenimiento novedosa que mezcla los planos de la realidad, donde *facts* y *fiction* se funden entre sí. Chillón, en cambio, plantea el surgimiento de una «sensibilidad realista», en que tanto literatos como periodistas buscan reflejar las transformaciones sociales de la época, lo que crea dos narrativas que se desarrollan en paralelo: mientras los primeros se vuelcan hacia el mundo de lo ficticio, los segundos hacia lo facticio, los hechos reales (Habermas 1994, 143-144; Chillón 1999).

1.2. El literato versus el reportero

La sensibilidad realista de la que habla Chillón, en el caso latinoamericano, se experimenta con claridad en los medios que se fundan en los albores del siglo XX. Diarios y revistas como *Caras y Caretas*, *Zig-Zag* y *Chile Ilustrado* desde el principio incluyen contenidos de literatura y periodismo, producidos tanto por reporteros como por literatos.

Ya en su primera edición, de mayo de 1902, *Chile Ilustrado* declara: «En todos sus números dedicaremos unas cuantas páginas a sintetizar brevemente los tópicos de la actualidad de mayor interés público. Además, procuraremos amenizarla con trabajos de prosa y poesías selectas de nuestros principales autores» (Chile Ilustrado 1902, 4).

Las grandes plumas de la literatura incursionan en el oficio de reporteros sin reparos. Como expresa Tomás Eloy Martínez, no fue un azar que escritores como José Martí, Manuel Gutiérrez Nájera y Rubén Darío hayan dado sus primeros pasos en el periodismo. De esa manera, por primera vez, funden a la perfección la fuerza verbal del lenguaje literario con la necesidad matemática de ofrecer investigaciones acuciosas, puestas al servicio de todo lo que sus lectores querían saber (Martínez 2002, 120).

Destaca su alta opinión del oficio periodístico.

Ese tránsito de una profesión a otra fue posible porque, para los escritores verdaderos, el periodismo nunca es un mero modo de ganarse la vida sino un recurso providencial para ganar la vida. En cada una de sus crónicas, aun en aquellas que nacieron bajo el apremio de las horas de cierre, los maestros de la literatura latinoamericana comprometieron el propio ser tan a fondo como en sus libros decisivos. Sabían que si traicionaban la palabra hasta en la más anónima de las gacetillas de prensa, estaban traicionando lo mejor de sí mismos ... El compromiso con la palabra es a tiempo completo, a vida completa (Martínez 2002, 119).

Una realidad similar se vive en España. Desde su origen, los periódicos abren sus páginas a las gentes de letras que puedan escribir un artículo o comentario con rapidez; no se aprecia un marcado límite entre reportero y literato, entre política y prensa, entre información y opinión, sino más bien una presencia de autores relevantes «con el doble perfil de dedicación simultánea al periodismo y a la literatura» (Torregrosa y Gaona 2014, 793; Mancera 2009; Palenque 1998).

En 1927, José María Salaverría observa con cierto pesimismo este panorama y lo llama la «civilización periodística», lo que, a su juicio, lleva a la fatalidad para la literatura, debido al riesgo de que el periódico devore el libro.

... mientras el libro concede cada día menos la posibilidad de una flaca ganancia, el periódico pague, si no precisamente estipendios fastuosos, por lo menos cantidades decorosas y al contado ... Todos los escritores españoles, con sus cuartillas bajo el brazo, tienen que desfilar ante las mesas directivas de los diarios ... Desde Ortega y Gasset hasta el último pelafustán (Cruz 2003, 24).

Si bien la razón económica es una que lleva a los escritores a incursionar en el oficio periodístico, también este les facilita la difusión de su obra entre un público más amplio. A principios del siglo XIX, el literato es una figura que suele tener militancia ideológica y que se ubica en una suerte de olimpo lejano de la ciudadanía y solo cada cierto tiempo baja desde allí a entregar sus opiniones. Gracias a los periódicos se les ofrece la posibilidad de propagar con mayor fuerza sus ideas políticas, sociales y culturales. Como resultado de ello, a fines del siglo XIX, gracias a la presencia de estos escritores, el periodismo español logra su reconocido nivel intelectual y literario (Alfaro 1985, 95-100).

Esta asociación literato-periódico tiene una faceta de conveniencia en el periodo: la prensa necesita autores y los escritores necesitan ganarse la vida. «Así es que al comienzo, más por conveniencia que por convicción, los literatos comenzaron a publicar en los diarios sus crónicas como un registro de los hechos actuales» (Aguilar 2020, 28).

Estos tipos humanos —el literato y el reportero— poco a poco separan ámbitos de acción periodística. Mientras el primero se especializa en la opinión y el artículo literario, el segundo se enfoca en la información. Estos tipos humanos aparecen como «pruebas irrefutables de la transformación que experimentaba el oficio periodístico en los periódicos» (Montesa 2003, 158).

Lo que reflejan estos dos oficios es el tránsito de una prensa hasta entonces basada en la retórica y el registro de la literatura hacia el surgimiento de una nueva prosa basada en la noticia (Romero 2003, 161).

Como sostiene Darrigrandi, el surgimiento del reportero significa una oportunidad que, aunque distingue dos oficios, también evoluciona hacia una suerte de rivalidad entre quienes escriben bien —los literatos— y los que no saben escribir, los periodistas (Darrigrandi 2013, 129).

En palabras de Tom Wolfe, durante la primera mitad del siglo XX, estas transformaciones provocan pánico entre la comunidad literaria, que desde el siglo XVII impulsa una suerte de modelo de castas, cuya clase más elevada la conforman los novelistas, «los únicos escritores creativos, los únicos artistas de la literatura»; luego venían los «hombres de letras», críticos y ensayistas literarios y finalmente —en un rango inferior—, los periodistas, casi operarios de información bruta, lo que él llama el lumpen proletariado (Wolfe 1992, 41).

La ruptura, sin embargo, no es del todo evidente, ya que hacia fines de 1800 destacan en el mundo anglosajón y en el mundo hispano periodistas-literatos que describen hechos sin abandonar un registro de escritura elegante y estética. Como señala Rubén Darío, «el periodista que escribe con amor lo que escribe, no es sino un escritor como otro cualquiera» (Cruz 2010, 10).

El cubano Alejo Carpentier, por su lado, afirma que ambos oficios se integran en una sola personalidad, y que la gran distinción entre uno y otro radica en que el periodista es un escritor que «trabaja en caliente», con acontecimientos que requieren rapidez, mientras que el literato trata con un acontecer que mira retrospectivamente (Anaya 2006).

Desde esta perspectiva es pertinente la visión de Cruz, quien señala que un periodista puede escribir literariamente y un novelista contar hechos realmente sucedidos, pero dentro de un orden y en tareas que son sustancialmente diferentes (Cruz 2003, 12).

Rodríguez, en cambio, plantea una distinción desde la figura del escritor destacando que cuando Rodríguez, Fernández Flórez y Valera se refieren a periodismo como género literario, piensan en un oficio ejercido por grandes plumas, ya que «no todo periodismo es literatura (en el sentido de expresión poética), sino solo el ejercido por los escritores (periodistas literarios) más talentosos» (Rodríguez 2010, 206).

1.3. La irrupción de los formatos periodísticos: crónica, entrevista y columna

Si durante el siglo XIX se asocia el cuento con la crónica periodística y la novela con el reportaje en profundidad, como plantean Torregrosa y Gaona (2013, 91), a principios del siglo XX, precisamente por el surgimiento de los tipos humanos literato y reportero, el mundo de las letras es testigo del desarrollo de modalidades discursivas periodísticas. Ya no se trata de la publicación de textos literarios en periódicos, sino de la aparición de géneros que se convertirán en formatos característicos de la prensa, tales como la crónica, el reportaje, la entrevista y la columna.

El periodismo de la sociedad de masas toma forma y se manifiesta en periódicos con circulaciones masivas, como los más de cien mil ejemplares de *El Imparcial* y las cerca de 24 mil copias de *El Globo*; la ampliación de temáticas relacionadas con la actualidad, el entretenimiento y la creación de nuevas secciones en los periódicos con nombres como «Fondo», «Gacetilla», «Retratos», «Semblanzas», «Entrevistas», «Crónicas» y Reportajes» (Romero 2003, 165).

1.3.1. Las crónicas pioneras

En Latinoamérica, como señala Darrigrandi (2013, 36), las crónicas desde los siglos de la Conquista han sido relatos que reflejan la identidad continental y eso se entiende por la larga tradición de ellas en el continente. Sus primeros antecedentes se ubican en los siglos XV y XVI, con el descubrimiento de América y la posterior llegada de los conquistadores españoles. En los primeros tiempos, la crónica se centra en el registro de estas tierras desconocidas, con detalladas descripciones de paisajes, costumbres indígenas e incluso rutinas de alimentación. Como señala Aguilar, «su valor está en el registro de lo distante y desconocido, para un público que desea conocer tierras lejanas» (Aguilar 2020, 27).

Los primeros representantes de esta tendencia son los llamados cronistas de Indias, religiosos que llegan al Nuevo Mundo para evangelizar y, de paso, retratan sus impresiones. Junto a ellos, también descuellan «los primeros escritores indígenas que, incorporados ya en la nueva civilización, y aún torturados entre dos lenguas, no se resignaban a dejar morir el recuerdo de sus mayores» (Monsiváis ctd en Aguilar 25).

Este tipo de escritos encuentra su expresión en crónicas como *Brevísima relación de la destrucción de las Indias*, del fray Bartolomé de las Casas, que relata la crueldad de los conquistadores españoles, hasta *Histórica relación del reyno de Chile* (1646), del misionero Alonso de Ovalle e *Historia del nuevo mundo*, de Juan Bautista Muñoz (1793).

A partir del siglo XIX, los latinoamericanos se impregnan del espíritu modernista y observan las crónicas difundidas en diarios franceses como *Le Figaro* y *La Chronique Parisienne* durante la década de 1850 y cuyos autores eran conocidos como *flâneurs*, por su tendencia a pasear sin rumbo por las calles de París en busca de personajes y anécdotas de la ciudad (Aguilar 2020, 28).

Al igual que sus símiles de Francia y España, se trata de artículos periodísticos escritos con pluma literaria, una fusión entre comentario y noticia más un «toque de percepción subjetiva que aporta la pluma del cronista» (Romero 2003, 169).

De este modo, se sitúan en la intersección entre periodismo, literatura y filología. Como mercancía, la crónica se somete a las leyes de la oferta y la demanda que impone la sociedad de masas; como género literario debe ser creativa y amena y, como heredera de la filología, debe ser escrita con la solidez que exige la historicidad del lenguaje (González 1966, 360).

En el último tercio de 1800, diarios como *La Nación*, de Argentina; *La Opinión Nacional*, de Venezuela; *El Mercurio*, de Chile; *El Heraldo de Madrid; Estampa, El País* y *El Progreso*, de España, publican estos artículos de corte literario que versan sobre temas cotidianos y de actualidad, costumbres, moda, vida social y literatura, firmados por periodistas-literatos de la talla de Eusebio Blasco, Mariano de Cavia, Amado Nervo, Manuel Gutiérrez Nájera, José Martí, Rubén Darío y Emilio Castelar, quienes unen magistralmente la escritura literaria con la información.

Un buen ejemplo es *El rostro rehecho*, de José Martí, donde detalla la operación de cirugía plástica a la que se sometió una criada, y donde «la voluntad literaria y el encanto descriptivo excede por mucho el interés de la información» (Rotker 2005, 99).

Otro escrito es *Reflexiones de un año nuevo parisiense*, en el que Rubén Darío describe la decadencia que percibe en la capital francesa al inicio del siglo XX. El escritor nicaragüense, que prácticamente inaugura el género de la crónica en el diario *La Nación*, ve este espacio periodístico como un verdadero «laboratorio de ensayo del estilo modernista», de transformación de la escritura y la oportunidad de experimentar con el lenguaje y su belleza, con imágenes y símbolo (Rotker 2005, 108).

En España, son icónicos los reportajes de Manuel Chaves Nogales, quien encarna el ensamblaje de literatura y periodismo en artículos que lo muestran como un periodista intrépido y aventurero en *La vuelta a Europa en avión. Un pequeño burgués en la Rusia roja* (1929), que publica inicialmente en el diario *El Heraldo de Madrid*.

Aunque a principios del siglo XX, la prensa estadounidense vive una etapa de valoración de lo facticio, destaca un grupo de escritores y corresponsales de guerra estadounidenses los que aun ejerciendo su oficio reporteril en diarios y revistas como *The Toronto Star*, *Saturday Evening Post* y *The New Yorker*, incorporan en sus escritos técnicas narrativas que demuestran un sobresaliente talento literario. Se trata de Theodore Dreiser, John Steinbeick, Ernest Heminway, John Dos Passos y Janet Flaner, entre otros, quienes utilizan técnicas de la corriente realista que Tom Wolfe sintetizaría en cuatro procedimientos cuarenta años después: la construcción escena por escena, recurriendo lo menos posible al relato cronológico; la fuerza de la reproducción de diálogos realistas; el uso del narrador en tercera persona (dejando atrás la técnica de los autobiógrafos de la primera persona que había imperado) y la descripción de detalles simbólicos que reflejan el estatus del personaje en la vida, como por ejemplo, gestos, modales, forma de andar, costumbres, apariencia física (Wolfe 1992, 51).

La prensa moderna se convierte en una oportunidad para los periodistas-escritores, ya que exige que los hechos noticiosos se relaten con «color», aunque se trate de artículos más cercanos al reportaje contemporáneo que a la crónica, tal como se entiende en el mundo hispano (Chillón 1999, 148).

En esta etapa, la escasa relevancia de la crónica en Estados Unidos —tal como la he presentado— se entiende precisamente por el surgimiento del reportaje moderno, en que, como plantea Rafael Mainar, el cronista es desplazado por un reportero que no busca brillar por su estilo literario sino por ser el más informado, ya que profesa una devoción por lo «verdadero» (Cruz 2003, 27).

En Estados Unidos, en 1923, Henry Luce y Brace Hadden fundan la revista *Time* con una fórmula que será replicada a lo largo del siglo por *magazines* mundiales, y que dará origen al reportaje interpretativo que busca objetivar el relato. *Time* nace precisamente para «el hombre ocupado el cual necesita tener sus noticias mejor organizadas, simplemente para mantenerse informado» (Santibáñez 1974, 8). Se inicia así la corriente de las *news magazines* que valoran la explicación del fenómeno noticioso más que la escritura literaria.

1.3.2. El origen de la entrevista periodística

Aunque a James Gordon Bennet Jr, fundador de *New York Herald*, se le atribuye la autoría de la primera entrevista informativa, en 1836, recién a fines de 1890 el género se nombra como tal en el mundo anglosajón. En Europa ello sucede finalizada la Primera Guerra Mundial, cuando se reconoce como *interview* el formato dialógico periodístico que retrata una conversación semiestructurada entre dos personas, un periodista y un entrevistado (Díaz Noci 2000, 146-147).

Esta *interview* moderna es la equivalente al «Retrato» o «Semblanza» hispano, un género que comienza a aparecer con fuerza en los periódicos y revistas a principios del siglo XX, cuando se produce la ola de fundación de los *magazines*.

El origen de la entrevista en el mundo hispano tiene un antecedente directo en la moda biográfica que se propaga por Europa y que es anterior a la explosión de las *human interest stories* o los *short-form biographies* estadounidenses y que se popularizan en la década del 20 y del 30 en revistas como *Life* y *The New Yorker*.

La introducción de la biografía en el periodismo hispano fue natural, ya que en su propia naturaleza se encuentra la pregunta por las personas y sus acciones, y debe captar la esencia de una persona a partir del encuentro con un otro (Pérez y Martínez 2016, 221).

En España, Manuel Chaves Nogales, a quien suelen llamar el primer periodista-literato del siglo XX o el primer periodista puro, se especializa en las semblanzas, aunque también incursione en crónicas y reportajes. Su mayor obra, *A sangre y fuego,* reúne nueve historias de ciudadanos comunes sobre la Guerra Civil española donde la caracterización es central. «Leer los textos de Chaves enseña que en el centro de toda información hay siempre un protagonista, una vida» (Pérez y Martínez 221).

Según teóricos como Cantavella (1995, 103) y Díaz Noci (2000, 148), los diálogos literarios provenientes de la antigüedad socrática serían antecesores de la entrevista, ya que en ellos se manifiesta una capacidad conversacional no discursiva y son el resultado de una suerte de coloquio con aportaciones personales entre un autor y un interlocutor. Cantavella propone que el diálogo literario deriva hacia el ámbito periodístico, logrando una nueva expresión en la entrevista.

Lo cierto es que en las primeras dos décadas del siglo XX, las entrevistas o retratos, como se conocen en esta etapa, alcanzan gran popularidad en revistas que los publican junto con ilustraciones y tipografías. Buenos ejemplos son las entrevistas que aparecen en las revistas españolas *Americana, Blanco y Negro, Estampa* y *Crónica*; las estadounidenses *Success, Fortune, Cosmopolitan* y *Vogue,* y las latinoamericanas *Caras y Caretas, Martín Fierro, Zig-Zag* y *Sucesos.* Aunque estos *magazines* también publican crónicas con hechos de actualidad, costumbres y moda, alcanzan notoriedad en el género retratístico con coberturas a políticas, profesionales, actrices y *misses* (Pérez 2017, 1354).

1.3.3. La columna personal

La columna como formato periodístico moderno se desarrolla ampliamente en las últimas décadas del siglo XIX en el mundo anglosajón, con la aparición de empresas periodísticas que requieren de intelectuales reconocidos que plasmen su punto de vista personal con total libertad temática. Se remiten a un espacio determinado del periódico, con exigencias de periodicidad y espacio. A fines del siglo, en los periódicos, los columnistas se multiplican y conviven con el periodismo de información (Casals 2000, 35).

En el caso español y latinoamericano, aparte de las exigencias anglosajonas, a los columnistas se les exigen textos de calidad literaria, por lo que Gómez Calderón plantea que en el mundo hispano los orígenes del género hay que buscarlos en el artículo literario, «obra de escritores, ensayistas y pensadores que, desde la aparición del periódico como vehículo de comunicación de masas (y aun antes), dejan en él buena parte de su genio literario y filosófico» (Gómez Calderón 2003, 254).

El artículo literario, «tradicionalmente el eslabón más sólido entre literatura y periodismo», como lo describe Cantavella (2010, 5), alcanza su apogeo a fines del siglo XIX con textos de alta riqueza expresiva y argumentación creativa que se transforman en libros de trascendencia, como *España invertebrada* y *La rebelión de las masas* de Ortega y Gasset, publicada como una serie en el diario *El Sol,* o los ensayos de Miguel de Unamuno.

Gómez Calderón incluso se refiere al artículo literario como un antecesor de la «columna personal», ya que incorpora de modo implícito el sello del «yo» y combina rasgos propios de textos periodísticos con técnicas literarias, «en que el autor suele expresar su "yo" sin reparos e incluso de modo desaforado» (Gómez Calderón 2003, 254).

Uno de los precursores del género es Mariano José de Larra, quien, según García, «imagina historias, escribe fabulillas, anima sus textos. Todo ello en una lengua plástica, jugosa, desenvuelta, esto es, individualizada, pese a las rigideces de su educación neoclasicista» (García 2003, 62).

Junto con de Larra, también destacan ensayistas e intelectuales como Antonio Flores y en especial los escritores de la generación del 98, como Unamuno y Azorín, quienes ven en esta modalidad discursiva una vía para transmitir sus ideas a audiencias más amplias.

Los escritores de artículos literarios o columnas personales suelen dominar «la fuerza de la frase corta y cargada de contenido y saben armar su discurso de principio a fin con un cosido retórico primoroso» (Casals 2000, 43).

La columna se construye como un género en sí mismo con reglas que se sistematizan en: libertad temática al permitir al columnista desentenderse de la actualidad si lo desea y ocuparse de cuestiones extraperiodísticas o incluso personales; identificación del autor con una firma ilustre o un escritor de prensa; y periodicidad, ubicación y titulación fijas, además de una subjetividad más o menos acentuada y libertad estilística (Gómez Calderón 2003, 257).

1.4. El surgimiento del periodismo literario

Mientras en España se le llama periodismo literario, en América Latina lo denominan periodismo narrativo, y Nuevo Periodismo en el mundo anglosajón.

Mientras en España suele considerarse a los literatos-periodistas de principios de siglo XX como sus precursores, en América Latina se menciona a los cronistas de Indias del siglo XV como pioneros, y en Estados Unidos, a Tom Wolfe y sus contemporáneos como los impulsores del movimiento a mediados del siglo XX.

Mientras algunos autores lo definen como un macrogénero que agrupa a textos en que el periodismo y la literatura conviven de manera simbiótica, sin establecer diferencias sustantivas entre uno y otro (Rodríguez 2009; 2010; Torregrosa y Carmona 2013), otros enfatizan el aspecto narrativo y poético del concepto (Puerta 2011).

No existe a nivel académico una definición única para el periodismo literario —como lo llamaré— e incluso los investigadores difieren no solo en el momento histórico de su nacimiento, sino en su alcance como concepto. Sims lo atribuye a las tres dimensiones del periodismo literario. La primera se refiere a las diferencias críticas que se encuentran según idioma y tradiciones culturales, ya que no existe un «periodismo literario internacional», a menos que las fronteras culturales se hayan cruzado; la segunda dimensión se conecta con las «fronteras mentales» de género, raza y clase, que trascienden la cultura y las fronteras geográficas; y la tercera se refiere al tiempo histórico.

Existen enormes diferencias entre el periodismo literario que se escribe a fines del siglo XIX y el Nuevo Periodismo de los años 60 del siglo XX. ¿Se puede comparar el periodismo decimonónico de Mark Twain con el de James Agee en los años 30 o John Hersey en los 40? Es la pregunta que plantea Sims y la respuesta es que todos pueden considerarse periodismo literario, solo que sus formas han variado a lo largo de las épocas (Sims 2012, 1-5).

Los autores concuerdan en que suele denominarse periodismo literario a todo relato originado en la actualidad noticiosa —objeto de estudio del periodismo— que incorpore innovaciones estilísticas de la literatura, tales como adjetivación, reproducción de escenas y diálogos; descripción de personajes y punto de vista de un narrador.

Vega-Estarita y Barrios lo definen desde el movimiento *slow journalism*, al retratarlo como la «expresión detallada de la realidad que se aleja de la inmediatez de la noticia e intenta profundizar en la fenomenología del acontecer social» (2016, 87).

«Periodismo como literatura más que periodismo sobre literatura» es para la Asociación Internacional de Periodismo Literario (IALJS 2014).

Ambos acercamientos se centran, por tanto, en el tiempo periodístico y literario, encaminándose hacia «una alteración del ritmo de ambas disciplinas, una cesión de algunas de sus características al servicio de un nuevo género» (Fernández 2016, 27).

Pero no es solo el ritmo lo que determina al periodismo literario, sino también su parentesco evidente con la literatura, situándose en una suerte de limbo entre ambas disciplinas.

Puerta destaca que, aunque periodismo y literatura son universos diferentes, en los textos de periodismo literario se ensamblan tanto la dimensión literaria como la facticia, resultando producciones periodísticas con valor estético gracias a la utilización de la escritura como arte del lenguaje. Para el autor, se trataría de narraciones periodísticas que se construyen con las características particulares de representación de una obra literaria.

El que un texto no incorpore la ficción no lo imposibilitaría para considerarse literario, ya que se encuentra igualmente presente el componente estético y artístico. Una de las labores del periodista literario sería, entonces, encontrar elementos poéticos en la realidad, lo cotidiano, en las tragedias y vivencias de los personajes comunes (Puerta 2010, 51-52).

Este autor señala que se trata de un periodismo subjetivo en la medida que no busca la objetividad como verdad, sino como concepto relativo, sin dejar de consultar el mayor número de fuentes posibles para acercarse al hecho y realizar una investigación responsable; contrastar las fuentes y buscar una interpretación de los datos, para que el periodista no sea un simple transmisor de información.

En este punto, cabe la aclaración de que verdad e información se entenderán desde el punto de vista clásico de Martínez Albertos en su definición de noticia.

Noticia es un hecho verdadero, inédito y actual, de interés general, que se comunica a un público que puede considerarse masivo, una vez que ha sido recogido, interpretado y valorado por los sujetos promotores que controlan el medio utilizado para la difusión (Martínez Albertos 1989, 35-36).

Complementa García de León:

La emoción de lo real impregna la obra literaria, que de presentar una historia verosímil pasa a ofrecer un hecho real con todos sus detalles, potenciando inevitablemente el interés del lector ... La verosimilitud de la obra literaria pasa a ser verdad verificable, por tanto el texto no depende de su coherencia interna exclusivamente, sino que mantiene una equilibrada relación con la realidad que lo sustenta (García de León 2000, 335-356).

Antonio Cuartero enfatiza el componente de hibridez para describir las características del periodismo literario, que él prefiere denominar periodismo narrativo por tener una mayor aceptación en España y América Latina:

... la hibridación entre periodismo y literatura entendida como: aquellos textos periodísticos que sin abandonar la propuesta de informar y contar una historia verídica, lo hacen utilizando herramientas literarias (como pueden ser estructuras, tonos, diálogos o escenas) de forma que construyen una estructura narrativa tan atractiva como la de cualquier texto de ficción, pero sin abandonar sus principios veraces (Cuartero 2017, 54).

Entonces, periodismo literario es periodismo en la medida que tiene un compromiso de informar sobre un hecho real —entendido este como una fuente que produce los acontecimientos que el periodista utiliza para elaborar la noticia (Alsina

1989, 150)— y es literatura al narrar acciones de personajes o historias en un lugar y momento determinado con técnicas propias de esa disciplina.

A estas alturas, habría que señalar que periodismo literario es la traducción literal de *literary journalism,* nombre que el estadounidense Norman Sims propuso en 1985 para designar los trabajos de no ficción que comparten características como la inmersión en el proceso de reporteo, una estructura narrativa elaborada, una voz personal y exactitud de los datos (Sims 2012, 4).

Para el análisis, Abrahamson propuso seis elementos: personajes, escenario, trama, tema, voz y estructura. Los personajes serían las personas de la historia, que pueden ser presentadas de manera completa o como miembros de un grupo; escenario o marco, que no solo se refiere al espacio en que la historia ocurre, sino también a la descripción de este; la trama es la respuesta a la pregunta ¿qué sucedió? Implica acción y a menudo tiene un rol importante en la arquitectura narrativa de la historia; el tema se refiere a la tesis de la pieza periodística. Lo llama «la moral de la historia»; la voz tiene dos dimensiones: la primera es el estilo en que se escribe el texto y la segunda, la elección del narrador que realiza el autor; y la estructura se enfoca en la arquitectura de la historia y puede considerar aspectos como orden, forma y transiciones, entre otros elementos (Abrahamson 2010, 88-90).

Destaco la naturaleza de lo «narrativo» propuesto por los autores ya que evidencia el carácter expresivo de los textos del género y permite ampliar la terminología a otra clase de producciones periodísticas, como los reportajes digitales, *podcasts* y audiovisuales. Por otra parte, el término narrativo posee menor carga simbólica que lo literario, que suele asociarse con lo ficticio y no con historias reales (Vanoost 2013; Cuartero 2017, 57).

Al periodismo literario se le ha llamado periodismo narrativo y también Nuevo Periodismo, pero según Cuartero este último nombre no sería más que una manifestación del periodismo narrativo o literario, desarrollado en una época —años 60 y 70 del siglo XX— y en una ubicación geográfica específica —Estados Unidos— además de agrupar a autores específicos.

Otros investigadores (Bernal y Chillón 1985, 23; Chillón 1999, 223; 2014, 33), en cambio, señalan que «deja mucho que desear» hablar de periodismo narrativo y prefieren la denominación periodismo literario. Al Nuevo Periodismo lo definen como un fenómeno periodístico que designa a un heterogéneo conjunto de obras y autores estadounidenses —Tom Wolfe, Jimmy Breslin, Gay Talese, Hunter S. Thompson, Joan Didion, John Sack, Michael Herr, entre los más destacados—, cuyo denominador común es un tipo de periodismo literario e innovador fuera de los cánones estadounidenses.

Es decir, más que un movimiento o una escuela periodística, lo visualizan como una corriente o una tendencia en que estos periodistas tienen en común dos aspectos fundamentales: el rechazo a técnicas y rutinas dominantes en Estados Unidos durante los años 60 y la incorporación de escritura propias de una novela realista y de otros géneros literarios, como los testimoniales y de ficción.

Aunque el concepto Nuevo Periodismo proviene originalmente de 1880 de la mano del crítico y poeta inglés Matthew Arnold, es a mediados del siglo XX, con la publicación de *A sangre fría* (1965), de Truman Capote, que se origina la proliferación de textos periodísticos realizados con técnicas de literatura de ficción como la adjetivación, la construcción de diálogos y los múltiples puntos de vista del narrador.

Tom Wolfe, considerado el maestro del Nuevo Periodismo, lo explica en estos términos:

Nuevo Periodismo acabó por cuajar. No era un «movimiento». Carecía de manifiestos, clubs, salones, camarillas; ni siquiera disponía de un salón donde se reunieran los fieles, desde el momento en que no existía credo ni fe. En la época, mediados los años sesenta, uno solo se daba cuenta de que por arte de magia existía una cierta agitación artística en el periodismo, y de que este hecho resultaba nuevo en sí mismo (Wolfe 1992, 38).

A partir de la trayectoria de los representantes del Nuevo Periodismo, se establece el final de la década de los 70 como el término de la corriente, lo que coincide con la irrupción del consumo televisivo y el declive de revistas como *Esquire*, *Playboy*, *The Village Voice*, *Rolling Stone* y *The New Yorker*, donde estos periodistas publican sus textos.

Cuartero aclara que es un error creer, como se ha extendido en el campo de la investigación, que los autores del Nuevo Periodismo hayan sido pioneros en el uso de técnicas y herramientas de la literatura para escribir el periodismo, ya que la hibridación entre literatura y periodismo es mucho más antigua, y lo demuestra con ejemplos icónicos, como las obras de Manuel Chaves Nogales, quien en 1935 publica *Matador de toros* y en 1937, *A sangre y fuego. Héroes, bestias y mártires de España* (Cuartero 2017, 49-50).

Concuerda López Pan, quien señala que en España esta corriente no se desarrolla con intensidad similar a la estadounidense.

No encontramos periodistas españoles beligerantes contra los convencionalismos y en especial contra la noticia en pirámide invertida y el estilo informativo escueto y pretendidamente aséptico. Sin duda porque el periodismo español ofrecía mayores márgenes de libertad estilística que el imperante al otro lado del Atlántico; y, en último término, porque siempre quedaba a los periodistas un cauce para dar salida a las ilusiones creativas y literarias; el artículo y la crónica, ambos géneros de gran tradición (López Pan 2005, 16).

Ya sea que se lo llame Nuevo Periodismo, periodismo literario o periodismo narrativo, las tres denominaciones coinciden en que se trata de un género híbrido entre lo narrativo y lo informativo, integrándolos en una suerte de simbiosis y no como elementos disociados. Walter Benjamin establece el contraste entre ambos conceptos como una dualidad temporal al señalar:

> La información cobra su recompensa exclusivamente en el instante en que es nueva. Sólo vive en ese instante, debe entregarse totalmente a él, y en él manifestarse. No así la narración pues no se agota. Mantiene sus fuerzas acumuladas, y es capaz de desplegarse pasado mucho tiempo (Benjamin 1999, 6).

Siguiendo la perspectiva de Benjamin, el periodista literario es un verdadero narrador que origina su relato en la vivencia personal o aquella transmitida por otros para transformarla en experiencias de aquellos que escuchan su historia, es decir, los lectores.

Para el periodista literario, esta narración debe ser estética y prolija, producto de un trabajo arduo de escritura. En palabras de Paul Ricoeur, la narración es una obra en que se produce una síntesis donde se reúnen intriga, objetivos, causas y azares bajo una unidad temporal en el contexto de una acción completa. Narrar, para el autor, implica una síntesis en la medida que no todos los hechos son contados en la historia, sino los que el narrador considera más significativos para una mejor articulación de esta. Exige, por tanto, una configuración narrativa, con orden, selección y jerarquización de los acontecimientos que se narran, y finalmente un sentido de historia (Ricoeur 2006, 10-11).

La narración, desde esta perspectiva, es constitutiva de la naturaleza periodística, y particularmente del periodismo literario, cuyo centro no es la mera transmisión del dato informativo, ya que sobrepasa la noticia, sino que se impone como propósito narrar historias que han sido previamente recopiladas, planificadas y jerarquizadas.

La narración periodística, tal como lo sugiere Souza (2013, 159), no ha sido estudiada con detención, siendo abordada desde la academia solo desde el punto de vista de la forma, es decir, como un conjunto de técnicas de escritura o de estrategias de producción subordinadas a la información o datos que se desean transmitir. En el periodismo literario, sin embargo, es parte del fondo, ya que no se le considera una simple modalidad textual, sino «un modo de aprehender el mundo, de dar sentido a la vida» (Souza 2013, 161), como veremos más adelante, a partir de los trabajos de sus representantes de fines del siglo XIX y principios del siglo XX.

1.5. Representantes del periodismo literario hispano y estadounidense a fines del siglo XIX y principios del XX

En España, el último tercio del siglo XIX se reconoce como un periodo de florecimiento para los periodistas-escritores, de la mano de Eusebio Blasco, Mariano de Cavia y en especial por la extensamente estudiada generación del 98, representada por Pío Baroja, Ramiro de Maeztu, Enrique de Mesa, Azorín y Miguel de Unamuno, entre otros, responsables del auge del ensayismo hispano.

También destacan nombres como José Ortega y Gasset y Eugenio d'Ors, quienes difunden su pensamiento a través de la prensa. Ejemplo de ello es la obra capital de Ortega y Gasset, *La rebelión de las masas*, que circula como artículos por entregas en el diario madrileño *El Sol*, a partir de 1929. «El escritor inicia así un despliegue amplificado en busca de su público, hecho que se explica por sí solo y que representa, en sí mismo, un notable progreso en la acción general e inmediata sobre la sociedad» (Alfaro 1982, 95).

Otro representante destacado de este periodo es Manuel Chaves Nogales, conocido como «el primer periodista-literato del siglo XX» (Pérez 2016, 221), quien se inicia en la prensa andaluza y llega a ser subdirector del diario *Ahora*. Dentro de su obra periodística se destacan las entrevistas, crónicas y reportajes, y especialmente sus nueve historias *A sangre y fuego*, que escribe en París luego de su exilio y cuya primera edición se publica en Chile en 1937, bajo el sello Ediciones Ercilla.

Luego de la Guerra Civil española, el articulismo vive su apogeo con la llamada «generación de los contemporáneos» (1925-1965), con nombres como Agustín de Foxá, Eugenio Montes, Jacinto Miquelarena y Rafael Sánchez (Gómez 2003, 255).

En España de la primera mitad del siglo XX, Camilo José Cela, Gonzalo Torrente Ballester, Antonio Gala y Carmen Martín Gaite son también representantes de esta corriente mediante el cultivo de variados géneros periodísticos, como el ensayo e incluso el diario personal.

Pese a su variedad de estilos, temas y visiones, todos ellos aparecen unidos por la característica común de la calidad del dominio del lenguaje, con un conocimiento certero tanto del registro plenamente literario, asociado a la novela o al cuento, como del periodístico, más propio de la actualidad informativa diaria (Torregrosa y Gaona 2014, 794).

En Estados Unidos, otro escenario de referencia para el surgimiento del periodismo literario, entre 1897 y 1902 resalta el periodista-escritor Theodore Dreiser como redactor de las revistas *Cosmopolitan*, *Sucess* y *Saturday Evening Post*. Sus artículos se enmarcan en los años en que en Estados Unidos irrumpe la prensa de masas con la redacción de noticias sensacionalistas, páginas de consejos y semblanzas. Dreiser no queda ajeno a esa influencia y así como escribe artículos de opinión y reportajes, se especializa también en entrevistas a inventores y empresarios como Philip Armour, Thomas Edison y Andrew Carnegie.

El periodista, que también oficia como reportero de *Chicago Globe Newspaper* y *St Louis Globe-democrat*, a través de sus escritos pone acento en las preocupaciones sociales de su época: la censura literaria, la nueva mujer, las artes, el pueblo judío en América, el comunismo, el fascismo, los cambios de la sexualidad y las guerras mundiales, entre otros tópicos (Pizer 2006).

Luego de finalizada la Primera Guerra Mundial y hasta la Gran Depresión, en 1929, irrumpen los periodistas-escritores de la llamada «Generación perdida», con Ernest Hemingway como mayor representante.

Hemingway es periodista antes de convertirse en escritor. Desde la secundaria escribe para el periódico escolar *The Trapeze* para más tarde ingresar como reportero al *Kansas City Star* y luego como corresponsal extranjero al *Toronto Star*. Son también conocidos sus reportes para *North American Newspaper Alliance* durante la Guerra Civil española, por ser ni tradicionales, ni descriptivos, ni interpretativos, sino literarios (Shaber 1980, 421).

Shaber sostiene que el periodismo de Hemingway puede considerarse literario porque busca contar una historia, comunicar una realidad a sus lectores, más allá de los detalles de los hechos y las interpretaciones. Hemingway usa en su época técnicas literarias que hasta entonces se encuentran ausentes en el ámbito de los reporteros, como la construcción de imágenes y el uso de humor e ironía. Hemingway, plantea Shaber, escribe «no ficción desde la perspectiva de un escritor de ficción» (Shaber 1980, 420).

Un contemporáneo de Hemingway es John Steinbeck, quien luego de su novela *De ratones y hombres*, escribe una serie de artículos sobre las dificultades de los trabajadores en los años 30, publicado por el periódico *San Francisco News*. Más tarde, durante la Segunda Guerra Mundial, se convierte en corresponsal para *New York Herald Tribune* y realiza reconocidos despachos sobre el día D y la ocupación de África. Su sensibilidad de escritor aparece permanentemente, a veces de modo tan evidente que las historias que presenta no siempre son del todo verdaderas, periodísticamente hablando, ya que incorpora elementos de ficción para hacer la historia más memorable (Sullivan 1997, 22).

Otros miembros de la llamada generación perdida son John Dos Passos y Janet Flanner, la única mujer, y quien pese a recibir menos atención en la historia del periodismo literario estadounidense de principios del siglo XX, es igualmente relevante.

En la década del 20, Flanner es corresponsal en París para *The New Yorker*, desde donde retrata para los lectores estadounidenses las andanzas de la vanguardia europea. «Yo he escrito los eventos de la manera en que desearía escribir ficción», decía. Su periodismo se inclina hacia la ironía, la precisión de los detalles y la profundidad de las historias (Thorne 2006, 35).

1.6. Representantes del periodismo latinoamericano a fines del siglo XIX y principios del XX

El fenómeno hispano y estadounidense no tarda en sentirse en latitudes latinoamericanas, un continente que observa especialmente a España y Francia como modelos. En América Latina destacan cronistas modernistas que impulsan el primer movimiento literario propiamente latinoamericano. Entre ellos, se encuentran el nicaragüense Rubén Darío, el guatemalteco Enrique Gómez Carrillo, el cubano José Martí, el peruano José Carlos Mariátegui, los mexicanos José Juan Tablada y Salvador Novo, el brasileño Mário de Andrade y el argentino Roberto Arlt. También figuran Julián del Casal, Manuel Gutiérrez Nájera, Leopoldo Lugones y Amado Nervo, quienes, más que reporteros, son poetas, literatos y cronistas de lo cotidiano.

La mayor parte de su obra la publican en periódicos, espacios que se transforman en laboratorios de experimentación y transformación de técnicas de escritura, como lo creía Rubén Darío; de entender lo literario desde la belleza, la selección del lenguaje y la presencia de imágenes y símbolos (Rotker 2005, 116-133). Buscan «alcanzar un ritmo perfecto, a semejanza de Arthur Rimbaud», a través, por ejemplo, de la utilización de efectos de sonoridad, aliteraciones y onomatopeyas (Sébart, 2016).

José Juan Tablada escribe en el diario *El Universal* el 2 de julio de 1925, donde publica sus memorias entre 1925 y 1928.

> ... como escritor decidí, desde mis comienzos, no ser un aficionado, sino un profesional, resolví vivir de mi pluma, o por lo menos procurarme con ella algún bienestar en la vida que desde un principio me fue dura. Para ese fin sólo el periodismo era eficaz, sólo dentro de él, en mi adolescencia, se retribuía, aunque parsimoniosamente, el esfuerzo literario ... Decidí ser periodista (Tablada 1992).

En Chile, en los años 20 y 30 destaca una generación de literatos que da cuenta en sus escritos del despegue de los avances tecnológicos, la aparición de nuevas leyes, el surgimiento de la burocracia estatal y el protagonismo del ciudadano común (Darrigrandi 2013). Destacan nombres como Daniel de la Vega, Teófilo Cid, Jenaro Prieto, Joaquín Díaz Garcés y Joaquín Edwards Bello.

De la Vega, poeta y periodista, alcanza popularidad además por sus escritos sobre espectáculos, actores y entretelones, que se reúnen en sus crónicas *Luz de candilejas* (1930) y *Fechas apuntadas en la pared* (1932).

Al igual que sus connacionales, los chilenos Joaquín Díaz Garcés y Joaquín Edwards Bello, retratan los avatares políticos y sociales que les corresponde presenciar y que publican bajo la forma de columnas y crónicas semanales.

Joaquín Díaz Garcés —conocido por sus textos costumbristas— publica durante su trayectoria periodística en los diarios *El Chileno, El Porvenir y El Diario Ilustrado*, además de las revistas *Zig-Zag* y *Pacífico Magazine*, que funda en 1913.

Escritor, cuentista y ensayista, Edwards Bello retrata la sociedad chilena de principios de siglo en sus novelas *El roto* (1920), *La chica del Crillón* (1935) y *El chileno en Madrid* (1928). Sus mordaces columnas, *Los jueves de Joaquín Edwards Bello*, son esperadas cada semana en el diario *La Nación*. De este modo lo describe la escritora Marta Brunet en una entrevista realizada para el diario *El Sur* de Concepción:

> Así Joaquín no es el extático en sí mismo, sino el múltiple en la humanidad. ¿Alma de eco, entonces? No, sencillamente alma dinámica que sobre su propio eje sabe enfrentar todos los vientos. Por eso es novelista, cuentista, periodista. Novelista. Su obra de juventud no la conozco. Leí «El Roto», recio grito indignado contra la roña del bajo pueblo ciudadano, esa roña física y moral que en el burdel acecha al roto para metérsela en los glóbulos rojos, deshaciéndole el cuerpo mientras le llega al cerebro el ramalazo de locura, de idiotez o de crimen. Novela vertebrada, con los personajes vivientes en su psicología chilenísima, adolece de descuido en la prosa. Hay aún demasiada escoria de frase hecha, de imagen usada (Brunet, «Joaquín Edwards Bello» 8).

En la escena chilena también destaca la faceta periodística del escritor Jenaro Prieto, autor de *El socio* (1928), redactor de la revista *Pacífico Magazine* y editorialista de *El Diario Ilustrado*. En su volumen *Con sordina* (1930) reúne las crónicas que publica para este periódico entre 1927 y 1930, y en *Humo de pipa* (1955) se lee una selección de toda su obra periodística.

Jenaro Prieto ejerce un periodismo político que hace gala de una satírica pluma que denuncia las arbitrariedades del gobierno de Carlos Ibáñez del Campo. Luego del golpe de Estado del 23 de enero de 1925, que lleva a la presidencia a Ibáñez del Campo, escribe una columna sobre la censura de que es objeto.

> Considere usted, además, que aun bajo la censura, no he perdido mi carácter de periodista de oposición, interesado más que nada en poner en ridículo al Gobierno, y creo que la medida de tomarme preso sería uno de los actos menos apropiados a este objeto. Usted que ha figurado, con más brillo que yo, en los movimientos militares del 5 de septiembre y del 23 de enero, apiádese de este humilde colega de conspiración, que permanece hasta ahora en el más obscuro y olvidado silencio. Su Afmo. y seguro censurado (Prieto 1955, 52).

A fines del siglo XIX un grupo de mujeres —la mayoría de la clase aristocrática chilena por su acceso a las élites políticas— comienza a opinar en periódicos y revistas literarias. Más que periodistas propiamente tales, vemos ensayistas que publican artículos de corte político que ponen acento en la demanda por una mayor participación pública de la mujer. Aunque hasta entonces las chilenas continúan prácticamente relegadas al espacio doméstico, el surgimiento de estados nacionales en Latinoamérica —con su discurso del cuidado y educación de todos los ciudadanos de la nación— facilita que las mujeres de las clases burguesas y conservadoras participen en agrupaciones dedicadas a la beneficencia y otras de carácter religioso, liberándolas en parte de su acción doméstica.

Desde 1870 en adelante, se aprecia una apertura hacia lo público aparejada con un proceso de emancipación que coincide con las primeras incursiones de las chilenas en la universidad y las profesiones. En las décadas siguientes estos pequeños gestos permiten que las mujeres ingresen también al mundo literario y periodístico (Carradori 2017, 94).

Una de las representantes de estas pioneras es la poeta y escritora Rosario Orrego de Uribe, autora de la novela *Teresa* (1874), quien firma sus textos como Una Madre en la revista *La Semana*, dirigida por los hermanos Arteaga Alemparte. Además de ser la primera mujer que ingresa a la Academia de Bellas Letras de Santiago, colabora en la *Revista del Pacífico* y funda, en 1873, la *Revista de Valparaíso*, dedicada a las letras y las artes. Isaac Grez Silva, que fuese su biógrafo y compilador de su obra decía que la autora «tenía la videncia del porvenir de la instrucción de la mujer» (Orrego 1931, 18).

En *Revista del Pacífico*, una publicación que reúne a intelectuales liberales de la época, comparte páginas con la poeta Mercedes Marín del Solar, quien, pese a ser una activa promotora de los derechos de la mujer, se dedica mayoritariamente a sus roles de madre y esposa debido al contexto social de su entorno, que la aprisiona e impide cualquier visibilidad femenina en el mundo público.

Mercedes Marín del Solar, colaboradora de la Sociedad de Instrucción Primaria chilena, redacta el vanguardista *Plan de estudios para una niña* (1840), que detalla las materias que las jóvenes deben aprender. Entre estas, geografía, historia, religión y gramática. Esta última la considera muy importante porque las prepararía para el estudio del francés. Las estudiantes, sin embargo, no deben descuidar las labores del hogar, según la articulista.

El manejo de las cosas domésticas, el orden, el aseo, la economía, son cosas que requieren una grande atención, i que una madre debe enseñar a una hija, dándole alguna parte en el manejo de la casa según su edad. Recibir y cortar la ropa, cuidar de ciertos artículos de consumo, como el té, la azúcar, etc, preparar alguna vez los postres de la mesa, todo esto puede hacer, aun cuando tenga que estudiar (Amunátegui 1892, 514).

Lucrecia Undurraga Somarriva comparte un ideario libertario. Convoca a un grupo de escritoras y educadoras de su tiempo a participar de *La Mujer* (1877), el primer periódico de mujeres en Chile, donde Undurraga difunde encendidos ensayos sobre la emancipación femenina.

Martina Barros Borgoño es otra intelectual progresista y católica que aparece en la escena chilena en este periodo. Publica la traducción de libro de John Stuart Mill bajo el título *La esclavitud de la mujer* (1872), además de artículos y conferencias que la convierten en la pionera del feminismo chileno, aunque asume esta lucha con un doble discurso. Se queja de lo que ella llama «la odiosa distinción de los sexos» (Barros 1872, 116), pero pregona la superioridad del hombre en relación al esfuerzo y capacidad física.

Ingresa a la Academia de Letras de la Universidad Católica en 1929, donde expone su trabajo «Historia del feminismo y su desarrollo en Chile». Organiza tertulias literarias en su casa, que no excluyen el contenido político, pero al no poder participar en la vida pública, se vuelca a la escritura de su autobiografía, *Recuerdos de mi vida* (1942). «... Me parecía vanidoso suponer que en mi vida hubiese algo que mereciera recordarse; pero me daba a mí misma como excusa que bien valía la pena narrar las transformaciones que he presenciado en la sociedad ...» (Barros 1942, 4-5).

Como miembro de la oligarquía chilena, en un período en que la mujer tiene como meta el matrimonio y la consolidación familiar, Martina Barros, esposa de un connotado médico, Augusto Orrego Luco, y nieta de un no menos distinguido historiador, Diego Barros Arana, ocupa un curioso lugar. Su vocación intelectual — cuando aún se diferencia la instrucción (escolar) de la educación (moral), para las señoritas, como se queja amargamente la autora— resulta especialmente voluntariosa (Amaro 2011, 13).

Estas autoras fundacionales, como se les suele llamar, enfrentan el reto de estar al mismo tiempo dentro y fuera del canon literario-periodístico. Si bien su presencia en la prensa es constante y prolífica, son excluidas de la historia literaria-periodística del periodo, lo que resulta del todo contradictorio (Arcos 2016, 52). La investigadora Carol Arcos ha bautizado a esta generación como literatas:

> La literata demuestra una voluntad de estilo que se evidencia en una fecunda producción escritural, por lo tanto, no alude a escritoras ocasionales, por el contrario, tiene su anclaje en mujeres que han tomado las letras como un trabajo y para quienes la escritura es un ámbito angular de sus vidas (Arcos 2016, 59).

Como una heredera de las autoras fundacionales emerge la figura de la escritora Marta Brunet, quien obtiene el Premio Nacional de Literatura en 1961 y se convierte en una representante chilena del periodismo literario al unir en sus textos las características y temáticas propias del reportero moderno con las técnicas narrativas que aportan la literatura a la escritura periodística.

Desde su Chillán natal, al sur del Chile, a principios del siglo XX, la novelista inicia su camino literario con la publicación de *Montaña adentro* (1923), y se embarca en la senda del periodismo a través de crónicas, columnas y entrevistas que aparecen en su primera etapa en los diarios chillanejos *La Discusión* y *El Día*.

La figura de Marta Brunet adquirirá relevancia en la escena literaria chilena, pero será del todo desconocida su faceta periodística, que justamente esta investigación explora.

Capítulo 2

El panorama social, político y cultural chileno entre 1900 y 1950

Los años en que vive Marta Brunet coinciden con transformaciones cualitativas que llevan a la sociedad chilena a la modernidad. A partir de 1900, con la llegada del centenario de la independencia de Chile, el país comienza a transitar de una sociedad rural a una urbana, más cosmopolita y sofisticada, que recibe y adopta las tendencias artísticas europeas, pero también crea otras que resaltan la identidad del continente. Se comienza a debatir fuertemente sobre el *ethos* de la nación que inicia el siglo dividida en 23 provincias y con 3.250.000 habitantes, cuya esperanza de vida promedio es de 31,5 años.

A principios del siglo XX, la población crece explosivamente. Si en 1865, se cuentan 1.800.000 chilenos, en 1907, la cifra alcanza a 3.200.000 y 4.300.000, en 1930 (Acevedo 2001, 92).

Santiago, la capital del país, concentra el diez por ciento de la población total y se asienta a partir de un centro histórico, donde habita la clase alta —en no más de 15 calles— y un enorme anillo alrededor en que se desperdigan las clases populares en barrios de calles fangosas y polvorientas (Reyes del Villar 2007, 36).

La masa campesina constituye más del 50 por ciento de la población chilena y está formada por inquilinos y peones, que subsisten en condiciones de vida miserables. Muchos sueñan con emigrar a la gran ciudad con la falsa ilusión de que las condiciones serán mejores y con más empleo, pero no saben que la capital no cuenta siquiera con la infraestructura mínima para recibirlos. A su llegada a Santiago enfrentan una dura realidad: las familias se hacinan en habitaciones pequeñísimas en los llamados *cités*, precarios pasajes cerrados ubicados en los alrededores del centro, que no son más que hileras interminables de piezas sin ventanas que confluyen en un patio interior en el que se apiñan las mujeres para realizar tareas como el lavado diario, la cocina y el cuidado de los niños, quienes juegan entremedio de la mugre.

Se calcula que para 1910, en Santiago de Chile, viven alrededor de 75 mil personas en 1.600 conventillos. Las diferencias sociales abismantes entre las clases se transforman pronto en el caldo de cultivo para las cuestiones sociales. «Al juntarse ambos grupos en los centros urbanos, muchas veces, por no decir todas, estos carecían de la infraestructura necesaria para recibirlos, con lo que comenzarían a producirse los primeros conflictos sociales, determinando el desarrollo de la cuestión social» (Reyes del Villar 2007, 19).

Si bien la población obrera crece en Santiago un 30 por ciento en las dos primeras décadas del siglo, el gran polo de desarrollo es el Norte Grande, debido al auge de la industria del salitre que se experimenta en estos años previos a la Primera Guerra Mundial, y que obtiene mano de obra a partir de la población campesina, originando también una migración rural hacia esa zona del país. Este fenómeno se convertirá, en la década del 20, en el antecedente directo del surgimiento de la clase proletaria chilena y las organizaciones populares que luchan por los derechos de los obreros (Aylwin 1990, 63).

Godoy señala que la precariedad social provoca una enorme desigualdad entre los sectores más ricos y los pobres de la ciudad, «que se aprecia incluso en la visualidad de la capital. Mientras los aristócratas viven en lujosos palacetes, los sectores más vulnerables se hacinan en conventillos» (Godoy 1991, 237).

Buena parte de los conflictos sociales que se desatan a comienzos del siglo XX, en la llamada cuestión social, tienen su origen en esta insensibilidad de nuestro empresario, cuya explicación asociamos a la ninguna capacidad que tenía la masa laboral de activar la economía como fuente de consumo (Acevedo 2001, 92).

La élite dirigente, en cambio, es un grupo privilegiado y poco numeroso, no más de cien familias, dividido entre la aristocracia tradicional, que vive de las rentas de las tierras, y la aristocracia emergente, conformada por comerciantes e industriales, muchos del rubro minero, que han amasado grandes fortunas —incluso para los parámetros europeos— a finales del siglo anterior gracias a la bonanza del salitre.

A partir de la segunda década del siglo, se aprecia el surgimiento de una nueva capa social formada por inmigrantes europeos que en el siglo anterior se asientan en la zona sur del país e intelectuales, escritores, artistas y nuevos profesionales que se han educado en liceos públicos. Esta nueva clase social también está conformada por pequeños comerciantes, militares y burócratas que viven de un salario mensual, y que se convierten en los impulsores de la mentalidad modernista chilena.

Las transformaciones educacionales también contribuyen al desarrollo. Debido a que a principios de siglo el país exhibe cifras de analfabetismo cercanas a un 40 por ciento, en 1920 se legisla para hacer obligatoria la enseñanza primaria y en 1927 y 1928, durante el gobierno de Ibáñez, se impulsan tres reformas educacionales que establecen la organización y administración del sistema educativo, objetivos de aprendizaje, currículum y prácticas pedagógicas, además de la exigencia de la educación primaria y secundaria, la que su vez permite acceder a la educación técnica o universitaria. También se amplía el sistema universitario y se fundan las universidades privadas Pontifica Universidad Católica de Valparaíso (1928) y Federico Santa María (1931), que se suman a la Universidad de Chile, Católica de Chile y de Concepción.

La educación femenina vive una revolución entre 1895 y 1930 ya que su matrícula crece 187 veces, aunque la cobertura sigue siendo ínfima. En 1920 llega apenas al 4,2 por ciento de la matrícula. Las mujeres se educan en colegios privados de congregaciones religiosas o en liceos fiscales, que corona el diseño educacional del Estado docente en el siglo XIX, a los que acceden mayoritariamente los sectores medios.

El liceo femenino se concibe como un espacio para ser madres instruidas, buenas dueñas de casa y solo las menos, para convertirse en profesionales. En 1925, sin embargo, las mujeres llegan al 25 por ciento de la matrícula total de la Universidad de Chile, lo que demuestra que cuando se les permite ingresar a la educación superior, lo logran. Son ellas mismas quienes conformarán la primera masa crítica que reflexiona en torno a la condición de la mujer en la sociedad (Serrano 2012, 2-377-388-394-403).

A partir de la segunda década del siglo comienza a emerger una clase media ilustrada y de provincia —a la que pertenece la escritora chilena Marta Brunet— que lidera las transformaciones sociales, culturales y políticas, primero con el apoyo del presidente Arturo Alessandri Palma y luego a fines de los años 30, con la irrupción del Partido Radical y su alianza de partidos llamada Frente Popular, que gobierna el país durante 14 años, y que se convierte en el sector político que mejor recoge la sensibilidad de la clase media ilustrada con la que se identifica Marta Brunet.

En 1938, asume como presidente de Chile Pedro Aguirre Cerda con la necesidad de extender la cobertura de la enseñanza como eje de su programa. Su lema es «Gobernar es educar».

Aguirre Cerda impulsa un ambicioso plan educacional que incorpora a los trabajadores adultos analfabetos —que se calculan en 2.000 cada 10.000 habitantes— y las escuelas primarias. Se capacita a los profesores y se incluye la enseñanza preescolar como parte del plan educativo. Se crean escuelas normales para formar docentes y se promueve un plan de construcción de nuevos establecimientos. Muchos de estos propósitos, sin embargo, se truncan con el inicio de la Segunda Guerra Mundial y la temprana muerte del presidente, en 1941 (Aedo-Richmond 2000, 121).

Durante el gobierno de su sucesor, Juan Antonio Ríos, se continúa con la ampliación de la cobertura en sectores populares, junto con la fundación de escuelas rurales. En 1947, durante el gobierno de Gabriel González Videla, también del Partido Radical, se profundiza en la educación superior con la creación de la

Universidad Técnica del Estado, que se centrará en la formación de ingenieros y técnicos industriales.

A estas alturas del siglo, la población chilena ha crecido sostenidamente. En 1952 el país cuenta con casi seis millones de habitantes, con una tasa de alfabetismo que alcanza 80,2 por ciento. Aunque la realidad rural no ha cambiado esencialmente, la sociedad capitalina, gracias a la industrialización, es más urbana y cosmopolita, aunque sin estar aún a la altura de las grandes urbes. Se aprecia una clase burguesa que confía en valores como el deber ser, el orden y la seguridad; la solidaridad, el civismo y la tolerancia, además de un deseo de modernización de la sociedad. Los sectores populares, en cambio, viven en límites extremos de miseria, hacinados en las llamadas «poblaciones callampa» y sin servicios básicos (Aylwin 1990, 247-253).

2.1. La irrupción del feminismo

A principios de 1900, con la llegada del Centenario de Chile, el surgimiento de la corriente modernista y los aires de modernización social y política, aparece en las capas sociales acomodadas y burguesas un movimiento de mujeres que reflexiona en torno a su rol en la sociedad, debate que se intensificará a lo largo de los dos primeros tercios del siglo.

Hasta principios del siglo, hombres y mujeres ocupan en la sociedad marcados roles que se contraponen entre sí. Mientras el primero es visto como representante de la racionalidad y encargado de las funciones sociales hegemónicas modernas, como la ciencia, la política y la economía, la mujer es depositaria de la subjetividad, lo doméstico, ya que su dominio se relaciona esencialmente con lo afectivo (Sagredo y Gazmuri 2005, 334).

El ideal de mujer en la sociedad latinoamericana de principios de siglo XX se identifica, de este modo, con la maternidad, que representa el amor, la familia y el sentimiento. Se considera asimismo que ella es una guardiana de la moral y las buenas costumbres y quien hace posible que la sociedad se mantenga incorruptible.

Esta inserción en tanto mujer en la esfera pública extrapolaba la esfera doméstica a la esfera de la polis. En un sentido, se validaba un actuar público educativo y benefactor. La mujer asistía a los enfermos, reunía fondos para ir en ayuda de los pobres, apoyaba la existencia de talleres. Sin embargo, no era de su competencia la cuestión social, ni la formulación de un proyecto de cambio social (Sagredo y Gazmuri 2005, 334).

El rol de la mujer queda entonces limitado a la beneficencia y a lo social, y no se considera que pudiese, por ejemplo, ejercer el derecho ciudadano a voto, acceder a la educación universitaria o al trabajo remunerado. Son las pioneras de fines del siglo XIX, como Rosario Orrego de Uribe, Mercedes Marín del Solar, Lucrecia

Undurraga y Maipina de la Barra quienes comienzan a cuestionar esa condición y a postular que el rol de la mujer debería ir más allá de ser solo dueña de casa.

Si bien a fines del siglo XIX, las pioneras proponen que la mujer se desenvuelva en escenarios más allá del privado, igualmente privilegian fortalecer el papel tradicional de la mujer como baluarte moral primariamente, lo que es bien recibido por los sectores más conservadores del feminismo de principios del siglo XX.

Solo le son permitidos, con reticencia, ciertos gestos que resultan irrisorios mirados desde la actualidad, como el uso de cosméticos o la práctica de deportes, pero denotan las primeras rebeliones políticas del género femenino.

Las mujeres que practicaban deportes simbolizaban a ojos de sus contemporáneos el advenimiento de la emancipación femenina; no es casualidad que una intelectual y activista feminista de la estatura de Amanda Labarca, además de líder de opinión, haya sido una asidua nadadora ... Las primeras mujeres ciclistas requirieron de mucho coraje para montar sus bicicletas, pues aun en Santiago, ciudad presumiblemente más tolerante que otras urbes, se acostumbraba a cubrirlas de insultos procaces, en castigo por semejante temeridad impropia de señoras o señoritas (Correa 2001, 87).

El uso de cosméticos, que se asocia con las actrices de poca monta o las prostitutas, comienza a publicitarse y el cine se transforma en un buen aliado para las luchas feministas, ya que permite difundir modelos de mujeres más cosmopolitas y progresistas.

Aunque las conquistas, no obstante, están lejos de ser definitivas o irreversibles, la idea de un progresivo aceleramiento de las transformaciones sociales, en sí cada vez más abarcadoras, se impone en el imaginario social de comienzos del siglo XX (Correa 2001, 88).

Al interior del movimiento feminista que comienza a fraguarse a principios de 1900, se advierten tres corrientes, que se diferencian fundamentalmente por la velocidad en que promueven los cambios en el papel de la mujer, el énfasis de estos y la cercanía que revelan con un *establishment* político, social y valórico que se resiste a las transformaciones.

Algunos autores han distinguido dentro del movimiento feminista de este periodo las corrientes del feminismo aristocrático, feminismo laico-mesocrático y feminismo de sectores populares; o bien, pluralidades de subjetividades femeninas que expresan proyectos culturales o políticos desde diversas posiciones o ideologías, pero que comparten el sentimiento de exclusión social (Subercaseaux 2011, 3: 85; Montero 2018; Kottow 2013, 164).

En el feminismo aristocrático destacan figuras como Inés Echeverría de Larraín, Delia Matte de Izquierdo, Sara Hubner, Rebeca Matte, Luisa Lynch y Elvira Santa Cruz, que firma sus textos como Roxane. Todas son miembros de la alta sociedad chilena, pero consideradas rebeldes y progresistas al mismo tiempo. Se reconocen como impulsoras de publicaciones que fomentan la autonomía de la mujer y la igualdad de participación en la sociedad, así como la necesidad de que ellas conozcan de arte y cultura y se eduquen más allá de los roles domésticos.

Fundan agrupaciones como el Círculo de Lectura (1915), el Club de Señoras (1916) y la Liga de las Damas Chilenas (1912), que evidencian en sí mismas las diversas sensibilidades que hay entre ellas. Mientras las dos primeras son de corte más progresista, la última ve la modernización que vive Chile como una amenaza para la moral y las buenas costumbres (Subercaseaux 2011, 3: 86).

La Liga de Damas Chilenas, de corte tradicional, busca ejercer influencia sobre la opinión pública y la defensa de las creencias, marcando una cercanía con la iglesia católica, al abogar por la recta instrucción de las mujeres en materias de doctrina e incluso realizando cruzadas para que ellas reciban una mejor educación ligada a la fe.

En 1914, cuando la cuestión social en Chile estalla y el pensamiento social cristiano que promueve la encíclica *Rerum Novarum* (1891) de León XIII se difunde con fuerza, la Liga de Damas Chilenas crea un sindicato femenino católico, organizado bajo las directrices de las autoridades eclesiásticas.

Estas asociaciones abren las primeras puertas de la mujer hacia una mayor participación política. En 1917, el Partido Conservador presenta incluso el primer proyecto de sufragio femenino, motivado probablemente por la idea de que a través de una medida como esta puede aumentar su apoyo electoral, ya que observan los fuertes lazos de colaboración entre las autoridades de la iglesia y las mujeres aristócratas. La acción del Partido Conservador despierta, sin embargo, grandes suspicacias entre los sectores laicos más progresistas porque ven que es solo una maniobra política para sumar votos (Correa 2001, 86).

Las ideas del feminismo son recogidas también por mujeres de sectores medios o acomodados de provincia que abrazan las ideas de la emancipación femenina. Son parte del llamado feminismo laico-mesocrático.

Este grupo lee a Tagore e Ibsen y propicia una espiritualidad no siempre cercana al catolicismo tradicional, sino más ecléctica y ligada al hinduismo y al misticismo. Unas pocas han recibido formación universitaria y ejercen sus profesiones, ligadas especialmente a la docencia, la literatura y las humanidades, por lo que son independientes económicamente y su influencia va más allá de la asistencia a tertulias y salones, como es habitual entre las mujeres de la época. Muchas participan del Círculo de Lectura y el Club de Señoras, que impulsa el acceso de la mujer a la educación.

Si bien en las primeras décadas del siglo XX, las mujeres tienen derecho a estudiar en la universidad —prerrogativa que logran en 1877— en la realidad muy pocas acceden a la educación superior (Correa 2001, 85).

Representantes de esta corriente son Amanda Labarca, Eloísa Díaz, Delia Rojas y Marta Brunet, quien en Chillán organiza reuniones literarias con su grupo del Ateneo y publica en diarios locales, lo que da ímpetu a la ciudad.

Marta Brunet, Amanda Labarca, Iris Echeverría Larraín y Elvira Santa Cruz colaboran en revistas femeninas como *Familia* (1910), *Azul* (1914) y *La Tribuna Ilustrada* (1917), a través de las que difunden sus ideas, pero de manera poco confrontativa, ya que, aunque evidencian una mirada más abierta a los cambios sociales, no son totalmente progresistas.

Intentaron vincular los intereses tradicionales de la mujer de élite con los nuevos intereses de la mujer en el mundo moderno. De allá que con frecuencia se perciba en estas publicaciones cierta tensión entre sujeto femenino y sujeto aristocrático, o entre sujeto femenino tradicional y otro que busca ampliar el horizonte de la mujer hacia lo público y la cultura (Subercaseaux 2011, 3: 86).

Lo que sí es evidente es que la escritura de estas intelectuales abandona el plano intimista y sentimental al que había sido relegada para transformarse en un arma de opinión política y reivindicación (Kottow 2013, 156).

Aunque los sectores tradicionales de la sociedad siguen teniendo fuerte peso a través de la influencia de la iglesia católica, que dirige publicaciones como *El Diario Ilustrado* y *El Chileno*, el feminismo laico y mesocrático incorpora en la agenda pública temas sociales como las precarias condiciones de los ciudadanos debido a la inmigración del campo a la ciudad y la necesidad de una modernización tecnológica y de una mejor educación entre los niños y jóvenes. Cuentan además con la simpatía de otros grupos emergentes y poderosos como los estudiantes universitarios, que comienzan a tomar protagonismo a través de la recién creada Federación de Estudiantes de la Universidad de Chile (FECH) y los partidos políticos progresistas como el Radical y Nacional. Amanda Labarca incluso es militante del Partido Radical y Marta Brunet ejercerá como diplomática durante el gobierno del Frente Popular, encabezado por la misma agrupación.

A pesar de que las corrientes feministas aristocráticas y mesocráticas aportan al debate al develar las desmedradas condiciones legales de las mujeres o la necesidad del sufragio femenino, en 1922 y 1924 Chile ve nacer los partidos Cívico Femenino y el Demócrata Femenino, que asumen posturas declaradamente militantes con programas concretos de acción (Correa 2001, 85).

El año 1913 es crucial para este feminismo llamado popular, con la llegada a Chile de la activista española Belén de Sárraga, quien inicia una gira por Latinoamérica para promover sus ideas progresistas y anticlericales en las conferencias «Trayectorias humanas» y «La mujer y la familia». Sus propuestas legitiman el tema de la mujer para situarlo en la agenda social como una bandera de pensamiento laico y moderno. Dos años después, en 1915, la intelectual regresa a

Chile, desatando esta vez manifestaciones en su contra por parte de sectores conservadores y clericales (Subercaseaux 2011, 2: 111).

La gira de la activista española cala hondo en los sectores populares, especialmente en el Norte Grande —Iquique y Antofagasta— que, si bien son el ambiente de las oficinas salitreras responsables del auge económico nacional de los años 20, también son las más representativas de las precarias condiciones laborales de los trabajadores chilenos.

En el Norte Grande se fundan los primeros centros femeninos bautizados con el nombre de la activista española y que impulsan un feminismo laico y popular, con alta convocatoria y propósitos claros.

Las mujeres de sectores populares organizan manifestaciones y acciones colectivas emprendidas en su afán por aliviar las carencias que experimentan. En 1920 se crean dos organizaciones proletarias que, al igual que sus símiles obreras masculinas, adhieren a corrientes sindicales diferentes. Mientras la Federación Obrera Femenina simpatiza con la *Industrial Workers of the World* (IWW), de tendencia anarcosindicalista, el Consejo Federal Femenino funciona bajo el alero de la Federación Obrera de Chile (FOCH) y tiene inspiración socialista (Correa 2001, 85).

2.2. La escena política

La primera década del siglo XX encuentra a Chile con un régimen parlamentario instaurado luego de la guerra civil de 1891. El Parlamento maneja los hilos políticos frente a un disminuido presidente, quien ejerce esencialmente un cargo instrumental. Lo llaman el presidente péndulo. Las crisis ministeriales son pan de cada día y las decisiones políticas se fraguan en clubes y no en la sede del gobierno. El presidente Pedro Montt (1906-1910), por ejemplo, organiza 11 gabinetes y nombra a 42 ministros; Ramón Barros Luco (1910-1915), 15 gabinetes y 55 ministros (Reyes del Villar 2007, 24).

Con la llegada de 1900, Chile vive la denominada «Crisis del centenario». Los cien años de la independencia no son un momento para celebrar, sino para revisar las deudas sociales, políticas y educacionales que experimenta el nuevo país.

Se oyen las voces de intelectuales como Alberto Edwards, Luis Emilio Recabarren, Enrique Mac Iver y Francisco Antonio Encina, quienes a través de sus escritos, denuncian la crisis del sistema y dan las primeras señales de alarma, enfatizando que el país se enfrenta a la llamada cuestión social —que revela la enorme precariedad en que viven los sectores populares—; la inercia política que impregna el ambiente, la mala educación, las fallas en la administración de justicia y la precaria salud, que tiene a los chilenos con altísimas tasas de mortalidad infantil y desnutrición (Reyes del Villar 2007, 25-31).

A los intelectuales se unen en su clamor los primeros movimientos universitarios. La Federación de Estudiantes de la Universidad de Chile (FECH), que irrumpe en la política con una postura antioligárquica y contestataria, refleja una preocupación especial por la clase obrera y aboga por un cambio radical en el modelo económico, social y político. Aunque entre sus miembros confluyen corrientes ideológicas diversas, desde el Partido Radical hasta anarquismo, coinciden en su anticlericalismo y en el repudio a la figura del burgués (Correa 2001, 81-82).

En 1913 se funda la Unión Nacionalista, que evidencia una preocupación especial por los problemas sociales y económicos, y el Partido Radical —que aglutina a sectores medios— adhiere al «socialismo de Estado», que promueve un reformismo en las instituciones.

En este escenario emerge a partir de 1915 la figura del senador Arturo Alessandri Palma, que sería nominado como candidato en las elecciones presidenciales de 1920.

Conocido como el León de Tarapacá, por la región nortina de Chile a la que representa como senador, es un hombre carismático que sabe entender las demandas sociales de los emergentes sectores medios y populares, a quienes llama «Mi querida chusma», grupo que finalmente lo encumbra a la Presidencia bajo la Alianza Liberal, compuesta por liberales-aristócratas, profesionales universitarios y burócratas simpatizantes del Partido Radical.

Alessandri había desechado esa distancia aristocrática de todo candidato del periodo parlamentario, que se caracterizaba por mantenerse alejado del bullicio, del clamor de la calle y la plaza pública ... En contraste, Alessandri optó por hablar en un registro emotivo que le permitió erigirse en intérprete de las esperanzas del pueblo, y cosechar, gracias a los vínculos así forjados con este, frutos insospechados (Correa 2001, 90).

El presidente busca incorporar a las clases populares dentro del Estado mediante una legislación social un tanto conservadora, no desde el socialismo revolucionario. Más que una democracia liberal, Chile experimenta un gobierno liberal con tintes aristocráticos, o más bien una «democracia caudillesca» (Góngora 2003, 164-165).

Hay pues algo ambiguo en la democracia caudillesca hispanoamericana: no existen ya las legitimidades tradicionales aristocráticas, las religiosas están puestas en duda por el anticlericalismo ambiente, queda solo en carisma personal. Pero este no puede ser duradero, depende de las circunstancias o del capricho de las masas, de la opinión pública, otro fenómeno de la época de masas, que puede tornarse en contra (Góngora 2003, 171).

El final de la Primera Guerra Mundial impacta severamente la economía nacional, que se sostiene gracias al auge del salitre. El cierre de las principales oficinas del oro blanco chileno, tras la estrepitosa caída del metal y una deuda monetaria de La Moneda, que ha crecido un 300% entre 1891 y 1924, derivan en una crisis política, que tiene como trasfondo la intranquilidad social y el desempleo (Collier 1998, 185).

El estallido se desata luego que el presidente Alessandri se negara a considerar reajustes de remuneraciones a los empleados públicos y a los militares. En los primeros días de septiembre de 1924, mientras el Senado se apresta a aprobar un proyecto de dieta parlamentaria, un grupo de oficiales jóvenes, comandados por el mayor Carlos Ibáñez del Campo, hace sonar sus sables contra el piso en el Congreso Nacional.

Redactan un petitorio que sería conocido como el Manifiesto del 5 de Septiembre y que contiene las demandas de los militares: aumento de sueldos, exclusión de las fuerzas armadas de asuntos de política interna, además de otras netamente políticas como despacho de la ley de presupuestos, del Código del Trabajo y establecimiento del impuesto a la renta. Incluso solicitan una reforma constitucional.

Aunque Alessandri concuerda con el petitorio, los ministros militares le exigen su renuncia, la que finalmente termina con un permiso especial para que abandone el país por seis meses. Los militares clausuran el Congreso, constituyen una Junta de Gobierno y asumen el poder total.

En febrero de 1927 asume Carlos Ibáñez del Campo, líder de la oficialidad joven del Ejército, y quien inicia un proceso modernizador en lo institucional, económico y con énfasis autoritario en lo político (Serrano 2012, 2-270).

Los partidos políticos se reconfiguran a partir de la situación por la que atraviesa el país. Del Partido Conservador, que sigue adhiriendo a los postulados de la iglesia católica, nace la Falange Nacional, formada por jóvenes que se sienten más representados por las encíclicas sociales progresistas que por los mandatos tradicionales. En 1922 se había conformado el Partido Comunista que, bajo el alero de las resoluciones de la III Internacional, se ve a sí mismo como la vanguardia única del proletariado, y en 1932 debuta el Partido Socialista.

En octubre de 1932, Arturo Alessandri Palma nuevamente asume la presidencia de Chile y trae una fase de estabilidad política para el país, pero con partidos de escaso arraigo democrático, a excepción del Partido Radical. Alessandri sostiene que para asegurar la estabilidad política se necesita un gobierno fuerte, por lo que pide al Congreso facultades extraordinarias con las que reprime a los sectores comunistas y socialistas (Aylwin 1990, 134-135).

Aunque Alessandri asume con el apoyo de liberales, conservadores, demócratas y radicales, estos últimos inician un giro hacia la izquierda que finalmente los aleja del poder y los acerca a los comunistas, que están promoviendo la formación de un Frente Popular que reúna a los partidos de izquierda y a los burgueses progresistas, y que finalmente se ratifica en 1937 (Collier 1998, 206).

El Partido Radical —mayoritario en el Frente Popular— denuncia un gobierno controlado por la derecha e insensible a la conciencia mayoritaria que aspira a una democracia que resuelva los problemas de la clase media y proletaria. Comienza a sentar sus bases programáticas en el reconocimiento del sindicalismo, la preocupación por la clase obrera y la necesidad de un cambio político, pero sin romper con los sectores dominantes tradicionales (Milos 2008, 19-43).

En la elección de 1938, el Frente Popular demuestra su popularidad al elegir a Pedro Aguirre Cerda como presidente, dejando en el camino a Carlos Ibáñez del Campo, que nuevamente postulaba al gobierno, y al conservador Gustavo Ross.

Con el ascenso de Pedro Aguirre Cerda, Chile inicia un predominio radical, partido que permanecerá en la Presidencia hasta 1952, con Juan Antonio Ríos (1942-1946) y Gabriel González Videla (1946-1952) como sucesores de Aguirre Cerda.

Resalta la capacidad de esta alianza para superar los años de crisis e inestabilidad que la sociedad chilena vivió a partir de los años veinte del siglo pasado. Su amplia base social, compuesta por sectores medios y populares; su propuesta de desarrollo económico, basada en la industrialización y modernización del sistema productivo con fuerte incidencia estatal; y su fundamento político institucional, basado en la expansión y fortalecimiento del sistema democrático; son los ejes que hicieron posible nuevas bases de consenso en la época y que marcaron la evolución posterior de la sociedad chilena hasta los años setenta (Milos 2008, 7).

La llegada a la Presidencia de Aguirre Cerda no solo significa el ascenso de la izquierda, con representantes de los sectores sindicales y partidos marxistas por la vía electoral, sino de una clase media ilustrada de provincia que se consolida en el país. Las opiniones y visiones del radicalismo se publican en el diario *La Hora*, cuya línea editorial es afín con este sector político, y donde Marta Brunet escribe columnas.

Pedro Aguirre Cerda nace en la ciudad Los Andes, estudia en el liceo de San Felipe y luego en la Universidad de Chile, una institución laica y meritocrática. Vinculado a la masonería, es ministro de Estado, diputado y presidente del Partido Radical antes de asumir la Presidencia de la República (Izquierdo 1990, 61).

Juan Antonio Ríos, su sucesor, estudia en la modesta ciudad sureña de Lebu y luego en Concepción, antes de ingresar a la carrera de Derecho. Durante su mandato, le corresponde la etapa más dura de la Segunda Guerra Mundial, en que Chile adopta una política de neutralidad hasta 1943, cuando el país notifica oficialmente a los representantes de Alemania, Japón e Italia el cese de relaciones diplomáticas y consulares, mientras Argentina es acusado por el resto de los países del continente de que sus cúpulas dirigentes son amigas de las naciones del Eje. Al mando del peronismo, evidencia una etapa de marcada agresividad con Estados Unidos (De Ramón 2003, 150).

En 1946, tras el fallecimiento de Juan Antonio Ríos, asume el también radical Gabriel González Videla, originario de la ciudad nortina de La Serena y el mayor de

18 hermanos. Estudia Derecho en la Universidad de Chile y trabaja en la agencia capitalina del diario *El Sur* para costear sus estudios. Se desempeña como embajador y parlamentario antes de asumir el cargo de presidente.

Durante su gobierno se estrechan las relaciones con Estados Unidos y se produce nuevamente un acercamiento de los radicales con la derecha. Se expulsa a los comunistas del gabinete y se proscribe este partido a través de la ley de Defensa Permanente de la Democracia. Este partido vuelve a recuperar sus derechos políticos diez años después, durante el segundo periodo de Ibáñez (De Ramón 2003, 152).

González Videla también rompe su alianza con liberales y conservadores tradicionalistas para llamar al gobierno a falangistas y socialcristianos, mostrando un comportamiento errático (Aylwin 1990, 160).

Así, al finalizar el gobierno de González Videla existe en el país un clima de pesimismo colectivo y de rechazo a los partidos políticos, especialmente el partido Radical. Algunos de sus militantes son incluso acusados de manipulaciones fiscales y usar la administración pública en beneficio propio o para pagar favores políticos (Izquierdo 1990, 70-71).

Carlos Ibáñez del Campo, el dictador de la década del 20, regresa nuevamente a la presidencia en noviembre de 1952 con cerca del 47 por ciento de los votos de un electorado independiente, entre el que figura el de la mujer por primera vez, ya que adquiere su derecho a voto en las elecciones de 1949. Su lema de campaña es una escoba, porque barre con los políticos y limpia la administración pública (Cruz y Whipple 1996, 462).

Muy pronto, sin embargo, este gobierno muestra sus limitaciones, con un Congreso que le resulta adverso y una alianza gobernante muy heterogénea, con miembros desde la extrema derecha hasta el socialismo. Estos últimos se retiran del gobierno y comienzan sus ataques hacia La Moneda.

A Ibáñez, la economía también le resulta esquiva. En 1953, la inflación crece del 56,2 por ciento al 71,1 por ciento, y llega al 88 por ciento en 1955; el desempleo casi se duplica y el PNB cae en un 8 por ciento. Se produce una ola de huelgas y aumenta la especulación, demostrando lo difícil que le resulta implementar una reforma económica seria (Collier 1998, 240-242).

Aparece entonces la figura de Jorge Alessandri Rodríguez, hijo del León de Tarapacá, como el político que puede aliviar la frágil situación económica chilena.

Pese a que gobierna con el respaldo de las fuerzas políticas, logra posicionar una imagen de presidente apolítico, lo que suma simpatías. Aunque en 1959 inicia un plan de estabilización económica semiliberal, que logra controlar la disparada inflación y un aumento de las importaciones, una brusca devaluación del peso chileno en 1961 sepulta el éxito alcanzado y acaba con la experiencia transformadora y con su gobierno. En 1964, asume el demócrata cristiano Eduardo Frei Montalva y, con su gobierno, se inicia una de las transformaciones más estructurales de la sociedad chilena, con planes de promoción popular, crecimiento del sindicalismo e impulso de la educación (Cruz y Whipple 1996, 474).

2.3. El modernismo latinoamericano y el vanguardismo literario

Gran parte de América Latina vive a fines del siglo XIX un proceso de modernización marcado por la influencia del positivismo desde el punto de vista intelectual y por la incorporación del modelo capitalista imperante en el mundo desde la perspectiva económica. En lo social, el fenómeno de la inmigración es la tónica; y en lo político, la instauración de regímenes que, aunque en la teoría se presentan como liberales, en los hechos son notoriamente restrictivos (Subercaseaux 2011, 3: 99).

Como una respuesta cultural a este proceso de modernización surge a fines del siglo XIX en Europa el movimiento modernista, que se difunde también en América Latina como una manera de expresar las nuevas ideas del continente y que adquiere ribetes americanistas.

El modernismo se impregna de un marcado componente estético, representado por el poeta nicaragüense Rubén Darío; los cubanos José Martí y Julián del Casal; el mexicano Manuel Gutiérrez Nájera; el colombiano José Asunción Silva; el argentino Enrique Larreta y los chilenos Pedro Antonio González y Antonio Bórquez Solar, entre otros.

Este modernismo se caracteriza por su devoción a la belleza, lo exótico y lo sensitivo. Busca reinterpretar el pasado y exaltar las tendencias europeas modernas, especialmente las artísticas, como el arte y la literatura.

A partir del modernismo, y como una corriente sucesora de este, surge en Chile el llamado «vanguardismo literario», impulsado por los escritores y poetas Vicente Huidobro y Pedro Prado, quienes otorgan una lectura nueva al modernismo hispanoamericano. Subercaseaux lo denomina «espiritualismo de vanguardia» y se evidencia en una actitud de devoción por Europa, una sensibilidad que ensalza el alma como una trascendente experiencia humana, y que se alcanza a través del arte y la religión cristiana, no necesariamente católica, sino con el desarrollo de una interioridad creativa que da cauce a los sentimientos (Subercaseaux 2011, 3: 91).

Además de Huidobro y Prado, los escritores Pablo de Rokha, Juan Emar (seudónimo de Álvaro Yáñez), Teresa Wilms Montt y el grupo de Los Diez son fervientes seguidores de la tendencia. Otros menos puristas, como Pablo de Rokha, impregnan lo nuevo con elementos populares y nacionales, o bien, le otorgan a su arte un carácter más popular e histórico debido a la influencia de las revoluciones mexicana y rusa que estallan en 1891 y 1917, respectivamente. Son los casos de Víctor Domingo Silva, Carlos Pezoa Véliz y Luis Emilio Recabarren.

Cuando se insertan en la escena nacional aún son jóvenes, varios vienen desde ciudades de provincia y son miembros de capas medias e incluso de extracción popular. Augusto D'Halmar, Víctor Domingo Silva y Pedro Prado bordean los 30 años; Pablo de Rokha y Marta Brunet ni siquiera llegan a los veinte.

Marta Brunet se traslada a Santiago a principios de la década de 1920; Víctor Domingo Silva y Gabriela Mistral son oriundos de la zona norte del país (Tongoy y Elqui); y Pablo de Rokha y Pablo Neruda provienen del sur (Licantén y Parral).

> Después de finalizados sus estudios de enseñanza media se separan de sus respectivas familias y viajan a Santiago o Valparaíso; allí viven una experiencia del tiempo, del espacio y de las relaciones humanas que debe haberles resultado vertiginosa y estimulante (incluso para despertar la nostalgia respecto a la vida provinciana anterior). Una vida bohemia e independiente, alejados de la mirada panóptica y controladora ejercida por las familias y por el pensamiento social operante. Puede decirse, entonces, que para los jóvenes de provincia que vienen a estudiar a Santiago, lo nuevo se convirtió en una suerte hábitat natural (Subercaseaux 2011, 3: 119).

Esta nueva intelectualidad no irrumpe solo en la escena literaria, sino también en la música y la pintura. Se componen óperas y piezas musicales con títulos como *Caupolicán*, *Lautaro*, *Escenas campesinas*, *Friso araucano*, *Cadencias tehuelche*, *Lamentaciones huilliches* y *La muerte de Alsino*, las que reivindican realidades poco presentes hasta entonces en el imaginario social y que otorgan una nueva dimensión a la identidad chilena. Se fundan además instituciones de cultura relevantes, como la Sociedad Nacional de Bellas Artes (1918) (Correa 2001, 78).

Para los intelectuales y artistas de esta etapa establecerse algunos meses en París y empaparse de sus costumbres, se transforma en un viaje de iniciación de las corrientes artísticas del momento. Camilo Mori, José Perotti, Luis Vargas Rosas y Julio Ortiz de Zárate a su regreso de la capital francesa incluso conforman el grupo «Montparnasse», debido a que han vivido en ese barrio parisiense.

Juntos, en 1923, organizan la primera exposición vanguardista en Chile, y dos años después, el Primer Salón de Arte Libre, con el apoyo de los escritores Juan Emar y Vicente Huidobro.

Si bien la vanguardia literaria y artística es relevante entre la intelectualidad chilena, convive con el criollismo, otra corriente artística que marca a América Latina y particularmente a Chile, y que propone remarcar la identidad nacional y retratar la realidad que se vive puertas adentro.

2.4. El criollismo americano

A comienzos del siglo XX, en América Latina emerge el criollismo como corriente narrativa que propone retratar —a través de cuentos, novelas y crónicas— los escenarios de la naturaleza, ambientes y personajes marginados de la sociedad hasta entonces que modelan y definen la identidad del continente americano, cuyos países enfrentan el centenario de su independencia con la necesidad de un balance de su historia.

La tendencia —que acoge diferentes tipos de historias y narrativas, por lo que puede resultar un tanto imprecisa su definición y alcance, y suele confundirse con el costumbrismo— se funda a partir de las literaturas europeas y las culturas y motivos propios de la América de habla hispana (Rozotto 2019, 120).

Los críticos de la época incluso emplean el concepto para distinguir a los nuevos autores que se apartan de los cánones modernistas, que buscan crear una literatura que ponga a América en el mapa mundial, y que acoge a literatos de índole variada, desde realistas y naturalistas hasta regionalistas, sociales e indigenistas (Oviedo 1998, 26).

En Argentina, nace a partir de la mano de la narrativa gauchesca de *Martín Fierro* (1872), escrita por José Hernández; en México, la tradición es encarnada por *Los de abajo* (1916), de Mariano Azuela; en Colombia, por *La vorágine* (1924), de José Eustasio Rivera; en Venezuela, por *Doña Bárbara* (1926), de Rómulo Gallegos.

Si en el modernismo se aprecia una fascinación por lo europeo, en el criollismo se vislumbra un rechazo a lo extranjero, una preocupación por retratar lo autóctono y rural que refleja la individualidad de cada país. Así aparecen conflictos del mundo rural y tipos humanos como campesinos, gauchos, llaneros, caucheros, que se revelan a partir de sus particularidades físicas, la reproducción de sus registros de habla y sus rasgos psicológicos. A medida que el movimiento evoluciona, también surge la narrativa regionalista, indigenista y antiimperialista (Rozotto 2019, 128-129-130).

Particularmente en Chile, la tendencia irrumpe con especial fuerza como heredera de la novela realista que cimentan a fines del siglo XIX Alberto Blest Gana y el escritor Luis Orrego Luco, autor de *Casa grande*, que tiene un éxito rotundo cuando aparece, en 1908, llegando a los 20.000 ejemplares, un volumen excepcional para la época.

En Chile, Mariano Latorre es uno de los mentores del criollismo, aunque en su tiempo él no comulgara con esta denominación. Creador de *Cuna de cóndores* (1918) y *Cuentos del Maule* (1912), es *Zurzulita* (1920) la obra más representativa de la tendencia, con su registro de paisajes del valle central y su semblanza del huaso chileno.

También son exponentes los chilenos Luis Durand, originario de Traiguén, una ciudad al sur de Chile, autor de *Tierra de pellines* (1929) y *Mercedes Urízar* (1934), para algunos su mejor obra; Marta Brunet, que para la crítica de la época encaja en esta corriente literaria con su primera novela *Montaña adentro* (1923), pero que luego deja atrás con *Humo hacia el sur* (1946) y *La mampara* (1946); y Joaquín Edwards Bello, que debe su fama a sus crónicas en el diario *La Nación* y su novela *El roto* (1920), que retrata al típico chileno picaresco y perezoso.

Luego, la generación del 38 será liderada por Nicomedes Guzmán, Juan Godoy, Francisco Coloane, Carlos Droguett, Teófilo Cid y Gonzalo Rojas.

Carlos Droguett retrata la muerte de un grupo de jóvenes que participan en las manifestaciones que sucedieron en 1938 en el edificio del Seguro Obrero, y Nicomedes Guzmán, la vida de un hombre que vive en un conventillo, en *Los hombres oscuros*. Guzmán dedica su obra a su padre, un heladero ambulante, y a su madre, obrera doméstica.

En el mundo, sin embargo, la poesía chilena es la que brilla, con Pablo Neruda y Gabriela Mistral, quien es galardonada en 1945 con el Premio Nobel de Literatura, noticia que recibe mientras ejerce como cónsul en Brasil. Había compuesto sus célebres *Sonetos de la muerte* entre 1915 y 1918; *Desolación* (1922); *Ternura* (1923) y *Tala* (1938); había ejercido como maestra e inspectora en Traiguén, La Serena, Antofagasta y Temuco; y había vivido entre Europa y América.

En el área de la literatura casi a fines de la década del 40, se comienza a incubar además en América Latina el *boom* latinoamericano de la mano del cubano Alejo Carpentier; los argentinos Ernesto Sábato y Jorge Luis Borges; el uruguayo Juan Carlos Onetti, el mexicano Juan Rulfo y el chileno José Donoso. Años más tarde brillarían Gabriel García Márquez, Julio Cortázar, Mario Vargas Llosa y Carlos Fuentes. El mundo cultural nacional recibe, por otro lado, las ideas de intelectuales y artistas inmigrantes que se avecinan en el país luego de la Guerra Civil española y la Segunda Guerra Mundial, como el historiador Leopoldo Castedo; los pintores José Balmes y Roser Bru, y el coreógrafo Ernest Uthoff.

En los años 40 también se fundan en Chile instituciones culturales que tendrán gran impacto en las décadas siguientes, como el Teatro Experimental de la Universidad de Chile, la Orquesta Sinfónica y la Escuela de Arquitectura, que forma a pintores de relevancia mundial como Nemesio Antúnez, Roberto Matta y Mario Carreño.

2.5. La irrupción de la prensa moderna

Tras el final de la Guerra del Pacífico y con el auge económico que aporta el salitre en Chile en las primeras décadas del siglo XX, se aprecia especialmente en Santiago, la capital del país, el desarrollo de la tecnología moderna. Irrumpen el cinematógrafo, las emisoras radiales —en 1923 nace radio *Chilena*— y la imprenta a color, lo que trae un cambio en las costumbres culturales y la democratización de la prensa al facilitar una difusión más amplia de periódicos, revistas y novelas.

Junto con el desarrollo tecnológico y de la cultura se posibilita la masificación del cinematógrafo y la literatura de corte popular, como historias románticas y de folletín, que se publican como novelas por entregas en diarios y revistas, medios que ven en el género literario una oportunidad valiosa para ampliar su número de lectores y aumentar su circulación.

El número de publicaciones, libros y folletos viene creciendo en Chile desde las últimas décadas del siglo anterior y llega incluso a incrementarse cerca de un ciento por ciento, pasando de 623 libros editados en el año 1886 a 1.058 en 1900. También crece el número de periódicos. Si en 1898 circulan 287 diarios y revistas, en 1902 la cifra es de 406, y a mediados de la segunda década, 530 aproximadamente. Se produce además un aumento en el número de usuarios de bibliotecas y nacen nuevas librerías (Biblioteca Nacional, «Anuario de la prensa en Chile» 1895; 1899; 1905).

Algunos diarios chilenos crean colecciones propias, como *Biblioteca de la nueva república*, que edita el diario *La Nueva República*, y *Biblioteca de El Chileno*, del periódico del mismo nombre, y que incluye volúmenes de corte popular como *La novela de Marta*, de Pedro Mael, y *El cisne*, de Jorge Ohnet.

La publicación de libros se conjuga con la irrupción en Chile de empresas editoriales de éxito comercial, como *Zig-Zag*, fundada en 1905 por Agustín Edwards Mac-Clure, propietario y director del diario *El Mercurio*. Estas aventuras empresariales no solamente propician el desarrollo de la industria del libro, sino también un floreciente mercado de revistas de actualidad, de cine, deportivas, sociales y literarias que se inspiran en las corrientes periodísticas europeas y estadounidenses, y que hacen gala de un diseño profesional, ilustraciones e historias de interés humano.

En la primera década de 1900 nacen las primeras revistas modernas del país, más cercanas al periodismo profesional que a lineamientos doctrinarios o políticos. Estas últimas se hallan en una fase de agotamiento.

En marzo de 1900 aparece *Luz i Sombra*, que desde su número 1 señala que Chile no puede quedar rezagado en el desenvolvimiento progresivo del periodismo de otros países; en 1902 se estrena *Chile Ilustrado*, que además de artículos de actualidad, publica poesías y reseñas literarias. Ese mismo año nace en Valparaíso la revista *Sucesos*, que incluye crónicas sociales, deportivas y policiales y en 1905, la editorial y revista *Zig-Zag*, tal vez el más emblemático entre los *magazines* chilenos y que circula de manera ininterrumpida hasta 1964.

Al igual que en Europa y Estados Unidos, la prensa chilena alcanza mayor desarrollo y surgen los primeros periodistas profesionales, de dedicación exclusiva. Muchos provienen de diarios provincianos como *La Unión* y *El Mercurio de Valparaíso* y el diario *El Sur* de Concepción. La redacción es casi monopolizada por una culta edad media que pone en la prensa temas como los males de las clases modestas, la crisis moral de la sociedad, la nostalgia por el pasado (Vial 1981, 1: 277-278-279).

Es el momento de los escritores periodistas como Jenaro Prieto (*El Diario Ilustrado*); Joaquín Díaz (*El Chileno*); Carlos Silva (*El Porvenir*), Fernando Santiván

(*El Diario Popular*); Armando Donoso (*El Diario Ilustrado*); Roxane (*El Peneca*) y Marta Brunet (*El Sur*).

Agustín Edwards Mac-Clure, dueño de *El Mercurio* y editorial *Zig-Zag*, actúa como una fuerza económica que contrata a estos intelectuales para sus medios. Se dice que paga las mejores rentas y las hace estables y regulares (Vial 1981, 1: 278).

Sus revistas tienen éxito rotundo desde el inicio, como el caso de *Zig-Zag*, que en sus tres primeros números logra cifras inéditas de circulación en el país, con cincuenta mil ejemplares. Se trata de una revista con crónicas sociales, artículos de actualidad y cultura, además de retratos de personalidades internacionales.

Zig-Zag se convierte en una revista de referencia que recibe las colaboraciones periodísticas de los intelectuales y escritores de la época, como Joaquín Díaz Garcés, Carlos Silva Vildósola, Fernando Santiván, Marcela Paz, Iris Echeverría, Daniel de la Vega, Hernán Díaz (Alone), Marta Brunet, Baldomero Lillo y Augusto D'Halmar (García Huidobro y Escobar 2012, 32).

> La fundación de la Editorial Zigzag en 1905 representó un hito en la materia. La revista homónima establecida ese mismo año, y las otras revistas ilustradas creadas por la empresa en la década de 1910, así como beneficiaron al público ávido de novedades, ofrecieron a hombres y mujeres de letras una plataforma para dar a conocer sus trabajos, y, todavía más, un medio de subsistencia muy apreciado en una época en que el cultivo del arte y del intelecto recién comenzaba a desligarse de los placeres del diletantismo tan propio del ocio aristocrático (Correa 2001, 80).

A la revista *Zig-Zag* se suman otras publicaciones de la editorial, como *Selecta* (1909), que tiene un carácter cultural; *Pacífico Magazine* (1913), fundada por Alberto Edwards, que propone una mirada moderna y abierta a las nuevas sociales; y *Familia* (1910), dedicada al público femenino. *Pacífico Magazine* luego cierra y da origen a *Chile Magazine* (1921).

También aparecen publicaciones especializadas como *Chile Cinematográfico* (1915), *Cine Gaceta* (1915) y *La Semana Cinematográfica* (1918), antecesoras de *Ecrán* (1930), la revista de cine con mayor preponderancia en las décadas siguientes y que circula hasta 1969. *Ecrán* marca la pauta por sus entrevistas a artistas de Hollywood y reseñas de teatro, cine y televisión. Dirigida en su época de oro por la periodista y reconocida crítica María Romero, sus páginas cuentan con las plumas insignes del crítico Hernán Díaz Arrieta (Alone) y Marta Brunet, quien escribe reseñas de escritoras, pintoras y actrices.

Además de las revistas de cine, en esta etapa también nacen *magazines* deportivos, como *El Sport Ilustrado* (1901); *La Semana Sportiva* (1905); *El Sportman* (1907); *Sport y Actualidades* (1912); *Variedades y Sport* (1912) y *Deportes* (1915). También algunos infantiles, como *El Peneca* (1908), cuya circulación se extiende por 50 años bajo el sello de *Zig-Zag*. En sus mejores momentos alcanza tirajes de 250 mil ejemplares semanales, llegando incluso a Bolivia, Perú y México (García Huidobro y Escobar, 2012, 137).

2.5.1. Las revistas femeninas: desde *Familia* hasta *Ecrán*

El periodo entre 1900 y 1950 es especialmente prolífico para la aparición de publicaciones dirigidas al público femenino. Surgen periódicos y boletines con marcada impronta política, al amparo de organizaciones de mujeres que buscan legitimar su rol en la sociedad, y también revistas con vocación comercial que, si bien incorporan temáticas relacionadas con el rol tradicional femenino, –con artículos de moda, belleza, cocina y decoración– no dejan de incluir columnas y artículos que abogan por una participación más justa de la mujer. Es en estas últimas donde Marta Brunet dejará su marca.

La revista *Familia*, una de las primeras, se funda en 1910 como una revista mensual ilustrada. Su lema es «La revista del hogar y del niño».

Dirigida a las mujeres letradas, alcanza gran popularidad al ser pionera en la reflexión desde el periodismo en torno a la necesidad de la participación femenina en la sociedad, aunque sin abandonar el rol tradicional de la mujer. Entre sus secciones aborda consejos para el hogar y la decoración, patrones de costura, recetas de cocina y crónicas sociales, junto con reseñas literarias, artículos sobre música y ciencias. Tiene además la sección «Cartas de París», que refleja la aspiración que existe entre las élites por conocer las costumbres de la ciudad luz. La revista también patrocina la creación de organizaciones femeninas consideradas más progresistas, como el Círculo de Lectura (1915) y el Club de Señoras (1916).

Familia circula hasta 1928. Reaparece en mayo de 1935 con el lema «El semanario que puede entrar a todos los hogares», buscando ampliar sus lectores entre el público masculino, pero con un éxito innegable entre el género femenino. Además de consejos de moda, belleza y para el hogar; incorpora cuentos y novelas policiales por entregas, la historieta «Aventuras de Bonzo», crónicas de viaje y de personajes internacionales. También secciones como «Vida y confesiones de Gabriela Mistral», columnas sobre educación culinaria y las recetas de la Hermanita Hormiga, seudónimo de Marta Brunet, quien además firma artículos de opinión bajo el nombre de Isabel de Santillana.

Además de Marta Brunet, que ejerce como reportera y directora de la revista entre 1935 y 1939, en *Familia* colaboran renombrados escritores, intelectuales y educadores como Inés Echeverría de Larraín, Elvira Santa Cruz (Roxane), Amanda Labarca y Emilio Vaisse.

Bajo la dirección de Marta Brunet, la revista cambia su lema de presentación a «La revista hecha por mujeres chilenas para las mujeres chilenas» y a partir de marzo de 1937 a «Todo lo que a Ud. le interesa».

Otra revista que representa los ideales femeninos de la mujer letrada es *Azul*, que comienza a editarse en noviembre de 1914 bajo el subtítulo «Quincenario ilustrado del hogar y de la economía doméstica». Además de artículos sobre matrimonio y crianza, también informa de actualidad nacional e internacional, literatura y cultura. Gran parte de sus páginas, sin embargo, se destinan a la cobertura de la agenda social de la alta clase santiaguina, por lo que es criticada debido a su frivolidad e inmoralidad. La revista se convierte en una defensora de las ideas modernas de la juventud.

La escritora Inés Echeverría de Larraín y la educadora Amanda Labarca encuentran también en estas páginas espacio para difundir su pensamiento feminista e ideas sobre la cultura. Ambas también colaboran en la revista *Silueta*, que nace en 1917 como una revista exclusivamente dedicada a la cultura de la mujer, aunque su propietario sea un hombre, el empresario Ángel Bonfratello.

La inquietud sobre cómo se desarrolla el feminismo en Chile y el mundo está presente en casi todos sus números, sin dejar de informar sobre moda europea, música, crianza, belleza y vida social. Lo más novedoso quizás es su consultorio sentimental, en el que responden inquietudes amorosas de las lectoras, sección que será infaltable en las revistas femeninas. Entre sus colaboradoras también se encuentran Elvira Santa Cruz, Gabriela Mistral y Clarisa Polanco de Hoffman.

Seis años después de *Azul*, nace *La Mujer* (1921), que aboga explícitamente por la mejora de las condiciones de la mujer a través de artículos que abordan las dificultades que esta enfrenta desde el punto de vista laboral, social y económico. Se dirige especialmente a la mujer oficinista, profesional y obrera y las alienta a denunciar las injusticias que viven. *La Mujer* se define como el «Órgano de la mujer chilena. Única publicación que aboga por los intereses de la mujer, sirviéndole de tribuna en el orden de las ideas».

En la década del cuarenta nace *Eva* (1942), uno de los *magazines* femeninos con mayor éxito comercial y que circula hasta 1974 con la clásica fórmula impuesta a principios de siglo con artículos de cocina, moda y belleza, además de otros de salud y familia.

2.5.2. Los periódicos femeninos con impronta política

Además de los *magazines* femeninos, aparece una prensa femenina que busca ser un canal de expresión de demandas de derechos sociales y políticos que hasta entonces habían sido ignorados. Se comienza a escuchar la voz de mujeres de clase media emergente y también de obreras que abogan por tópicos tan diversos como la defensa de valores tradicionales y católicos, la explotación de la clase obrera y la participación igualitaria entre hombres y mujeres. El periodismo de mujeres para mujeres se vuelve una realidad (Montero 2004, 114).

Entre 1900 y 1950 se observa la creación de cerca de 40 periódicos, que pueden categorizarse como prensa feminista, conservadora y cultural en una primera etapa (1900-1920); dependiente de organizaciones de mujeres autónomas y parte de partidos políticos en un segundo momento (1930-1939); y prensa política en una tercera etapa (1940-1953) (Montero 2018, 84-187-241).

Entre 1900 y 1920 nacen algunos periódicos liberales como *La Aurora Feminista* (1904); *La Alborada* (1905); *La Palanca* (1908); *Acción Femenina* (1922) y *El Despertar de la Mujer Obrera* (1914); otros conservadores como *El Eco de la Liga de Damas Chilenas* (1912), que luego cambia su nombre a *La Cruzada* (1915); *La Sindicada Católica* (1915) y *La Voz Femenina* (1925).

Acción Femenina, una de las más influyentes, circula entre 1922 y 1939 al alero del partido Cívico Femenino para abogar por el voto femenino, el divorcio y el derecho al trabajo de la mujer. En su primera etapa (1922-1923) es dirigida por César Sanhueza, secundado por Graciela Mandujano, quien es la verdadera responsable de la publicación.

Graciela Mandujano es además una de las cofundadoras del Movimiento Pro-Emancipación de las Mujeres de Chile (MEMCH), que agrupa a mujeres de diferentes orígenes sociales, sintonías políticas y religiosas en pro de la liberación femenina y que libra una emblemática lucha en Chile por los derechos laborales de la mujer y la obtención del voto femenino.

Tanto Graciela Mandujano como Marta Brunet en *Familia* y Elvira Santa Cruz, directora de la revista infantil *El Peneca* podrían considerarse como editoras, ya que trabajan según las rutinas editoriales modernas, que exigen recopilar información, seleccionarla, jerarquizarla, además de editar fotografías y oficiar como redactoras y columnistas.

En la década del 30 se editan otros periódicos y boletines como *Voz Femenina* (1923); *Nosotras* (1931); *Unión Femenina* (1934); *La Mujer Nueva* (1935) y *Voces* (1935), todos dependientes de organizaciones autónomas relacionadas con la mujer. También aparecen *Política Feminista* (1931); *Lealtad* (1934); *Trinchera* (1939) y *Camarada* (1939), al amparo de los partidos Juventud Liberal Democrática, Femenino Alessandrista, Juventud Socialista y Mujeres Socialistas, respectivamente.

Entre 1940 y 1953 nace una prensa política que responde a la institucionalización del movimiento de mujeres y que trasluce las tensiones de la mujer frente al sistema político (Montero 2018, 242-271). De este periodo son *Boletín* (1946); *Orientación* (1944); *La Voz de la Mujer* (1947); *Unión Femenina* (1950) y *La Mujer en Marcha* (1953).

Capítulo 3

Hitos biográficos de Marta Brunet

3.1. Infancia y adolescencia en el fundo familiar

Según consta en el libro de nacimientos del Registro Civil de Chillán, ciudad del sur de Chile, Marta Brunet nació el 9 de agosto de 1897 a las diez de la mañana en la calle 5 de Abril como «hija única, mimada, soñadora, propensa a las lecturas literarias ... las lecturas hechas al azar, las lecturas íntimas y secretas, incluso prohibidas, las que realmente valen…» (Díaz ctd en Balart 1989, 1).

El abuelo de Marta, Ignacio Brunet Artez (1825-1908), había llegado desde Manresa, España, al puerto chileno de Valparaíso, en 1855, a probar suerte en tierras americanas a fines del siglo XIX. Luego de permanecer un breve tiempo en el puerto se trasladó a Chillán, donde conoció a Romualda Molina Urrejola, una dama de buena familia, con quien se casó y tuvo una docena de hijos; entre ellos Ignacio, Manuel, Darío y Ambrosio, padre de Marta.

Ambrosio Brunet Molina conocería a su esposa María Presentación Cáraves de Cossio, oriunda de Asturias, durante un viaje a España. María Presentación era cuñada de su hermano Ignacio. «El paseo, como se ve, fue provechoso, se enamoró de una de ellas, contrajo matrimonio enseguida y regresó a Chile» (García Games 1930, 157-159). Así fue como los Brunet Cáraves terminaron formando en Chile dos troncos familiares tras el matrimonio de dos hermanos Brunet con dos hermanas Cáraves.

El padre de Marta, un exitoso comerciante chillanejo, poseía un fundo en Pailahueque, en la Región de la Araucanía, empinado en un cerro y poco adecuado para María Presentación, quien sufría dolencias cardiacas y del ánimo, por lo que finalmente la familia se asentó a pocos kilómetros de allí, en el pueblo de Victoria, donde transcurrió la infancia de Marta Brunet.

Como no había cerca una escuela para niñas, Marta Brunet fue educada por las profesoras del liceo de hombres, quienes acudían diariamente a darle lecciones de literatura, historia y ciencias, más una institutriz francesa que le enseñaba idiomas. La matemática no era del gusto de la escritora.

En una crónica, de su propia autoría, publicada en el diario *El Sur* el 13 de mayo de 1928, deja entrever cómo fueron sus primeros años de vida en el fundo Pailahueque.

Para mí, el salón desaparece y tengo ante los ojos la ancha vega con el río en lo hondo, frente a la casa de nuestro fundo, que fuera con la rancha de ño Pereira en el bajo y las chiquillas tocando en las tardes del domingo bajo la ramada, con el silencio enorme de la montaña para servirle de eco, con la chicha para fermentar, decires graciosos en los mozos que iban por allí a cortejarlas, que eran más de hacendosas nadita de feas (Brunet, «Amelia Cocq» 3).

A los cinco años vemos a una Marta Brunet que ya leía cuentos y que a los siete años escribía teatro para sus muñecas, gatos y perros, que eran su único auditorio (Hernández 1995, 112). Eran años en que desbordaba de fantasía y en su confusión entre esta y la realidad un día se enfundó una colcha y con un paraguas abierto de par en par se lanzó desde el molino del fundo para ver si volaba. Tan lesionada quedó que debió guardar reposo por quince días (Sienna, «¿Cómo, cuándo y por qué se hizo usted escritor?»).

Animaba lo inanimado, creía fervorosamente en la caperucita, en la existencia de las brujas que pasan en jirones de nieblas, en los gnomos barbudos que viven en los bosques con obscuro resentimiento; poseía su mundo maravilloso con alegría, interrogándolo, sin saber que la vida se encargaría de romperlo, haciéndola más sabia, infinitamente más razonable, pero también menos feliz. En *Bienvenido*, endosa a una de sus protagonistas este lado fundamental de su niñez (García Games 1930, 157-159).

Cuando cumple los diez años, sus padres la llevan a un viaje por España, Italia, Francia, Bélgica, Inglaterra, Portugal y Suiza, que será marcador para su vocación.

Jamás olvidaré ese invierno en Nápoles, con una atmósfera fría y sol resplandeciente. Mis nervios aprendieron ahí una lección de serenidad, que difícilmente habría conseguido nunca en mis montañas nativas. En París vi bailar a Isidora Duncan: fue mi primera impresión de plástica y música (Sienna, «¿Cómo, cuándo y por qué se hizo usted escritor?»).

Marta Brunet no es, por lo tanto, criada como una niña de provincia. Su personalidad se conforma a partir de la unión entre la cultura europea y la simplicidad del campo chileno. Así explica Marta Brunet las razones de su bagaje cultural de infancia.

Primero, por venir de una familia muy culta, que me dio toda clase de libertad cuando me juzgó suficientemente madura para leer. Me hicieron viajar durante cuatro años por Europa, donde pude conocer gran parte de la riqueza cultural de esos países. Vi ballet, teatro, visité museos, asistí a los conciertos. Todo esto permitió que, cuando mi vocación se hizo presente, yo tuviera una base sólida (Carvajal 2017, 848).

Su paso por Europa la forma como una muchacha moderna, que se niega a ser lo que sus padres esperan de una niña bien chilena: «Una perfecta dueña de casa, marido, niños, cocinar, y hacer dulces y conservas para los largos inviernos sureños» (Arratia, «Con Marta Brunet, Premio Nacional de Literatura» 38).

Reconocía una vocación tan recia que sus padres le dejaban hacer. Tenía una madre muy inteligente y comprensiva y un padre educado a la inglesa, que respetaba la personalidad de su hija.

Aunque entre 1914 y 1919 se inclina por la danza y la medicina, a su regreso a Chile —radicada esta vez en Chillán— decide finalmente que su vocación serán la literatura y el periodismo.

En la enorme biblioteca del fundo «La Granja» se empapa de la *Biblioteca de autores españoles*, de Manuel Rivadeneyra. «Pero si yo me he amamantado con esos», confiesa la escritora (Rama, «Marta Brunet Premio Nacional de Literatura» 21).

Asimismo, el volumen *La voluntad* resulta una especie de evangelio moral del que saca fuerzas para ambicionar convertirse en una escritora (Sienna, «¿Cómo, cuándo y por qué se hizo usted escritor?»).

3.2. Escarceos literarios

En Chillán, a partir de 1919, Marta Brunet comienza a reunirse con sus amigos del liceo y colaborar con la revista *Ratos Ilustrados*, con quienes funda un círculo de arte, especie de Ateneo local en que se reúne periódicamente con sus amigos escritores, «Los muchachos» como ella llama a Tomás Lago, Diego Muñoz, Armando Lira, Roco del Campo, Juvencio Valle, Ricci, Sepúlveda Cifuentes, Walter Millar, Alfonso Lagos y Alberto Rojas.

Marta es la única mujer del grupo y ejerce un marcado liderazgo intelectual. Escriben versos, notas y narraciones dramáticas. En varias publicaciones ella cuenta la anécdota de un carrito lleno de sándwiches con que su madre recibía a sus invitados.

Mi madre, como buena española tradicionalista, tenía de ellos una idea no muy halagüeña. Apenas aparecían en casa nos mandaba al viejo salón un carrito atestado de sándwiches, perniles, mermeladas, leche, té y café. Pobres bohemios solía decir, deben pasar unas hambres con esas historias de los versos ... Muchos años después, conversando con Tomás Lago, le conté mis terribles aprehensiones de entonces. Tomás se quedó mirándome de hito en hito y me confesó: "Mira, chiquilla; es muy cierto que nosotros íbamos a tu casa por ti y la literatura, pero también por el carrito" («Marta Brunet fue calificada como inmoral y hereje» 59-60).

El grupo de intelectuales hacía esfuerzos por conocer los ambientes literarios santiaguinos y no quedarse en el confinamiento de la provincia. A esas tertulias invitaban también al poeta Pablo Neruda, Narciso Tondreau, Luis Felipe Contardo, al músico Otto Schaffer, al dibujante Carlos Dorlhiac, Rafael Veloso, Gabriel Fagnilli (Hernández 1995, 114; Romero 2016, 115).

Uno de los primeros trabajos editoriales que impulsan es un libro de versos de uno de los miembros de la cofradía, Absalón Baltasar, que Marta Brunet envía al prestigioso crítico literario chileno Hernán Díaz Arrieta, conocido como Alone. Los poemas se acompañan de una elocuente carta de recomendación escrita por Brunet que llama la atención del crítico. Este le responde que los versos del amigo son muy malos, pero la carta revela a una verdadera escritora. Termina pidiéndole algún texto en prosa.

No me quedó otra que quemar mis pobres poemas y enviarle al terrible crítico los originales de una novelita que tenía muy escondida. La respuesta no tardó en llegar, y fue tan exaltada, que yo miraba para los lados, creyendo que se trataba de otra persona. Recuerdo que en una parte Alone, decía, ya en el paroxismo de la exaltación: '¡Dan ganas de echar a vuelo las campanas cuando nace un escritor de la talla de Marta Brunet! («Marta Brunet fue calificada como inmoral y hereje» 59-60).

Marta Brunet inicia una amistad epistolar con el crítico, quien la describía como una moza alta, de tez blanca y de grandes ojos celestes un poco velados por la miopía. Alone, el crítico literario más prestigioso de la capital, quiso ser su mentor literario e ideó para ella un detallado plan de lectura. Sus lecturas transitan desde el Arcipreste de Hita y Santa Teresa de Jesús hasta familiarizarse con Miguel de Unamuno, Marcel Proust, Jean Giradoux, Georges Duhamel y Paul Claudel (Romero 2014, 112).

La carrera literaria de Marta Brunet inicia una etapa de ascenso. En 1923, la escritora participa en el concurso literario «Los juegos florales de Ñuble», con una «Décima a la ciudad de Chillán» y publica su primera novela, *Montaña adentro*. Pese a que esta es muy bien recibida por la crítica, propone un lenguaje «demasiado áspero, demasiado recio, demasiado real», aparentemente «deshuesado y localista» (Aguilar 1997, 33). Un libro casi impropio para una mujer conservadora de la época.

Se dijo incluso que el libro presentaba una realidad tan ruda que parecía la obra de un hombre, o de un Baldomero Lillo que sabía escribir (López 1997, 37).

Aunque la novela trata de un idilio entre Cata y Juan Osses, lo significativo de la trama es la denuncia social que retrata, el quiebre con el mundo tradicional de la época. Con personajes campesinos brutales, como el mayordomo; mujeres que parecen brujas camino a un aquelarre (la madre de Clara) y mozas jóvenes que solo desean rebelarse ante las imposiciones familiares (Clara), el libro encanta por su belleza artística y descoloca por su contenido social (Vaisse 1940, 65-69).

Si bien la obra es elogiada en Santiago, en su Chillán natal la publicación le significa a Marta Brunet el desprecio de las conservadoras beatas de principios del siglo XX, sectores que la acusan de inmoral y hereje.

Las niñas de familias bien recibieron orden de quitarme el saludo. En medio de tanta amargura hubo un sacerdote español, Nicolás Marín, que salió hidalgamente (¡qué menos en un caballero hispánico!), en mi defensa. Fue a ver a mis consternados padres y les probó que si yo escribía, era porque estaba poniendo en juego un don de Dios, y que lo incorrecto sería, justamente, poner cortapisas a una vocación que era su mejor regalo. Además —agregó— lo que Martita ha escrito no es inmoral ni blasfemo, puesto que ella se ha limitado a mostrar algunos aspectos sombríos de la vida, que en realidad existen, y que ningún cristiano puede desconocer, so capa de una pretendida virginidad mental («Marta Brunet fue calificada como inmoral y hereje» 59-60).

La publicación de esta primera novela significa una especie de bienvenida de Marta Brunet a los círculos literarios de la capital, lo que termina marcando su *habitus* como autora en el sentido de que su origen de cuna habría favorecido el arrojo y una propensión hacia la espiritualidad vanguardista.

Brunet se habría formado en un *habitus* que combina las normas propias de la docilidad femenina tradicional con un capital cultural educado. Si bien a Marta Brunet le correspondía por formación familiar convertirse en una señorita de sociedad de provincia, opta por la literatura ejercida en la gran ciudad (Cisterna 2014, 101-115; Carvajal 2017, 849).

3.3. Reportera en formación (1919-1924)

Cuando Marta Brunet tiene poco más de 20 años comienza su carrera periodística en su Chillán natal en los periódicos locales *La Discusión* y *El Día*, dando inicio a la etapa que he denominado «Reportera en formación» (1919-1924), ya que coincide con su fase de aprendizaje en el oficio. Existe escaso material de esta época, y se trata especialmente de columnas breves sobre temas sociales, arte y cultura. Son ejemplos de esta etapa la columna «¡Dar!» (1921), en que promueve la colecta para el hospital de ancianos y la fundación Gota de Leche de la ciudad; «La labor artística de dos muchachos» (1922) en que reseña la exposición pictórica de Armando Lira; «Resurrección» (1920) que escribe con motivo de la fiesta de Semana Santa; «Fragmento de un diario» (1919) y «La maestra rural» (1919). Gran parte de estos escritos son cuadros de costumbres, con detalladas descripciones de la vida campesina y recuerdos de sus veraneos en el fundo familiar.

Estos escritos los firma indistintamente de tres maneras: con su nombre completo, Marta Brunet Cáraves; con sus iniciales (MB); o bien, con el seudónimo de Miriam. Uno de sus amigos de Chillán, Tomás Lago, recuerda a una joven Marta vestida con faldas casi monacales y con trenzas enrolladas alrededor de las orejas como «auriculares telefónicos». Decía que pocas personas en la ciudad sospechaban que ella era la autora de las publicaciones. «Durante mucho tiempo nadie supo que estos artículos pertenecían a esa jovencita un poco desabrida que veíamos pasar acompañada de su madre camino a la iglesia a la hora de los oficios» (Lago 2014, 102).

Es posible que el hecho de ser mujer, sumado a la costumbre de la escritora de invisibilizar su nombre real con seudónimos y vivir en provincia, lejos de la vida social y cultural santiaguina, haya contribuido a que al principio de su carrera su nombre generara especulaciones, lo que evidencia el canon patriarcal con que se medía a las literatas en la época. Mientras algunos críticos estaban convencidos de que Marta Brunet no existía y se trataba de una invención de Alone, otros aseguraban que finalmente había nacido en Chile una buena novelista y una autora de *nouvelles* que se podían leer. «Pero, sea lo que fuese, el hecho es claro: a Marta Brunet no se le quieren perdonar dos cosas. Que es, seguramente, el escritor más interesante de la nueva generación, y que no se le perdona su calidad de mujer» (Orellana, «Viéndolos pasar. Marta Brunet»).

3.4. Periodista prolífica (1925-1939)

En 1925, Marta Brunet se establece en Santiago, capital de Chile, e inicia la etapa que denomino «Periodista prolífica», ya que extiende su rango de colaboraciones periodísticas a medios de comunicación con tiraje más amplio, tanto chilenos como extranjeros. Amplía además su agenda temática abordando temas culturales, políticos, sociales y se convierte en una voz de referencia para la sociedad nacional. Su registro periodístico también se expande e incursiona en los formatos de la columna, la entrevista y la crónica. Se queja, sin embargo, del oficio. En una carta fechada el 9 de noviembre de 1925 que Brunet envía a su amigo Samuel Glusberg, editor de *Babel*, declara:

Yo soy muy callada, las discusiones me aturden, nunca he dicho un discurso, me gusta pasar desapercibida, el periodismo me repele. No sirvo, mi amigo, no sirvo para misiones oficiales. Me gustaría ir a Buenos Aires como suelo ir a Santiago, sin anunciarme, dar un telefonazo a los amigos —a los que conozco personalmente y los que conozco por sus obras— y en la tarde, en algún parque y sentarnos a charlar un rato paseando bajo los árboles (Brunet, *Carta a Samuel Glusberg*).

Pese a la categórica declaración «el periodismo me repele», se entiende que se refiere a las misiones y discursos oficiales y a su deseo de permanecer lejos de la figuración pública. Confiesa, sin embargo, su gusto por la charla distendida con los artistas. No es azaroso que un buen número de las entrevistas que realiza en este periodo las titule como «Un rato de charla con...» o «Charlando con...» y sus protagonistas sean artistas o escritores.

Si bien la autora critica el oficio del reportero, su molestia se centra en lo absorbente del trabajo, que deja poco tiempo para las labores literarias, como describe en su columna *Por nuestros artistas* (1928): «Y entonces resulta que la obra literaria es relleno de retazos de tiempo en que se debe reaccionar contra el cansancio físico ... Esto, cuando no deriva hacia el periodismo que tantos reales talentos de escritor ha devorado como Saturno insaciable» (Brunet, «Por nuestros artistas» 103).

Uno de sus primeros encargos periodísticos en Santiago es el reemplazo del crítico Alone en la sección Crónica Literaria del diario *La Nación* donde publica reseñas literarias.

En una carta fechada el 31 de julio de 1925, Brunet le comenta al literato Samuel Glusberg estas colaboraciones en el diario, que en la práctica resultan un mecanismo de invisibilización que el crítico Alone realiza del trabajo de la escritora. Alone no solo permite a Brunet reemplazarlo en una suerte de «tutoría literaria», sino que llega a publicar textos creados por Brunet como si fuesen propios. Sucede con las reseñas *Colores, por Remy de Goumount*, *El funámbulo de mármol* y *La escuela de los indiferentes*. Estas críticas literarias son enviadas como cartas personales de la autora a Alone cuando aún vive en Chillán y es vista como una escritora joven y de provincia que debe disputar un lugar en la escena capitalina (Carvajal 2021, 220-228-232).

No es descabellado plantear que ese reemplazo en La Nación significó el impulso que le permitió a Brunet, ya como novelista y crítica de renombre en la capital, acceder a escribir para *El Sur*. Otro efecto de esa inversión sería la posibilidad concreta de mudarse a la capital, desde donde actuaría como corresponsal para el diario (Carvajal 232).

Entre 1926 y 1930 es corresponsal para el diario *El Sur*, de Concepción, y a partir de la década del 30, colaboradora en las revistas *Zig-Zag*, *Ecrán* y *Familia*, un *magazine* femenino en la que se inicia como redactora y termina asumiendo la dirección. «En esa profesión, la luz artificial, las largas horas, el humo, debilitaron su vista, y a los treinta compró sus primeros anteojos» (Donoso, «En Europa se hizo la luz» 11).

Desde que era una niña, su vista había sido débil, por herencia de la familia de su madre; incluso dos de sus tías habían quedado casi ciegas. A Marta Brunet una acentuada miopía le acompañaría a lo largo de casi toda su vida, al igual que sus oscuros anteojos ópticos, que terminan convirtiéndose en uno de sus rasgos físicos característicos.

Rama señala que el traslado a Santiago se debe a la pérdida de la fortuna familiar («Marta Brunet Premio Nacional de Literatura» 21-22) y Balart añade que la razón habría sido el repentino fallecimiento de su padre (Balart, 1989), pero lo cierto es que Ambrosio Brunet no murió hasta 1931, cuando Marta Brunet ya llevaba varios años afincada en la capital y con una prolífica carrera en el mundo de las revistas. En la correspondencia que en 1928 la escritora sostiene con el poeta Juan Guzmán Cruchaga —se trata de 22 misivas— Brunet relata sus viajes al fundo familiar de Chillán y las conversaciones cotidianas que sostiene con su padre sobre el estado de salud de su madre María Presentación Cáraves.

Mi padre después de su amenaza de mandarme a la mamá a corto plazo "porque estaba insoportable" escribió que no podía mandarla. Este padre mío primero hace las cosas y después las piensa. Me da toda clase de explicaciones de por qué no la manda. En vista de esto decidí ir yo a Chillán a pasar unos diez días con ellos. Ya tengo listo mi viaje para la otra semana, me voy probablemente el otro jueves, una vez que salga la revista y me paguen (Brunet, *Carta a Juan Guzmán*).

En esta etapa, su trabajo periodístico y literario se encamina por vías paralelas. Mientras en 1926 aparece su segunda novela *Bestia dañina*, publica el cuento «Niú» en la revista *Atenea*; «Era una mujer que se llamaba Miriam», «Una mujer pálida» y «Lucho el mudo» en *Caras y Caretas*; «Doña Santitos» y «Don Florisondo» en la revista *Lectura Selecta*; «Pascua en el fundo» en *Los Tiempos*; «Estampas» y «Francina» en *Zig-Zag*; y «Vejeces», «El rey avaricioso» y «Ave negra» en el diario *La Nación*.

Su producción reporteril y literaria coincide con la publicación de títulos de varios de sus amigos escritores, como *Hombres del sur*, de Manuel Rojas; *El socio*, de Jenaro Prieto y *Tierra de pellines*, de Luis Durand. También Mariano Latorre, Tomás Lago, Alberto Romero, Manuel Vega y Pedro Prado figuran entre sus cercanos. Brunet es una de las pocas mujeres que ocupa un papel destacado dentro del mundo de la cultura más progresista.

«En cierto sentido le tocó a la nueva camarada un papel que solo doña Inés Echeverría de Larraín pudo desempeñar en un ambiente modesto y mojigato. Se incorporó a nuestras actividades, asistió a nuestras reuniones, publicó en diarios y revistas» (Latcham, «Marta Brunet»).

Al igual que varios escritores de esta época, Marta Brunet ejerce su oficio reporteril para obtener un ingreso económico para subsistir. En la correspondencia que sostiene con Guzmán Cruchaga la escritora describe las álgidas discusiones con su editor (Hernán Silva) en pos de recibir una justa retribución por su trabajo.

El lunes tuve un disgusto mayúsculo en La Nación. El día anterior se publicó en el suplemento ese trabajo mío; Grafa, mujer de sombra ... Alegó que solo podía haber dicho que la tarifa cuentos era en su máximo 250. Con todo esto yo me empecé a angustiar, terminé llorando y fue todo un desastre. Y el caso es que hasta ahora no me han pagado. Yo no pienso volver a La Nación por ningún motivo. Ya van dos veces que luego me hace llorar con sus cosas de energúmeno ... en el extranjero me pagan mejor y tienen conmigo toda clase de atenciones (Brunet, *Carta a Juan Guzmán*).

También menciona que gracias a sus colaboraciones en los periódicos puede solventar imprevistos, como gastos médicos. «... he escrito bastante. Esto ha sido espléndido porque la Gata (como se autodenomina en la misiva), con tantas historias y remedios, andaba muy mal de dineros y con dos cuentos se equilibró maravillosamente, hasta quedar firme en sus dos patas» (Brunet, *Carta a Juan Guzmán*).

3.4.1. La icónica sección *Kaleidoscopio* en el diario *El Sur*

A partir de 1926 y hasta 1930 Marta Brunet mantiene una estrecha relación profesional como corresponsal del diario *El Sur* de Concepción, medio en que publica cada semana —habitualmente el día domingo y en página 3— una sección propia llamada *Kaleidoscopio*. En estas páginas se la puede apreciar como una periodista avezada, versátil y especialmente prolífica, donde hace gala de su pluma periodística y capacidad reporteril.

En *Kaleidoscopio*, haciendo honor al nombre, aborda variopintas temáticas, desde crónicas de moda, belleza, viajes y cine hasta entrevistas a personajes notables de la escena cultural y a chilenas que incursionan en el mundo público a través del deporte, el teatro, la ópera, fundaciones e incluso el vodevil. Las temáticas son tan variadas como la curiosidad de la escritora.

Varios de los entrevistados que presenta en estas páginas son antiguos cercanos de su familia o amigos de su círculo intelectual santiaguino, como Amanda Labarca, María Monvel y Claudio Arrau. Brunet no teme reconocer tal familiaridad. En su entrevista «Un rato de charla con Claudio Arrau» (1928) escribe: «Cuando ibas a la playa hacían que yo te cuidara y era una maravilla para mí en el papel importantísimo de madrecita del «niño prodigio» (Brunet, «Un rato de charla», 180). O cuando en una carta fechada del 20 de mayo de 1926, Marta Brunet le cuenta el editor Samuel Glusberg sobre el regreso de Europa del crítico literario chileno Armando Donoso y su esposa, la poetisa María Monvel. «Soy muy amiga de María Monvel», escribe. El

8 de agosto de ese mismo año publica la entrevista «En casa de María Monvel» en el diario *El Sur* donde relata detalles de ese viaje.

En sus escritos, Brunet interpela seriamente a sus lectores desde la opinión fundada; en otros hace gala de un sutil humor e ironía; o se permite opinar de nimiedades porque no teme parecer frívola.

Su labor como corresponsal es tan especialmente prolífica, que he contabilizado más de 100 crónicas y entrevistas en estos años. Algunos títulos de esta etapa son: «En casa de María Monvel» (1926); «Camila Quiroga» (1926); «Amanda Labarca» (1926); «De ayer y de hoy» (1926); «Choapinos» (1926); «Una visita a Federico García Sanchis» (1926); «Tarde en el puerto» (1927); «Aguas dulces, aguas amargas: en la desembocadura del Bío-Bío» (1927); «Modas» (1927); «La señora Leonor Mascayano de Villa Novoa y su obra» (1927), «Joaquín Edwards Bello» (1927); «María Monvel regresa» (1928); «Carta de una chilenita que está en Europa» (1928); «Josefina» (1929); «Lily y Mecha Pérez Freire» (1929); "Carta de París» (1930); «Por los teatros» (1930); y «Rodar tierras» (1930).

Publica incluso un escrito algo extravagante titulado «La signora X, quiromántica» (1926), en que entrevista a una mujer de origen humilde que vive en un *cité* y que supuestamente adivina el destino. Menciono esta entrevista no solo por su originalidad y reflejo de la variedad de intereses de Marta Brunet como periodista, sino porque uno de los mitos que existen en torno a la figura de la escritora es que dentro de los oficios que habría ejercido para sustentarse económicamente se encontraría la regencia de un consultorio de quiromancia. Hasta ahora, sin embargo, no he encontrado evidencias de la veracidad de este acontecimiento.

Si bien en el diario *El Sur* publica escritos periodísticos variopintos, también es el espacio en que despliega su pluma literaria. En *El Sur* se publican, por ejemplo, los cuentos «De cómo Chano Luco aprendió a desconfiar de las mujeres que dicen mucho querer» (1927), «En la sombra (por tierras de Asturias)» (1927) y «Misiá Marianita» (1929).

Durante este periodo también realiza colaboraciones literarias para el diario *La Nación:* «Romelia Romani» y «Grafa, mujer de sombra» (1928); *Caras y Caretas* («Doña Tato» y «La paz de los campos», 1927); «Tía Lita», 1928); y las revistas *Letras* («La vida quieta», 1928; «Caracola», 1929; «La montaña de Tolhuaca», 1929) y *Atenea* («Plaza de mercado», 1930), donde además publica en dos entregas la novela *María Rosa, flor del Quillén* (1927).

En 1929 obtiene el primer premio en el concurso de cuentos del diario *El Mercurio* con «Tierra bravía». Ese año, además, con la editorial Nascimiento publica su novela *Bienvenido,* aunque ello significa una disputa con su editor por el final que ella no deseaba cambiar.

Estuve arreglando además un poco Bienvenido para dárselo a la revista Atenea, de la Universidad de Concepción. Nascimiento quiere que le agregue dos capítulos, haciéndole un idilio romántico-cursilón y como yo no me avengo a esta imposición tonta, no hemos llegado a ningún acuerdo. Y como al fin es una tontera no sacar ningún dinero por ese trabajo que está ahí dormido, resolví dárselo a Raúl Silva para la revista que te digo; les pediré mil pesos, creo que me los darán, puesto que por María Rosa, flor de Quillén me pagaron ochocientos (Brunet, *Carta a Juan Guzmán*).

De todos modos, no queda satisfecha con su novela *Bienvenido*, como confiesa en una entrevista que otorga a un joven estudiante del Instituto Nacional.

Bienvenido lo escribí cuando era muy joven todavía. Yo era hija de una familia muy burguesa, muy católica y muy conocida en el pueblo donde vivíamos. De modo que la publicación de mis dos primeros libros fueron dos grandes escándalos que allí se armaron. Entonces mi madre me pidió que escribiera algo «bueno», que pudiera ser leído por las jovencitas hijas de familia. Así fue como escribí «Bienvenido», que considero lo más malo que tengo entre mis libros. Quizás si el paisaje tenga algún valor, es claro, pero no tanto como en *Montaña adentro*. Por lo demás es una novela débil, da la impresión de que nada es espontáneo en ella (Orthus, «Marta Brunet entrevistada por un alumno» 15).

La obra, sin embargo, es bien recibida por la crítica, especialmente por el crítico Alone, quien en publicaciones de prensa de la época escribe elogiosos comentarios destacando su fuerza de estilo junto con la proporción del conjunto de la obra (Alone, «"Bienvenido, novela por Marta Brunet» 2).

La vida de Marta Brunet transcurre entre su trabajo como escritora, reportera del diario *El Sur* y una activa vida social y cultural. Incluso se suma a una compañía de teatro cuyos integrantes son escritores e intelectuales como María Luisa Bombal, Mercedes Orrego y Mariano Casanova, con quienes ella realiza montajes en los teatros Carrera y Comedia. Todos ellos, además de María Monvel, Inés Echeverría, María Tupper, Raquel Délano, Gabriela Huneeus y Manuel Hubner, otros amigos cercanos, son protagonistas de sus crónicas y entrevistas.

El periodismo es su fuente de sustento económico, según lo relata ella misma en sus cartas al poeta Juan Guzmán Cruchaga:

He pasado una semana con más trabajo que de costumbre, porque hice varias entrevistas extras para "El Sur": a un señor Paul Swan, escultor, pintor y danzarín yankee, que ha presentado aquí una colección de sus obras. Es un tipo muy curioso, ambiguo, maquillado como una cocotta, charlador fino, viajero infatigable. Es estupendamente buen mozo y dato todo lo que te digo anteriormente no te extrañará que te agregue que siempre se le vea rodeado de una corte de meninos. Es todo un personaje de Wilde: Otra entrevista se la hice al hermano de la Vicha que llegó de Italia contratado por el gobierno para cantar en la temporada de ópera.

Es un ser muy simpático, no muy inteligente, con una voz estupenda (Brunet, «Carta a Juan Guzmán»).

Durante 1928, Marta Brunet mantiene una activa correspondencia con el poeta chileno Juan Guzmán Cruchaga, a quien transmite su cotidianeidad en la capital chilena. Nos enteramos de estas misivas gracias a los hallazgos del investigador Osvaldo Carvajal, quien en 2012 descubrió que fueron catalogadas erróneamente como cartas del poeta a su primera esposa, Consuelo Noguer Fltecher.

Se trata, no obstante, de misivas que revelan la poco conocida relación sentimental que la escritora entabla con el poeta y diplomático chileno mientras este sirve en el consulado nacional de Oruro, Bolivia.

En la misiva del 29 de mayo de 1928 Brunet manifiesta la esperanza de un matrimonio con Guzmán Cruchaga.

La seguridad de que pronto estaremos reunidos me viene de que Jenaro Prieto le preguntó a esa persona por qué se había opuesto a nuestros proyectos y ella le contestó que había sido solamente para evitar que nos hubiéramos casado por lo religioso sin antes estar el matrimonio civil anulado (Brunet, «Carta a Juan Guzmán»).

Las cartas se encuentran fechadas entre mayo y septiembre de 1928 y nos revelan una desconocida cercanía amorosa entre la escritora y el poeta, trasluciendo la intranquilidad que le producía a la escritora la separación geográfica de la pareja.

La relación, sin embargo, no termina bien y alrededor de 1933 la escritora se traslada transitoriamente a Viña del Mar, en la costa chilena. La pintora María Tupper, una de sus amigas cercanas, la acompaña durante esos días de tristeza, según relata Tupper en sus diarios y cartas con Marta Brunet. En esa correspondencia la pintora realiza una revelación en torno a la escritora. Marta Brunet tuvo una hija de Guzmán Cruchaga que nació prematura y murió de seis meses (Díaz, 2015, 37). La misma Marta Brunet lo confirma en una misiva enviada a la pintora María Tupper.

Me has hecho falta, María, porque tu atmósfera es muy pura, muy bondadosa, muy calma e insensiblemente una se pone a tono con ella. No comprendo eso sí, cómo sintiéndote tan propicia a confidencias y tan comprensiva a complicaciones, no te conté que voy a tener un hijo ... Sí, en septiembre voy a tener un hijo (Díaz 2015).

La relación con Guzmán Cruchaga y la maternidad de la escritora son tópicos que se han difundido escasamente, tal vez porque se conocen hace poco o bien porque no existe una biografía completa de la autora, pero lo cierto es que son aspectos relevantes que permitirían entender cabalmente el contexto de sus creaciones. Lo cierto es que en 1938 Marta Brunet publica su libro de cuentos *Cartas para Marisol*, el mismo nombre que había dado a su hija, según confiesa su amiga María Tupper en una de las misivas.

Marta, por el contrario, no se podía conformar y creo nunca se ha conformado de haber perdido a esta hijita que bautizó como Marisol. Siguió queriéndola como si hubiera vivido y hasta escribió unos cuentos dedicados a esta hijita de su sueño. Sin embargo, no se abatió y hasta supo perdonar con toda nobleza. Su dolor, su maternidad frustrada, le dieron mayor intensidad y fueron motivo de inspiración (Díaz 2015, 37).

No existen, sin embargo, otros registros o documentos que confirmen la maternidad de Marta Brunet, quien ha permanecido en la historia oficial de la literatura chilena como una escritora soltera, sin hijos y sin amores conocidos.

3.4.2. Su arribo a las revistas *Familia y Ecrán*

En 1933, la escritora decide regresar a Santiago luego de una temporada en Viña del Mar, desde donde continúa con su carrera literaria y como articulista en diarios y revistas. Publica los cuentos «Ojo feroz» en *La Nación* (1934); «Máscara en colorado y negro» y «Demonios sueltos en tierras de Ñuble» (1935) en *Zig-Zag*; «Una historia de lejanas tierras» (1935) en *Ecrán* y «Yo sí… Yo no…» (1938) en *Repertorio Americano*.

En 1934 se incorpora de manera estable al equipo de *Familia*, una revista dirigida a la mujer de alta sociedad centrada en moda, cocina y labores del hogar. Allí ejerce primero como redactora entre 1934 y 1937 y luego como directora hasta 1939, donde realiza labores como elección de temáticas de la revista, selección de fotografías e ilustraciones, corrección de pruebas y la revisión final de la cadena de producción editorial.

Desde esta vereda, bajo el seudónimo de Isabel de Santillana, también escribe columnas en que impulsa la participación pública de la mujer y la ampliación de derechos, y como la Hermanita Hormiga publica recetas de cocina que había compilado en *Tratado de arte culinario* (1931). Acompaña las recetas de la sección *La señora y su cocina* en que introduce breves columnas con consejos sobre alimentación. También escribe los editoriales e incluso responde el consultorio sentimental de la revista, pero sin firmarlos.

En 1935 también destaca su participación como editora en un especial periodístico de revista *Zig-Zag*, a propósito del centenario de Chillán, su ciudad natal. Ese año también publica los cuentos «Máscara en colorado y negro» y «Demonios sueltos en tierras de Ñuble».

Su padre había muerto en 1931 y la escritora trabaja arduamente para mantener a su madre, que vive en un pensionado y tiene una enfermedad del ánimo.

Familiarmente, Marta Brunet se convierte en la madre de su madre, a quien describe como «una niñita para ella» (Díaz 2015, 36).

Junto con el periodo en la sección *Kaleidoscopio* del diario *El Sur* de Concepción, sus años en revista *Familia* son quizás uno de las más prolíficos en el volumen de producción periodística de la escritora.

En 1935 colabora con *Ecrán*, una revista chilena especializada en cine, de gran popularidad en el país, donde tiene a su cargo una sección estable titulada *Alrededor de una mujer*, en la que escribe reseñas sobre chilenas destacadas en el mundo de la educación y la cultura, como Amanda Labarca, Ana Cortés, Blanca Fernández de Castro y Emilia Guevara. En esta revista también publica el cuento «Una historia de lejanas tierras» (1935).

En 1938 sale a la luz *Cuentos para Marisol*, uno de sus libros para niños más recordados. Al año siguiente, en julio de 1939, cuando su carrera periodística se encuentra en pleno apogeo, abandona la dirección de la revista *Familia* para asumir como cónsul en La Plata, Argentina, bajo el gobierno del presidente Pedro Aguirre Cerda. Inicia de esta manera una labor diplomática que desempeñará hasta su muerte, en 1967, y una nueva etapa periodística, que denomino «Periodista en su madurez».

3.5. Periodista en su madurez (1939-1967)

En 1939, mientras oficia como directora de la revista *Familia*, es convocada por Pedro Aguirre Cerda, recién electo presidente de Chile, como cónsul en Buenos Aires. Pero no abandona completamente su rol periodístico. Ocasionalmente, publica columnas con tópicos políticos en el suplemento dominical del diario *La Hora,* como «Los niños y su teatro» (1939), «Por nuestros artistas» (1939), «De lo criollo» (1939) y «Niño mendicante» (1939). «MEMCH» (1939) es una de sus columnas más simbólicas de esta etapa, donde aborda el movimiento de mujeres chilenas organizadas en pro de lograr el sufragio femenino.

También publica sus artículos en *Repertorio Americano*, una revista de alcance continental. El más inolvidable es «Americanismo también es obra femenina» (1939), donde llama a las mujeres del continente a unirse en torno a los valores democráticos.

Pese a que su labor en el consulado consume gran parte de su tiempo, colabora también con la revista *Ateneo*, el suplemento literario del diario argentino *La Nación* y la emblemática revista literaria *Sur,* de Buenos Aires. A esta etapa corresponden los textos periodísticos «Augusto D'Halmar» (1942), «Una capilla literaria chilena: Los Diez» (1942), ambos en *Repertorio Americano* «Una mañana cualquiera», en revista *Hoy* (1942) y el cuento «Aguas Abajo» (1942) en revista *Sur*. Este último se edita al año siguiente como un libro que le otorga el premio Atenea, distinción de la Universidad de Concepción a la mejor obra creación del año.

En muchos de estos escritos declara su admiración por el presidente Aguirre Cerda, de quien destaca su sensibilidad frente a la educación y cultura. Lo considera «un espíritu de dinamismo y empuje». No le dice «presidente», sino simplemente «Don Pedro». «Nunca voy a aprender a decirle nuestro Presidente», escribe en una de sus columnas en el diario *La Hora* (Brunet, «Por nuestros artistas» 3).

Aunque no es buen momento para la cultura, con la Segunda Guerra Mundial en auge, Marta Brunet es muy bien recibida en los círculos diplomáticos argentinos. Viene precedida del prestigio que le otorgan sus cuatro novelas y tres libros de cuentos con críticas positivas. Además de su nombre literario, alaban en la escritora su carácter cordial y cercano (Delfino, «Marta Brunet» 3-4).

En distintas visitas a Buenos Aires antes de la dictadura peronista comprobé el enorme arraigo de Marta Brunet en los grupos literarios ... Mallea, Borges, González Lanueza, Canal Feijóo, Martínez Estrada, González Carbalho, Ricardo Rojas, Victoria Ocampo, Pablo Rojas Paz y su mujer, la encantadora rubia, Ernesto Sábato y todo lo mejor, en Buenos Aires (Latcham, «Marta Brunet»).

En la década del 40 continúa con su labor diplomática como cónsul en Argentina, pero esta vez bajo el mandato del presidente Juan Antonio Ríos, sucesor de Aguirre Cerda. Son años prolíficos para su producción literaria, pero escuálidos para la realización periodística. En 1943 edita el cuento «La niña que quiso ser estampa» en el diario *La Nación* y «La casa iluminada», al año siguiente en la revista *Sur*.

En 1945 publica un adelanto de su novela *Humo hacia el sur* en la revista de la Sociedad de Escritores de Chile, la que es premiada como el mejor libro del mes por el Pen Club de Chile y el Club del Libro de Buenos Aires. El año siguiente, 1946, lo marca la aparición de *La mampara*.

Su carrera diplomática se encuentra en pleno ascenso en Argentina. Asume como tercer secretario de la embajada y luego como segundo secretario (1950). En el ámbito periodístico incursiona en un formato que hasta entonces no había explorado, el guion radial, con «Vieja pascua popular chilena» (1951).

En 1952, sin embargo, su carrera diplomática es interrumpida abruptamente, cuando Carlos Ibáñez del Campo asume la Presidencia de Chile y le pide la renuncia al cargo por diferencias políticas. Curiosamente, Ibáñez del Campo había llegado al poder con el apoyo del Partido Femenino Chileno, que al igual que Marta Brunet, luchaba por mayor presencia de la mujer en espacios públicos y la obtención de sufragio femenino en Chile, derecho que se había obtenido recién en 1949. Las mujeres, por lo tanto, votaban por primera vez en unas elecciones presidenciales.

Además de dejar su labor diplomática, Marta Brunet este año se enfrenta a una ceguera que se acentúa. Ella misma relata este episodio en una entrevista.

Al subir a la presidencia don Pedro Aguirre Cerda, se compadeció de mi estado, y me hizo salir al extranjero como cónsul. Durante catorce años serví en puestos consulares y diplomáticos en Argentina. A pesar de que allá el trabajo era menos duro, mi ceguera aumentó y me sometí a varios tratamientos, entre otros a un injerto de placenta. Cuando Ibáñez subió al poder, yo tuve que abandonar mi puesto debido a mi antiperonismo y se agudizaron mis cataratas. Viví durante diecisiete años rodeada de una nebulosa creciente, incapaz de ver perspectivas (Donoso, «"En Europa se hizo la luz» 11).

Retorna a Santiago de Chile para iniciar una nueva vida en la capital. Regresa con pocos recursos económicos y una ceguera que se acrecienta (Rama, «Marta Brunet Premio Nacional de Literatura» 21).

3.6. Regreso a Chile y el Premio Nacional de Literatura

Tiene 56 años cuando vuelve a Santiago. Su amiga Amanda Labarca, profesora chilena pionera de la educación de las mujeres, y directora del Departamento de Extensión Cultural de la Universidad de Chile, la invita para que dicte cursos y conferencias sobre literatura chilena e hispanoamericana en las escuelas de temporada que ofrece la universidad, tarea que Marta Brunet acepta. Aunque nunca se siente una profesora, demuestra gran conocimiento sobre las nuevas corrientes literarias latinoamericanas e hispánicas (Rama, «Marta Brunet Premio Nacional de Literatura» 21).

En 1957, junto con su función docente, continúa su labor literaria, con la publicación de los cuentos «Hija de ricos», «La nariz» y «Abuela», en el diario *El Mercurio* y la revista *Pomaire*. Publica además la novela *María Nadie*.

Su carrera periodística, no obstante, se ve interrumpida y en esta etapa solo se editan los artículos «El mundo mágico del niño» (1958) y «Experiencias de mi vida literaria» (1958) en la revista *Atenea*, elaborados originalmente como conferencias para el Segundo Encuentro de Escritores Chilenos, realizado en Chillán. Estos artículos, más que escritos construidos a partir de rutinas periodísticas como entrevistas y recolección de información de actualidad, son reproducciones de su rol como conferenciante en asambleas públicas, precisamente lo que decía repudiar del periodismo en su carta de 1925 al editor argentino Glusberg (Brunet, «Carta a Samuel Glusberg»).

Al año siguiente, 1959, asume la vicepresidencia y luego la presidencia de la Sociedad de Escritores de Chile (SECH). En 1960 publica el libro de cuentos en versos *Aleluyas para los más chiquitos* y el artículo «La mujer y esa», ambos en revista *Atenea*.

Como sus problemas de la vista empeoran, ese año viaja a Barcelona a operarse de cataratas con el afamado médico Ignacio Barraquer y su hijo Joaquín Barraquer. La cirugía es un éxito y poco a poco su vista se va ajustando en un proceso que dura dos meses hasta quedar viendo de modo prácticamente perfecto.

Luego de la recuperación viaja por casi un año por España y Francia, asistiendo a encuentros literarios con escritores españoles consagrados como Azorín y Menéndez Pidal y a tertulias que organiza la editorial «Insula» y que reúne a la generación de Elena Quiroga y Elena Soriano.

Durante su viaje a Madrid se entera además de que su libro *Humo hacia el sur* ha sido censurado en España debido a que aparece un adulterio (Donoso, «En Europa se hizo la luz» 14).

Ese 1961 es el año más feliz de su vida, según la escritora, porque recupera la vista luego de veinte años de estar casi ciega.

Nadie puede saber lo que es este don maravilloso de la vista mientras no lo ha perdido. Yo he vivido esta experiencia, y por eso ando, literalmente, borracha de vista, borracha de luz, borracha de color. Tanto en España, como en Francia, Suiza, Austria y Alemania, países que recorría dándome verdaderas orgías de verde y cielos, de rostros y rincones, penetraba por gusto a los mercados, me confundía con la gente en las grandes arterias, penetraba por gusto a los metros y a los cines, simplemente para ver («Marta Brunet fue calificada como inmoral y hereje» 59).

Ese 1961 se encuentra en Santander cuando le comunican, a través de un cable del Ministerio de Relaciones Exteriores, que ha sido galardonada con el Premio Nacional de Literatura. Supera a otros escritores meritorios, como María Luisa Bombal, Salvador Reyes, Olegario Lazo y Nicomedes Guzmán. Se trata de la vigésima versión del premio y se otorga por segunda vez a una mujer. La primera había sido Gabriela Mistral.

En la primera ronda de votaciones se decide que la distinción se le daría a una mujer, y ella es la elegida porque se afirma que María Luisa Bombal en ese entonces se encuentra muy alejada del circuito creativo chileno, pero Brunet no obtiene la mayoría de los votos. En la tercera ronda, en cambio, logra los cinco votos del jurado, que estuvo compuesto por Juan Gómez Millas, rector de la Universidad de Chile; Eduardo Barrios, representante del Ministerio de Educación; Manuel Rojas y Hernán del Solar, ambos delegados de la Sociedad de Escritores; y Pedro Lira Urquieta, representante de la Academia Chilena de la Lengua. El cónclave en que deciden el premio se extiende por solo 42 minutos.

El premio, que consiste en cinco mil escudos, la moneda chilena de entonces, lo recibe luego de cuarenta años de labor literaria. Su trabajo es elogiado por críticos, escritores, poetas, instituciones culturales, sociedades literarias, lectores (Rossel 1961, 3).

La agrupación Pen Club de Chile, que reúne a los poetas, ensayistas y novelistas nacionales, y que es dirigida precisamente por Marta Brunet, emite una declaración en que destaca su obra literaria reconocida dentro y fuera del país por sus cualidades expresivas y contenido humano (Hernández 1995, 119).

Para ella, ese premio es una sorpresa. Años antes, cuando le habían preguntado durante una entrevista, qué haría con el monto en dinero si obtenía el galardón, había declarado que jamás se lo otorgarían:

> ... no me lo van a dar ni ahora ni nunca, ¿para qué perder el tiempo imaginando leseras? ... Coincido con Manuel Rojas: en vez de premios, más cultura general, que provea al escritor de mayor número de lectores. Que cada cual se valorice por sí mismo ante el público. Viviríamos más limpiamente, como compañeros en un mundo de las letras y no de los pesos (Carmona, «28 preguntas a Marta Brunet» 11).

A su retorno a Chile, en noviembre de ese año, retoma sus actividades docentes en la escuela de temporada de la Universidad de Chile y se aboca a la recopilación de su trabajo literario para la publicación de sus obras completas, que se editarán en 1963 bajo el sello *Zig-Zag*. Con ese trabajo de investigación, que realiza en diarios y revistas, descubre incluso obras que ella no recordaba, como una novela policial. También enfrenta una ola de homenajes que le producen más temor a parecer una difunta, que algarabía.

> En *El Sur*, en la inauguración de una biblioteca a la que dieron mi nombre, un sacerdote hizo el elogio de mis virtudes aconsejando a las jovencitas que las tuvieran como guía, pero a mí me hizo un efecto tremendo, como si estuviese muerta y me echaran el responso. ¿Sabes qué pasa? Que nuestro pueblo tiene necesidad del mito y ahora, a falta de Gabriela, lo han pasado a Marta Brunet. Y te aseguro que me defiendo contra eso. Pero al mismo tiempo es conmovedor. (Rama, «Marta Brunet Premio Nacional de Literatura» 21).

Al año siguiente, 1962, publica la novela *Amasijo* y se edita *Antología de cuentos. Marta Brunet*, compilada y prologada por el poeta y novelista Nicomedes Guzmán. Ese año también continúa con sus clases de literatura en la Universidad de Chile y el curso «Seis escritores americanos actuales», que dicta en Chillán. El 7 de junio de ese año, la municipalidad la declara «Hija Ilustre de Chillán».

Su trabajo periodístico, en cambio, se encuentra prácticamente relegado. Ya no tiene tiempo ni necesidad económica. En octubre, además, retoma sus labores diplomáticas, primero en la embajada de Chile en Brasil y luego en diciembre en la residencia de Montevideo, Uruguay.

En 1963, Marta Brunet asume como agregada cultural de la embajada de Chile en Uruguay, año que coincide con la publicación de sus *Obras Completas*. El volumen incorpora toda su obra narrativa, dejando fuera su trabajo periodístico.

La publicación es recibida con ansias por el público chileno, ya que hasta entonces su obra figuraba con pocas reimpresiones y parcialmente agotada en librerías, lo que queda en evidencia en 1961, cuando obtiene el Premio Nacional de Literatura y las editoriales se encuentran con el insalvable escollo de que la mayoría de sus novelas no figura en sus catálogos. Solo editorial Nascimiento conserva ejemplares del *Tratado de arte culinario*, el volumen en que Marta Brunet había recopilado recetas e instrucciones para la disposición de la buena mesa, y que publicara por entregas mensuales en la revista *Familia*.

A Montevideo, Brunet llega precedida del premio y de una experiencia de dos décadas en labores diplomáticas en el área cultural. Pronto se une a la Academia Uruguaya de las Letras y a las tertulias del grupo literario de Río de la Plata formado por Alberto Zum Felde, Clara Silva, Carlos Sabat Ercasty, Emir Rodríguez Monegal y María Sabbia y Oribe. Cada vez que viaja de visita a Chile, Marta Brunet se reúne también con escritores chilenos de Santiago y regiones.

...Venía desde Montevideo y no perdió ocasión para juntarse con los escritores magallánicos ... Marta Brunet nos dejó una óptima impresión. Dueña de una gran oratoria, supo entretenernos por una hora de paseo por la literatura chilena y por las obras de sus más escogidos gladiadores. Nos habló de Manuel Rojas, Nicomedes Guzmán, Mariano Latorre, Luis Durand, González Vera y Francisco Coloane, con una actitud especial para cada uno de los nombrados. Y tuvo palabras de aliento para quienes, en la lejana provincia chilena, trabajábamos por las bellas letras (Muñoz, «Recordando a Marta Brunet» 9).

La década del 60 la dedica casi completamente a su labor diplomática, hasta 1967, en que edita en Montevideo la antología de cuentos *Soledad de la sangre*, bajo el sello *Arca*.

Tal vez, como intuyendo que su muerte se encontraba cerca, en noviembre de 1964 aparece su testamento en el Boletín del Instituto de Literatura. Allí establece que a su muerte desea que sus restos sean cremados. También instituye a la Universidad de Chile como heredera universal de su patrimonio artístico, imponiendo como obligación crear dos becas «Marta Brunet» para el costo de la carrera universitaria de alumnos egresados del Liceo de Niñas y del Liceo de Hombres de Chillán (Hernández 1995, 120).

El 27 de octubre de 1967, durante un homenaje en la Academia Nacional de Letras de Uruguay, mientras la nombran «Miembro de Honor», sufre un repentino ataque cerebral que le produce la muerte. «Escuchados los discursos del caso, ella se levantó a leer el suyo, a agradecer emocionada y tanto que de pronto se desplomó frente a los atónitos académicos que no podían encontrar explicación a tan inesperado como irreparable desenlace» (Hernández 1995, 119).

El embajador Enrique Cañas Flores realiza las gestiones para trasladar sus restos a Santiago de Chile. Su velatorio se realiza en la Universidad de Chile, la institución en que ella fue maestra y a la que nombró como guardiana de su legado literario y periodístico en su testamento.

Capítulo 4

El periodismo literario de Marta Brunet

4.1. Análisis temático: ¿Qué se narra en el periodismo de Marta Brunet?

«Decir algo» y «decir algo sobre algo» no es un simple juego de palabras. Al contrario, se trata de una compleja sentencia que Ricoeur utiliza para ejemplificar el doble propósito que posee el lenguaje. Mientras «decir algo» se centra en la idealidad del lenguaje, «decir algo sobre algo» se enmarca en la referencia real, entrando al umbral del querer decir. «El lenguaje quiere decir», expresa Ricoeur. Para los hablantes, entonces, el lenguaje no es un objeto, sino una mediación, y es en la instancia del discurso, en el plano de la oración, en que el lenguaje tiene una referencia (Ricoeur 2003, 79-80-82).

El discurso, según el autor, tendría ciertos rasgos particulares: el discurso es un acto y, como tal, tiene la naturaleza del acontecimiento; es una elección, en que ciertas significaciones se escogen; es una innovación, ya que las elecciones producen nuevas combinaciones y, por lo tanto, oraciones inéditas; y es en la instancia del discurso donde el lenguaje tiene una referencia, ya que hablar es decir algo sobre algo (Ricoeur 2003, 83).

¿Bastarían lenguaje y discurso para establecer la temática de la obra?

Tomashevski se centra en la palabra cuando define temática como frases individuales que se combinan entre sí según su significado, de modo que realizan cierta construcción unidas por un tema común, que sería aquello de lo que se habla. El tema, desde esta perspectiva, sería el eje unificador que se manifiesta a lo largo de la obra (Tomashevski 1982, 179).

Bajtin, sin embargo, considera «radicalmente errónea» esta definición, ya que, si bien con la lengua se domina el significado, postula, de ningún modo aquella es un elemento del tema, ya que este trasciende la lengua, para encarnarse en los géneros literarios. «El tema no se realiza en una oración o un periodo, ni en el conjunto de oraciones y periodos, sino en un cuento, una novela, un poema lírico, un cuento maravilloso, y por supuesto, estos tipos de género no se sujetan a una definición sintáctica alguna» (Bajtin 1994, 212).

En el periodismo literario de Marta Brunet —marcado por los géneros discursivos de la crónica, entrevista o columna— se aprecia una constante temática que refleja una visión de sociedad y otorga unidad a la obra, coincidiendo con la visión de Bajtin cuando plantea que la conciencia humana cuenta con un amplio repertorio de géneros internos para la visión y la concepción de la realidad (Bajtin 1994, 214).

El autor ruso señala que el medio ideológico se refleja además en el contenido de la literatura y es la razón por la que el artista, con su oído sensible, revela en su obra la totalidad del horizonte del cual también es parte, y en ese reflejo crea nuevas formas.

Aunque aquella obra se oriente en primer lugar hacia los oyentes, se expresa también desde el interior, mediante su contenido temático. De este modo, la obra participa en la vida y se realiza efectivamente, según lo oído y leído en un determinado lugar y circunstancias (Bajtin 1994, 210).

Desde esta perspectiva, la temática de la obra periodística de Marta Brunet cobra relevancia si se considera que en ella aparecen temas que reflejan el lugar y circunstancias de la época de la escritora. Ella, con su oído sensible, lo que es certero considerando sus limitaciones de vista, participa de su época como testigo de los cambios sociales y políticos que observa y reportea.

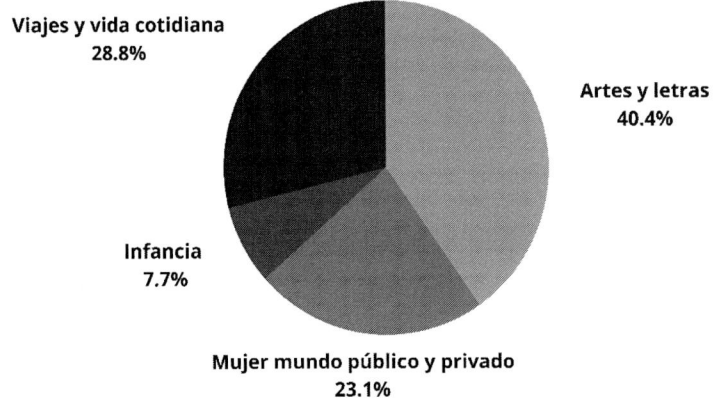

Figura 1. Temáticas del periodismo de Marta Brunet

«Decir algo sobre algo» no es azaroso en la obra periodística de Marta Brunet. Una lectura exhaustiva de sus textos permite distinguir cuatro grandes preocupaciones que aparecen en su agenda periodística a lo largo de su trayectoria y que tienen presencia permanente, independientemente de los géneros discursivos en los que la autora incursiona: se trata de las temáticas relacionadas con la cultura que, para el análisis de esta investigación, denominé «Artes y letras»; con el género femenino, que nombré como «Mujer en el mundo público y privado»; con la niñez, nombrada simplemente «Infancia»; y con el entorno natural y citadino, que categoricé como «Viajes y vida cotidiana».

4.1.1. Artes y letras

El área Artes y letras es el espacio en que Marta Brunet destaca a los representantes de la escena cultural chilena para darlos a conocer a la audiencia del diario *El Sur* en facetas íntimas.

El 15 de mayo de 1927 publica su entrevista a Joaquín Edwards Bello, ya en ese entonces una figura destacada de las letras nacionales y que era conocido por no dar entrevistas personales y menos en su hogar. Marta Brunet, sin embargo, lo visita en el palacete de su madre en Santiago de Chile luego del regreso del escritor tras una temporada en España. Describe con detalle la decoración interior de las habitaciones y el jardín, y luego la sala de estar donde conversa con el artista, enfocándose en la autocrítica del artista sobre su propia obra. A partir de esta conversación logra que el cronista y escritor, conocido con un hombre arrogante, realice confesiones asombrosas, llegando a señalar que algunos de sus libros no debiesen haberse publicado sin una edición más cuidada.

> —... Yo me desespero pensando en ese *Cuentos de todos colores* y lo único que siento es no tener dinero suficiente para comprar todos los ejemplares que están en las librerías para prenderles fuego. Ahora mismo estoy revisando *El roto*, para darlo en una tercera edición, ya que el público lo pide, y casi lo he rehecho, suprimiendo capítulos enteros, agregando otros, poniéndolo en lo posible acorde con mi sentir actual (Brunet, «Joaquín Edwards Bello» 149).

En junio de 1928, cuando entrevista a Claudio Arrau, quizás el más destacado pianista chileno, con reconocimiento mundial, entrega detalles desconocidos de la infancia del artista chillanejo.

> —¿A qué edad empezaste a tocar el piano? —pregunta María Monvel al pianista genial.
> —A los cuatro años. Mi madre era muy música, yo la oía encantado, atentamente, y un buen día me encontró sentado frente al teclado, repitiendo la pieza que ella acababa de tocar.

A los cinco años di mi primer concierto en Chillán, mi ciudad natal y a los siete me fui con mi madre a Alemania (Brunet, «Un rato de charla» 180).

Marta Brunet entrelaza las confesiones de infancia del músico con su propia niñez y revela así la intimidad entre su familia y la del pianista.

... mis recuerdos de los años en que te marchaste a Alemania te muestran como un chiquillo flacuchento, paliducho, con grandes ojos ariscos, muy taciturno, y al que era imposible hacerle tocar en cuanto uno le pedía que lo hiciera. Siempre iba vestido con un traje marinero y una capa azul. Estos recuerdos se refieren a un verano durante el cual tú estabas en casa con tu madre en Talcahuano y yo con la mía en San Vicente. Cuando ibas a la playa hacían que yo te cuidara y era una maravilla para mí en el papel importantísimo de madrecita del «niño prodigio» (Brunet, «Un rato de charla» 180).

Repasar los grandes autores de la música docta interesa a Brunet e indaga sobre ellos de modo directo. Desea conocer sobre tendencias y autores favoritos de sus entrevistados. También aborda el tema de los maestros de la música, cuando indaga sobre por qué en los programas musicales de la época se incluye poco a Mozart y sobre el interés de su entrevistado por los músicos modernos.

—¿Cuáles son tus autores favoritos?

—Entre los antiguos Palestrina y Monteverdi. Luego Gluck, Bach y Mozart. En realidad creo que lo mejor de todos los tiempos son Bach y Mozart. Me gustan Haydn, Schubert, Wriber, Chopin. A Chopin lo adoro.

—Ya sabemos que te gusta Verdi, ¿y qué otros?

—Entre los de ahora Debussy, Satie, Ravel, Nabokoff, Stravinsky, Aurie, Well (Brunet, «Un rato de charla» 181).

Sobre músicos chilenos consulta en la entrevista con la pianista Amelia Cocq (1928), quien nació en el país, pero realizó gran parte de su carrera en Europa.

—¿Conoce a los pianistas y a los músicos chilenos?

—A todos. Claudio Arrau es muy amigo mío y soy su gran admiradora. Lo mismo puedo decir de Juan Reyes, de Rosita Renard, de Armando Palacios. En cuanto a los compositores, he hecho lo posible por darlos a conocer fuera del país interpretando su música. Soro, Allende, Bisquert, Leng; han figurado en varios de mis programas. Y han gustado mucho (Brunet, «Amelia Cocq» 170).

En la entrevista a Australia Tonel, del 26 de junio de 1927, pide a la artista detallar las instituciones en que realizó sus primeros estudios musicales y acerca de las diferencias entre los planes musicales de enseñanza chilenos y europeos para hacer patente la falta de educación musical en el país sudamericano.

—La educación musical, ¿tiene allá el mismo programa que aquí?

—Allá se toma el niño desde muy pequeño y a la par que se le va instruyendo en la educación general se le va dando la educación musical. No están como aquí separada una de otra. Los conservatorios son sencillamente grandes colegios donde la parte musical tiene sitio preponderante. Lo mismo ocurre con las escuelas de danza. Así se comprende la cultura de cualquier artista europeo, tan exquisitos, tan completos (Brunet, «Charlando con Australia Tonel» 153).

Uno de los tópicos que se repite en la agenda temática de la escritora se relaciona con la promoción de la cultura. Tanto en sus crónicas como en sus entrevistas y especialmente en sus columnas, aboga por la creación de incentivos culturales estatales, políticas de apoyo a los artistas y promoción de la música, el teatro y la lectura entre el público chileno en general. Lo ve como una forma ineludible de educación. Lo señala al final de la misma entrevista con Australia Tonel y le expone su preocupación al respecto. La claridad con que se expresa en la siguiente cita justifica su extensión.

—En realidad es una pena que hasta ahora nuestro gobierno haya dejado irse del país a aquellas personas que por su preparación podrían contribuir a la cultura de las nuevas generaciones. Creo que usted, Rosita Renard, Claudio Arrau, Alberto Guerrero y Armando Palacios debían ser los fundadores de un curso de estudios superiores musicales, dependiente de la Universidad de Chile en un nuevo plan, debiendo, a más de enseñar, dar por turno conciertos populares gratuitos para que la música no fuera, como lo es ahora, un arte que sólo pueden oír algunos privilegiados de la fortuna. Si este gobierno de ahora, en que se toman en cuenta valores que antes estaban en la sombra del anonimato, da a los artistas una renta suficiente para estar al abrigo de preocupaciones materiales ¡qué hermosa obra podría desarrollarse por uno y otros!, que los músicos, empezando por ustedes, ayudados por los escritores den conferencias explicativas de la vida de los artistas, de la época, del medio que actuaron, de la influencia que este recibió de aquel, conferencias que arraigarían la música en el recuerdo de los oyentes y que a su vez, música y conferencias, estarían anunciadas por los afiches de los pintores, dándose así la mano todas las artes para llegar bien al corazón del pueblo. Yo sueño con una obra así… (Brunet, «Charlando con Australia Tonel» 156-157).

Asimismo, le interesa la difusión de la cultura nacional y aboga por el rescate de lo autóctono. Critica el poco interés de la sociedad y los gobiernos por preservar la idiosincrasia nacional y la cultura indígena. En su columna «Choapinos» (1926) se aprecia esta preocupación.

En Chile nadie se interesa en hacer vivir lo que la tierra ha dado en artes. Si este interés existiera, se organizarían cursos de dibujo en las escuelas normales, profesionales y de artes y oficios, que enseñaran los motivos y el colorido araucano en su aplicación al telar y a la alfarería, se repartirían cuadernos con modelos, se darían conferencias ilustradas por proyecciones luminosas, se harían exposiciones con el estímulo de algún premio (Brunet, «Choapinos» 3).

Es parte de la agenda temática de la escritora la difusión de proyectos culturales nacionales, como lo deja claro la columna que publica con motivo de los 50 números de la revista literaria *Lectura Selecta* (1927) fundada en la década del 20 en el sur de Chile por el editor argentino José Gallay. Brunet celebra la edición debido a que la obra literaria en el país es "escasísima" en ese tiempo y necesita de un espacio para difundirse. *Lectura Selecta* es, como describe Marta Brunet, además de una revista, una editorial al estilo de otros países del continente que edita en grandes tirajes y a precios populares para divulgar buenas lecturas.

He visto de cerca la obra de José Gallay. Primero convencer a los escritores para que le entregaran sus originales, ya que para todos la empresa Lectura selecta se teñía de pesimismo. Nadie creía en su éxito. Luego había la pereza, nuestra terrible pereza de escribir. José Gallay se veía obligado muchas veces a sitiar verdaderamente a un escritor, cuya obra estaba anunciada, para que la llevara a término, o para que la empezara lisa y llanamente. Ya con los originales y la obra impresa venía la tarea heroica de convencer a los suplementeros de vender la revista. No la querían en sus quioscos. Los libreros a recibían con más o menos buena voluntad, pero inmediatamente la hacían empaquetar a la trastienda con ella (Brunet, «50 números de Lectura Selecta» 63-64).

En 1939, cuando Marta Brunet ya ejerce como diplomática y está inmersa en la política, publica con mayor frecuencia textos periodísticos que promueven la necesidad de crear subsidios gubernamentales para los artistas, una preocupación que será una impronta en su gestión como cónsul durante el gobierno de Pedro Aguirre Cerda. Promueve una ley de apoyo al trabajo de los artistas para difundir la obra cultural en sectores amplios de la población, contribuyendo de ese modo a la educación de los chilenos.

Si «don Pedro»—nunca voy a aprender a decirle «nuestro Presidente»— ha pensado proteger al artista escritor mediante una Editorial del Estado, bien podría ser él también auspiciador de una ley que, similar a la francesa, diera trabajo a nuestros artistas plásticos ... Y además, única manera de acercar al pueblo el arte, de hacerle ojo conocedor desde pequeño, de hacerla partícipe de las horas diarias y de la convivencia de todo ciudadano (Brunet, «Por nuestros artistas» 3).

Su simpatía por las políticas culturales impulsadas por Aguirre Cerda, militante del partido Radical, es evidente en sus textos, como vemos en este pasaje de su columna Augusto D'Halmar (1942).

… Hay que agradecer al malogrado Presidente —agradecerlo, destacarlo y repetirlo— el interés que siempre demostró por la gente de letras, no en palabras, sino en hechos, buscando soluciones prácticas a problemas gremiales, atendiendo cuando la solicitud le llegaba por ellos formulada... (Brunet, «Augusto D'Halmar» 110).

A través de sus crónicas, columnas y entrevistas, Marta Brunet se aboca además a la tarea de difundir los nombres de escritores, críticos literarios y artistas emergentes que merecen ser conocidos en la escena cultural nacional. En la columna «50 números de Lectura Selecta» (1927) se leen, por ejemplo, elogiosos comentarios acerca de la obra de Manuel Rojas y Mariano Latorre, el principal representante del criollismo chileno, y su interés por la obra de Salvador Reyes, el escritor joven más interesante de la década del 20, según la visión de Brunet, «único por la fantasía, por la novedad de estilo, por la construcción perfecta» (Brunet, «50 números de Lectura Selecta» 64).

Manifiesta especial entusiasmo por Los Diez, uno de los grupos literarios más destacados del tiempo en que vive Marta Brunet. Formado en 1914 por pintores, músicos, arquitectos, escultores, poetas y escritores chilenos —solo hombres y en la práctica más de diez— más que una sociedad o una institución, es un grupo de amigos que se reúne periódicamente a discutir sobre arte con una actitud libertaria y desprejuiciada. A través de sus trabajos poéticos y ensayísticos ejercen su influencia en el devenir intelectual y artístico de Chile. Sus integrantes más connotados son Julio Bertrand Vidal —uno de los fundadores—, Pedro Prado, Manuel Magallanes Moure, Juan Francisco González, Augusto D'Halmar, Alfonso Leng, Eduardo Barrios, Julio Ortiz de Zárate, Acario Cotapos, Armando Donoso y Alberto Ried. Marta Brunet visita la casa en de Los Diez y en su texto se centra en el origen del grupo, resaltando el aporte de sus fundadores en la escena nacional.

Y entonces empezaba la faz extraordinaria de su obra, a la cual la cultura de Chile le debe frutos de óptima calidad ... Ampliaron su campo de acción ... Fundaron una revista que se llamó Los Diez. Y luego tuvieron una editorial. El público culto los acompañaba, fascinado con los valores de seres privilegiados, a tono con su época, iba mostrándoles. Porque allí se rompían moldes, aparecían nuevas formas, ignoradas escuelas (Brunet, «Una capilla literaria chilena: Los Diez» 54).

Con su contemporáneo Joaquín Edwards Bello, autor de *El bolchevique* (1927), *Cap Polonio* (1926) y *El roto* (1920), en cambio, no es generosa en sus crónicas. Escribe que leyó *El roto*, la obra más reconocida de Edwards Bello y le encuentra faltas notables, una postura audaz para la época, en que Edwards Bello es uno de los escritores con mayor influencia en la escena nacional. Brunet, sin embargo, no teme opinar diferente en la entrevista que le realiza el 15 de mayo de 1927 en el diario *El Sur*.

Su obra de juventud no la conozco. Leí *El roto*, recio grito indignado contra la roña del bajo pueblo ciudadano, esa roña física y moral que en el burdel acecha al roto para metérsela en los glóbulos rojos, deshaciéndole el cuerpo mientras le llega al cerebro el ramalazo de locura, de idiotez o de crimen. Novela vertebrada, con los personajes vivientes en su psicología chilenísima, adolece del descuido en la prosa. Hay aún demasiada frase hecha, de imagen usada. El galicismo parece dejado ahí como un parche escandalizador de críticos puerilmente castizos. Períodos largos cansan de inutilidad algunos capítulos (Brunet, «Joaquín Edwards Bello» 147

Como la élite chilena cultural visibiliza mayoritariamente a los varones, Brunet se preocupa por rescatar la labor de mujeres artistas, chilenas y extranjeras. No solo destaca a las reconocidas María Monvel, María Luisa Bombal, Rebeca Matte o Inés de Echeverría, sino que da tribuna a poetisas desconocidas en Chile, como Raquel Adler, una argentina de ascendencia alemana, o María Luján, recitadora de la misma nacionalidad. Este fragmento corresponde a la entrevista que realiza a María Luján Ortiz (1926).

—¿Su primer recital estará compuesto de poesías argentinas solamente?

—De poesías argentinas y chilenas. Diré algo de Gabriela Mistral, una cosa exquisita de Magallanes Moure y la «ofrenda a Jesús» de Daniel de la Vega, otra página de extrema delicadeza...

Me cuenta anécdotas de Alfonsina Storni, de Victoria Ocampo, de Margarita Abella Caprile. Más y más nombres se barajan en recordatorio amable (Brunet, «María Luján Ortiz» 3).

En estos textos nuevamente pregunta a sus interlocutoras por sus autores favoritos e impresiones sobre la escena cultural internacional, y además revela sus propios prejuicios en relación a ciertas tendencias pictóricas, como ocurre en su entrevista a Herminia Arrate de Dávila, que publica en el diario *El Sur* el 2 de agosto de 1926.

Yo confieso que nunca había gustado de los cuadros que llaman "naturalezas muertas", sencillamente por la evocación que esas dos palabras traen, por la asociación de ideas que despiertan. Naturaleza muerta. ¿Para qué si tenemos la naturaleza viva? ¿Y si es tanto más hermosa ésta que la otra? Pero he aquí que luego de ver los cuadros de Herminia Arrate de

Dávila, la cosa ha vencido el nombre, lo ha explicado y convertido en algo amable, simpático. Poco de seducción y hasta de misterio (Brunet, «Herminia Arrate» 3).

En sus críticas de obras de teatro, películas y libros, Brunet se revela como una columnista recia, tajante, deslenguada y a ratos políticamente incorrecta. No teme dar opiniones categóricas y descarnadas. Según su propio interés y recomendaciones asiste a eventos culturales que luego comenta con franqueza absoluta en su sección *Kaleidoscopio* en el diario *El Sur*.

Es durante su etapa como columnista de este diario, entre 1926 y 1930, cuando publica una docena de críticas y reseñas. Un buen ejemplo es cuando asiste a una obra con la actriz argentina Camila Quiroga. En su crítica, que publica el 5 de diciembre de 1926 en *El Sur*, se detiene en las cualidades y defectos de la artista:

Teatro desbordante. Se alza el telón. La escena figura una salita. Buen gusto en los decorados, en los muebles, en esos mil pequeños detalles que hacen distinguido un ambiente. Aparece Camila Quiroga, alta, delgada, extraordinariamente bien vestida …

Tiene escena. Sabe detenerse y quedar siempre en línea impecable. Sabe sentarse y parecer la figulina sinuosa de un dibujo de Alonso. Sabe hacer pausas en que el juego fisonómico revela las impresiones más complejas. Sabe hablar con las modulaciones de los sentimientos. Sabe reír con las infinitas gamas de la alegría, desde la ingenua hasta la histérica. Sabe gesticular en ritmo de danza clásica. Sabe muchas cosas esta Camila Quiroga, pero sabiendo tanto no sabe lo principal: Saber olvidar que sabe. Siempre se la siente en posesión de su sabiduría, mostrándola abiertamente … Buena actriz, malas obras me dijeron. ¿Pero cómo entonces en esta buena obra resulta mala actriz? (Brunet, «Camila Quiroga» 3).

Para sus reseñas de libros suele escoger novelas clásicas o bien otras recién editadas y, en general, de difusión masiva y de carácter popular. Esta opción puede entenderse considerando el contexto en que se publican sus reseñas, en plena etapa de explosión editorial en Chile y aumento de las tasas de alfabetización. En estos escritos suele relatar con detalle el argumento de la obra para luego entregar su opinión crítica frente a este. Así se aprecia en su columna «Libros», que publica el 24 de octubre de 1926 en el diario *El Sur*. En «Colores», del escritor francés Remy de Gourmont, cuestiona la tesis del libro sobre la supuesta relación entre un color preferido y el temperamento de una persona.

Basado en el simbolismo su libro "Colores" nos da en pequeños cuentos peleantes la relación que existe entre el color que preferimos y nuestro modo de ser. Realmente ¿se podrán relacionar colores y caracteres? Los teósofos dan a cada pasión un tono y es claro que la dominante debe imperar. Bien: pero el iracundo que es rojo porque roja es la ira ¿amará el rojo en color? Tal vez lo odie, porque lo excita y prefiera el verde que es calma o el azul que hace soñar. Las criaturas blancas de calidez ¿no se van siempre a los colores más vivos, más restallantes? No creo que el color predilecto simbolice el carácter; más creo, por el contrario, que sea el opuesto a lo que somos, ya que instintivamente buscamos fuera lo que nos falta y completa nuestro ser íntimo ... (Brunet, «Libros» 11).

La escuela de los indiferentes, de Jean Giraudoux, es aborrecido por la autora.

¡Qué cansancio tan grande produce la lectura de este libro! Parece que nunca se llegará al final. Es solo para ser leído en fragmentos. Porque lo curioso es que cada frase, cada periodo, cada capítulo, por separado tiene y belleza en imágenes de una audacia, de un colorido, de una plasticidad asombrosa. Se goza leyendo, pero como sigue otro y otro y otro exaspera no poder coger el hilo central de la narración perdido en esta selva espesa y enmarañada de imágenes (11).

El poeta asesinado, de Guillermo Apollinaire, también es objeto de una crítica implacable:

En la prosa se ve a Guillermo Apollinaire brincar loco de estabilidad de un párrafo extraordinariamente claro a la gandulería más incomprensible, de la más delicada de las frases a la más grosera crudeza. Su prosa no tiene una faz inconfundible –como la tiene su verso- y no deja el extrañar que lo que impere en esta prosa sea justamente aquello que en su ideología tendrá a suprimir: el ritmo, la norma, la traba (11).

La pluma inmisericorde de Marta Brunet como crítica también se aprecia en sus comentarios sobre los estrenos cinematográficos. En su columna «Por los cines», del 12 de junio de 1927, así como alaba la actuación del divo ruso Iván Mosjoukine como Miguel Strogoff, se decepciona con la actuación de la estadounidense Alice Terry en *Mare nostrum*, basada en la novela de Vicente Blasco Ibáñez.

Siendo como es Alice Terry, su tipo de belleza perfecta y una buena actriz, no convence en el rol de Freya. Otra mujer más pasional sería necesaria para dar total relieve a la bailarina que enloqueciera a los hombres, a la que quería ser como un pulpo envolvente y fatal, según sus propias palabras. Aquí vemos a una mujer muy bella, con una silueta maravillosa en sus líneas escuetas, enamorada fríamente, si se recuerda el volcán que era Freya de la novela. Y la bailarina no aparece por parte alguna, cuando es una de las características más notables de la mujer (Brunet, «Por los cines» 34).

4.1.2. Mujer en el mundo público y privado

La preocupación por la situación de la mujer en Chile comienza a formar parte del debate público gracias a los escritos de mujeres ilustradas de fines del siglo XIX como Rosario Orrego de Uribe, Mercedes Marín del Solar, Lucrecia Undurraga y Maipina de la Barra —conocidas en el canon literario chileno como las autoras fundacionales— quienes abogan específicamente por el derecho femenino a la educación.

Este grupo de intelectuales —la mayoría perteneciente a la clase aristocrática chilena— opina en periódicos y revistas literarias, aunque, más que periodistas o reporteras propiamente tales, son ensayistas políticas que acentúan la necesidad de una mejor instrucción y educación para la mujer.

Si bien estas pioneras proponen que la mujer se desenvuelva en escenarios más allá del privado, igualmente en sus discursos se aprecia una aceptación del papel tradicional del género femenino como baluarte moral. La mujer en ese entonces aún es identificada con la maternidad y el amor de familia, y vista como una guardiana de las buenas costumbres y quien hace posible que la sociedad se mantenga incorruptible.

El ideal de mujer que encuentra Marta Brunet en la sociedad de principios de siglo XX no dista del propuesto por las autoras fundacionales. Si bien sus escritos se pueden considerar de tinte progresista y en sintonía con las ideas impulsadas por las nuevas capas medias profesionales de la sociedad y el Partido Radical y no por el sector conservador tradicional, Brunet en sus escritos también legitima roles y deberes que le parecen son propios de la mujer, como lo que ella llama «el oficio de ser madre». No son, por lo tanto, textos confrontacionales ni militantes.

No se puede soslayar el hecho de que un buen número de sus textos —especialmente los de su etapa más productiva como periodista y directora— los publica en revistas dirigidas a la mujer de élite y no en los periódicos feministas que se difunden explosivamente en esta etapa y que se dirigen a la mujer obrera-trabajadora.

Las columnas sobre la mujer de Marta Brunet se posicionan de este modo en el llamado feminismo laico-mesocrático, que se ubica entre el feminismo aristocrático y popular, ya que establece una conexión entre los intereses tradicionales con las tendencias del mundo moderno, lo que necesariamente conlleva tensiones e incluso contradicciones.

No debe sorprender, por tanto, que en los textos de Marta Brunet así como se defienda la reivindicación de los derechos de la mujer al sufragio universal, al trabajo remunerado, al deporte, a la soledad, al amor y a la sexualidad, también se recuerden sus deberes como madre y esposa.

En 1957, Marta Brunet publica *María Nadie,* una novela contestaria para la época, cuya protagonista es una joven soltera que llega a un pueblo a trabajar como secretaria y es vista como una amenaza por el resto de las mujeres del pueblo precisamente por su independencia y autonomía laboral.

Más de veinte años antes, sin embargo, en 1935, ya la escritora defendía el derecho de la mujer a insertarse laboralmente e incluso criticaba a aquellas de alcurnia que trabajaban solo para costear sus caprichos y no por verdadera necesidad económica. Marta Brunet reivindica el derecho de la mujer a desempeñarse en todos los ámbitos de la sociedad según su capacidad. Este pasaje corresponde a la columna «La mujer que trabaja», que publica en la revista *Familia* el 7 de agosto de 1935.

En el año que corremos, con todas las prerrogativas que la mujer ha adquirido y que sólo se deben a sus méritos, teniendo en nuestro país intervención en la cosa pública que le da derecho a voto municipal, con leyes que la independizan de toda tutela, resulta un poco grotesco que se la quiera limitar a ciertas actividades, vedándole otras. Lado a lado del hombre, no es la mujer su enemiga, sino su compañera y si compiten, es en juego leal que gana quien tenga mayores méritos (Brunet, «La mujer» 85).

En este camino, en una columna que publica en *Ecrán*, en 1935, durante su etapa de periodista prolífica, agradece a las mujeres antecesoras que lucharon y que en ese camino «fueron vejadas y muy combatidas, pero al final abrieron brecha y lograron su anhelo» (Brunet, «No siempre el tiempo pasado fue el mejor» 57).

Los hombres, plantea, en un principio aceptaron a las mujeres en el mundo laboral con «cortesía desdeñosa», pero luego se dieron cuenta de que era una competidora excelente, y que ello les exigía menor pereza y mejor trabajo. Muestra a las mujeres como estudiosas y perfeccionistas en sus empleos, pero también con una carga «agobiadora». «No es fácil para muchas la carga, pero todas, sin excepción, marchamos valientemente» (Brunet, «No siempre» 58).

Se preocupa de las condiciones laborales de las mujeres que ejercen oficios históricos, como las lavanderas. Para ellas, sugiere que las municipalidades construyan edificios públicos al estilo europeo, con agua caliente y fría y fregaderos, para que cuenten con un espacio digno para ejercer su oficio. En la columna que firma en revista *Familia* en 1935 bajo el seudónimo Isabel de Santillana expone: «¿Con qué poco lograríamos tanto en bien del pueblo en sí y por ende de un gran sector de las trabajadoras?» (Brunet, «Lavaderos» 3).

Resulta destacable que no ve el proceso de incorporación de la mujer como una guerra entre hombres y mujeres, sino que media por una necesaria integración de ambos en el mundo laboral.

En su columna «Ellos y nosotras», que aparece el 28 de agosto de 1935 en la revista *Familia*, advierte que son las urgencias materiales de las épocas las que han impulsado a la mujer a educarse en la escuela, la universidad e incorporarse a las oficinas y al profesionalismo. Brunet no propone a la mujer quitar el empleo al hombre, sino que compartir responsabilidades y obligaciones con ellos como «mujer moderna, tenga la ideología que tenga» (Brunet, «Ellos y nosotras» 93).

No nos plantea una postura radical, sino más bien revela su posición feminista laica-mesocrática que no rompe con el orden tradicional, al señalar que la mujer «puede ayudar al hombre en la batalla diaria por el bienestar de todos» (93). Es decir, presenta a la mujer trabajadora como un apoyo al hombre y no inserta en una función emancipadora extrema del orden conservador que coloca al varón como proveedor único.

Si Marta Brunet aboga por una mujer capaz laboralmente, también lo hace por una políticamente activa. Aunque en 1865 se plantea por primera vez el derecho a voto de las chilenas, deberá transcurrir casi un siglo para que, en 1949, ellas obtengan finalmente la posibilidad de participar en una elección presidencial. A lo largo de estos años, además del primer discurso en que se hace referencia al voto femenino en Chile, otros hitos tendrán lugar: la inscripción de mujeres en los registros electorales (1875); la aparición del sufragio femenino como tema en la opinión pública, en la década de 1920; la aprobación de la ley de sufragio femenino en las elecciones municipales (1934); y, finalmente, la aprobación de la ley de sufragio femenino amplio, en 1949 (Errázuriz 2005, 258-259).

Para Brunet, el derecho a voto femenino es un derecho esencial, y lo enfatiza con especial ahínco en los artículos que publica durante su etapa de «Periodista en la madurez», mientras oficia como diplomática. A partir de la década del 40 impulsa a las mujeres a participar del movimiento del americanismo como un deber de género; les pide que se hagan cargo del destino del continente, sea este de porvenir o agresiones, y cumplan roles protagónicos, a través de su llamado a ser «compañeras de América, mujeres del norte, del centro y del sur»; hacer América», «criar hijos que reconozcan a la América como madre primera y no renegados»; «americana y democrática». Leemos al inicio del escrito:

Sí, compañeras americanas del norte del centro y del sur, también es obra nuestra un americanismo de conocimiento y de afecto, bien anudado, apretado de solidaridad. Un americanismo que nos dé firmeza de posesión, que nos haga adherir los pies a esta tierra de América, que nos provea de un ojo conocedor de valores propios, que nos dé un abrazo de trabajadores honestos y una clara voz para echar al aire nuestra idea americana y democrática (Brunet, «Americanismo» 98-99).

Marta Brunet rompe con los estereotipos sociales y culturales que arrinconan a la mujer de su tiempo. En las crónicas periodísticas y literatura de principios de siglo XX, la subjetividad femenina suele aparecer subordinada a un modelo unidimensional de ama de casa, madre devota y aséptica sexualmente, una muñequita intocable y santa, pese al proceso modernizador que alcanzan a América Latina y a

Chile en ese periodo. Brunet quiebra con esa imagen devota para mostrar a una mujer que rezuma sensualidad y sexualidad.

En la crónica sobre Josefina Baker, por ejemplo, relata un espectáculo de la eximia bailarina que alcanza fama en América en la segunda década del siglo XX. La escritora plantea de modo explícito que al inicio de la función posee la imagen estereotipada de una mujer que la literatura ha presentado como «una mujercita, muñeco de goma, desarticulada» cuando en verdad se trata de una mujer fogosa, sensual, salvaje.

> Esta mujer de color canela, maravillosa de colorido y de formas ahusadas, alargadas, es una espléndida bailarina, sabia de movimientos en que una estética nueva se fija en la retina: animalesca, con un sensualismo primario, impío, que ni aún en los momentos más audaces logra manchar la emoción de belleza. Es una espléndida bailarina, pero el prejuicio que teníamos de ella nos hace esperar siempre esa especie de temporal arrasador que debía ser Josefina Baker, con los pies y las manos en los cuatro puntos cardinales, con los ojos rodando como bolas perdidas, con el trasero en alto, un poco kangurú y otro poco avestruz, con el torso desnudo y los pechos de goma dura, con las caderas en loco vaivén y el vientre giratorio sobre el ombligo (Brunet, «Josefina» 48).

Para Brunet, es una Josefina que a veces usa joyas vistosas y un taparrabos y otras, un calzoncillo con plumas, pero que no se siente un objeto sexual, sino que experimenta la danza como un trance hipnótico, poseído, y que en el escenario «mueve el vientre, gatea y se arrastra como un reptil». Es decir, nada más lejano a la imagen de mujer latinoamericana que presenta el escritor Octavio Paz, que transita entre ser una Virgen María maternal y santa, abnegada madre o una «mala mujer», que suele acompañarse de la idea de actividad (Paz 1996, 71-72).

La mujer que Brunet nos presenta puede acercarse a esta mala mujer, con una sexualidad no convencional, y no revelar culpa o prejuicio alguno, un estereotipo lejano al modelo reproductivo imperante y que se resiste a la moral autoritaria, rebelándose a ese estatus y orden (Llanos 2009, 1-7).

Por otra parte, Marta Brunet nos muestra a una mujer con derecho al amor verdadero e incluso a romper un matrimonio, una conquista impensable para la época y que se centra en los derechos de la mujer en el territorio privado e íntimo. La escritora-periodista, en su columna «Carta a Eugenia María», que publica en 1935 en la revista Ecrán, nos plantea como erróneo el «amor para siempre» y el «amor absoluto», e incluso se pregunta si existe en la sociedad una falta de educación sentimental. Es decir, su postura nuevamente rompe con el *establishment* moral de su época y propone ideas progresistas.

Es cierto que el amor importa, plantea Brunet, pero es uno más de los problemas que se encuentran presentes en la vida de la mujer, a diferencia del pasado. «La mujer tiene mil problemas que resolver ... ¿El problema amor? Claro que es importante dentro de los factores que informan la vida de una mujer o de un hombre. Pero no es lo principal» (Brunet, «Carta a Eugenia María» 60).

En «Ni contigo ni sin ti», que aparece el 21 de agosto de 1935 en revista *Familia,* promueve un nuevo concepto de amor, en que cada cual tiene su personalidad y aficiones y la pareja debe respetarse mutuamente. «Tenemos igualdad de derechos, lo que vale decir: igualdad de responsabilidades ... Ni yo te obligo ni tú me impones» (Brunet, «Ni contigo ni sin ti» 82).

Nada de amores románticos irreales ni imposibles para los tiempos que corren es la consigna de la autora. «Hijita: lo más probable es que el buen hombre de su novio se aburriera con tanto amor, con tanto éxtasis y con tanto juramento» (Brunet, «Carta a María» 60).

Unido con lo anterior, Brunet nos propone un nuevo derecho para la mujer, el tiempo en soledad. Y lo explicita en una de las columnas más interesantes de su etapa como periodista prolífica. En «El derecho a la soledad», que firma como Isabel de Santillana el 19 de junio de 1935, advierte que, si en el pasado no estaba permitido para la mujer el tiempo en soledad, los tiempos han cambiado. Si antes una mujer realizaba un paréntesis para su estudio o meditación, era objeto de recriminaciones e interrogantes sospechosas. Si deseaba ir a un parque o a un café sin compañía, debía responder por qué se encontraba sola, como si ello fuese un pecado, cuando ella solo quería un tiempo para sí misma.

Brunet celebra que ellas hayan conquistado este derecho, que parece tan nimio, pero tan trascedente al mismo tiempo. «Lee, escribe, estudia, medita, hogalzanea. Está sola, deliciosamente sola ... Derecho a la soledad, conquista mayor de la mujer moderna» (Brunet, «El derecho a la soledad» 75-76).

Pese a que algunos de los cambios sociales que logran las mujeres de principios de siglo XX pueden resultar escasos o incluso insignificantes si se observan con ojos actuales —como la posibilidad de practicar deporte, maquillarse o trabajar como administrativa en oficinas públicas—, denotan el casi nulo campo de acción en que se les permite desenvolverse hasta entonces. Estaba muy lejana aún la posibilidad del derecho a voto. En Chile, recién en 1949 las mujeres obtienen el derecho a sufragio presidencial (Correa 2001, 87).

Las mujeres que, en las primeras décadas del siglo, por ejemplo, se maquillan o practican deportes simbolizan, a ojos de sus contemporáneos, el advenimiento de la emancipación femenina. Hasta principios de siglo, ellas simplemente no pueden practicar deporte en público ni menos participar en competencias nacionales ni internacionales.

Marta Brunet, sin embargo, realiza un sinnúmero de entrevistas a deportistas chilenas de alto rendimiento para indagar en sus rutinas. En estas piezas periodísticas se aprecia que las entrevistadas —todas son mujeres de alcurnia— aunque realizan actividades que no son completamente aceptadas socialmente, conservan el ideal de mujer ejemplar. En la entrevista «Hablando con Victoria Caffarena, campeona de natación de Chile», que publica en el diario *El Sur*, en 1929, leemos: «La natación hace jugar todos los músculos, da una salud de hierro y hace el espíritu claro como el agua. La mujer que nada una hora diaria no tendrá jamás un resfrío ni tendrá jamás una idea turbia» (Brunet, «Hablando con Victoria Caffarena» 5).

En «Charlando con la señora Luisa Zanetta de Franzani, campeona hípica de Chile» (1929), señala:

—¿Y cuál cree usted que es el mejor deporte para la mujer?

—No conozco a fondo otros, por lo tanto, no puedo opinar. Creo me parece que, por tradición y por línea, uno de los más hermosos es el hipismo. La mujer no pierde en él un ápice de feminidad que por sobre todo debe tratar de conservar siempre (Brunet, «Charlando con la señora Luisa Zanetta» 3).

Este patrón de mujer guardiana de la feminidad, caritativa y maternal también lo encarna la entrevistada Teresita Ossandón, quien además de participar en competencias de tenis, escribe cuentos sobre cristianismo bajo el seudónimo de Pepita Peralta y dirige la Asociación de la Juventud Femenina Católica, una organización que entrega educación en sectores vulnerables. La entrevista el mismo año 1929 para el diario *El Sur*.

—¿Mucho trabajo prepara la Asociación?

—El más posible. Ante todo queremos hacer una intensa labor cultural. Necesitamos aprender tantas cosas que luego queremos hacer saber a los obreros, a todos los que protegemos ... Aprendemos y enseñamos desde Religión, Literatura, Música y Conocimientos Comerciales hasta Arte Culinario y Servicio Doméstico… Tenemos varias escuelas obreras. Es una labor que me gustaría que usted conociera a fondo (Brunet, «Charlando con Teresita Ossandón» 5).

Si bien Brunet celebra que la mujer se eduque y participe del mundo laboral, en algunos de sus textos refleja su aceptación de los roles tradicionales atribuidos al género femenino y los expone como deberes anclados históricamente en ellas, apegándose al orden tradicional. Plantea, de este modo, una no renuncia al territorio doméstico como ámbito propio de la mujer, alejándose de las corrientes feministas libertarias radicales que se aprecian en periódicos de principios de siglo como *Lealtad* (1934), *Trinchera* (1939) y *Camarada* (1939), más cercanos al feminismo popular.

En unos años en que Chile vive una etapa de modernización y especialización del trabajo, Brunet acepta que el hombre no procure su labor como padre, «allá él con su conciencia», pero no lo concibe en la mujer. En este caso, «es pura y sencillamente monstruoso e imperdonable». No es solo una cuestión de instinto, cree la escritora, sino de preparación consciente. «Conocer las leyes de la eugenesia, la higiene pre-natal y cuanto atañe a la puericultura que no es cosa que el niño caiga en manos de mujer, como una casualidad» (Brunet, «El oficio de madre» 73).

Considera incluso que la maternidad y el cuidado del hogar son misiones encomendadas desde los albores del mundo, como un imperativo de la naturaleza, y critica a la mujer obrera que no ve lustre al trabajo casero, a la de clase media que paga una empleada y a la de clase alta, por ni siquiera saber que existe. Nos plantea que el trabajo que se realiza fuera y dentro del hogar son complementarios y lo ejemplifica con las mujeres americanas y europeas que ejercen sus oficios a la par que se hacen cargo de las tareas del hogar. Para Brunet, no se trata de una carga, sino de una «dulce obligación».

En la columna «Hogar dulce hogar», de julio de 1935, escribe: «Haga de la casa un rincón amable, de claros colores, de armoniosas formas, plantas, flores, libros, medias luces, silencio ... Vigile la cocina, señora, y que cada guiso esté hecho según el agrado de su marido» (Brunet, «Hogar» 3).

Dentro de las labores hogareñas, Marta Brunet revela una inclinación especial por la cocina. En sus escritos culinarios entrega sugerencias a la clase alta sobre cómo servir correctamente una mesa de gala, un completo menú para la hora del cóctel o cómo enfrentar una cena imprevista. Sin embargo, también revela una preocupación poco habitual en esa época, relacionada con la alimentación sana. Una docena de sus textos sugieren comidas para enviar a los colegiales; detalla por qué es importante comer huevos o qué nutrientes aportan las verduras, frutas y pescados en un menú equilibrado. Estos son los escritos que firma como la Hermanita Hormiga y que semanalmente publica en la revista *Familia*.

4.1.3. Infancia

Durante su carrera literaria, Marta Brunet dedica un espacio privilegiado para describir la infancia. En *Montaña adentro* (1923) presenta al hijo de Cata, la protagonista, mientras duerme en un cajón y no en una cuna, y se enferma de fiebre; en *Reloj de sol* (1930) retrata los dolores de tres niños: Juancho, que ha perdido a su madre; Francina, que vive desconectada del mundo real; y Lucho el Mudo, que se atormenta con la relación amorosa de su madre; y en *Raíz del sueño* (1949) vuelve a abordar la tragedia infantil, a través de las historias de una niña sola; un par de mellizas que crecen sin el cariño maternal; y una hija aislada de su madre (Rojas 2010, 471).

En sus cuentos para niños, no obstante, la escritora cambia el registro de escritura y despliega ternura y magia. Las generaciones chilenas que crecimos en los años 70 y 80 nos encantamos con *Cuentos para Marisol* y *Las historias de Mamá*

Tolita y conocimos relatos como la «Historia de por qué la lloica tiene el pecho colorado»; «Yo sí... yo no»; o «Historia de la señora rata del pueblo de los ratones».

Si en su narrativa literaria revela una infancia dolorida y en sus cuentos infantiles vemos una inclinación amorosa, en sus textos periodísticos despliega un registro político y con sentido de urgencia, con una agenda reivindicativa que denuncia el abandono y falta de derechos sociales de los niños.

Pese a los esfuerzos de modernización que experimenta el Chile del centenario, la realidad que viven los niños en el país es deprimente. Las tasas de mortalidad infantil no disminuyen; el trabajo infantil se expande y los niños pordioseros se multiplican en las calles de la capital. Para la élite dirigente, el trabajo infantil en fábricas no es cuestionado como un abuso, sino incluso visto como un valor encomiable que permite adquirir disciplina y constancia. La crítica se enfoca más bien en oficios callejeros como la venta de periódicos o la limpieza de zapatos (Rojas 2010, 221).

Más que los gobiernos, a principios del siglo XX son las instituciones de beneficencia las que impulsan las primeras acciones de protección a favor de los menores, a través de filántropos como Juana Ross, fundadora del hospital San Agustín en Valparaíso; Claudio Matte, presidente de la Sociedad de Instrucción Primaria; Francisco Huneeus Gana, presidente del Patronato de la Infancia; e Ismael Valdés, fundador de las obras Gota de Leche y Asilo Maternal.

Desde sus inicios como reportera, Marta Brunet revela su preocupación por la indefensión en que viven los niños de sectores vulnerables y también la soledad de aquellos de clases acomodadas. Mientras los primeros no cuentan con los mínimos derechos, los segundos son invisibles para sus padres.

Ya en 1921, cuando aún es una joven colaboradora del diario *La Discusión* de Chillán, una de sus primeras columnas la dedica a Gota de Leche y Asilo Maternal. En el escrito «¡Dar!» (1921) realza la labor de estas instituciones de beneficencia.

> La Gota de Leche. Son madres exhaustas por el trabajo y las privaciones que ven secarse las fuentes que dan vida a sus hijos ... El Asilo de Ancianos. Obra recién formada, obra de espíritus animosos ... ¡Dar! Dejar caer junto a las humanas miserias la moneda que ayudará a sanarla. Dejar caer las buenas palabras de nuestra piedad sobre los corazones sedientos de ternura (Brunet, «¡Dar!» 61-62).

Durante su etapa como redactora y directora de la revista *Familia*, la escritora, bajo el seudónimo de Isabel de Santillana, señala la necesidad de que en las casas se destine un espacio físico para el juego de los niños, quienes no tienen dónde estar, y reprende a los padres que descuidan el cuidado de los hijos, como lo señala en su columna «El oficio de madre», en que reclama que mientras la mujer como el hombre se empeñan en perfeccionarse en sus vidas, no cultivan su labor como guías y protectores de sus hijos. «Se olvidan del oficio de padre y madre, y de esa máquina de perfecto ajuste, que es el niño» (Brunet, «El oficio» 73).

Para Brunet, la preocupación por la infancia es recurrente a lo largo de su trayectoria periodística. En su etapa como «Periodista en su madurez», estos escritos adquieren un tono de mayor urgencia y crítica social, como se aprecia en «Niño mendicante» (1939), que publica en el diario *La Hora*. Allí señala su esperanza de que el gobierno de Aguirre Cerda, al que ella es afín, finalmente se hará cargo de los niños abandonados que mendigan por las calles de Santiago. «Hace años que este problema clama solución y que en todos los tonos la prensa se ocupa de mostrar en lo escrito y lo fotográfico la miseria de esas pequeñas vidas ... A fuerza de tenerla a diario se nos ha hecho invisible» (Brunet, «Nino mendicante» 20).

Entre 1920 y 1950, Chile avanza en la protección de los derechos infantiles, bajo gobiernos chilenos que impulsan medidas reformistas que en las décadas siguientes se masifican, especialmente en las áreas de la educación, salud y regulación del trabajo infantil.

Aunque aún en la década del 20 las escuelas son precarias en términos de equipamiento y existe escasa capacitación docente y desconocimiento sobre metodologías educativas, la Reforma Educacional de 1928, promulgada durante el gobierno de Carlos Ibáñez del Campo, establece que la educación es una función propia del Estado y que las escuelas son comunidades de maestros, padres y alumnos. Se impone la idea de la Escuela Nueva, que pone al niño como centro de la educación, quien debe educarse integralmente tanto en los aspectos intelectuales, como físicos, emocionales y valóricos (Rojas 2010, 330).

En 1930, sin embargo, solo el 49 por ciento de los niños matriculados cursa el primer año de enseñanza primaria, y la cifra disminuye a medida que se avanza en los años de escolarización. Los gobiernos radicales, bajo su lema «Gobernar es educar», intentan revertir la situación fomentando la educación a través del desarrollo de un plan de creación de escuelas primarias y nocturnas para adultos (Orellana 2010, 62).

Además de la preocupación por el aumento de la cobertura de educación escolar inician un plan de auxilio material, mediante la distribución de alimentos y prendas de vestir para niños vulnerables; crean consultorios para la atención infantil y sus madres e intentan controlar las altas cifras de mortalidad infantil, que aún son un problema de salud nacional. Impulsan además iniciativas culturales como las bibliotecas públicas, gimnasios y auditorios de teatro (Rojas 2010, 426-428-429).

Para Marta Brunet, el gobierno de Pedro Aguirre Cerda es el que demuestra una afinidad mayor con las políticas pro infancia que a ella le preocupan. En la columna «Los niños y su teatro» (1939) convoca a sus contemporáneos artistas, escritores y poetas, como Nicanor Parra, Tomás Lago y María Cristina Menares, a crear obras que interpreten el alma del niño y su atmósfera.

Nuestro escritor, el chileno y el otro americano y más allá el español, poco o nada se ha preocupado de dar al niño obra de calidad para su recreo. Si en lectura hay una pobreza casi total, en teatro el casi se borra y queda la negación absoluta. Habría que instar a los escritores, hablarles, convencerlos, hasta que miraran ese mundo de sorpresas maravillosas que es la infancia, se interesaran por él, quisieran entrar a su ruedo y conquistarlo en gracia de talento (Brunet, «Los niños y su teatro» 102).

Marta Brunet, ya en su etapa de madurez periodística, a fines de la década del 50, publica en la revista *Ateneo* «El mundo mágico de los niños», en que plasma los secretos para encantar a los más pequeños con los relatos. En este escrito, dedicado «a las maestras contadoras de cuentos», explora cómo el juego es la forma de comunicación del niño con la realidad. Aparece una Marta Brunet adelantada para su época, que conoce en profundidad la sensibilidad y psiquis infantiles, que detalla por qué la imaginación de un niño no debe saciarse totalmente con un cuento y cómo estos deben estructurarse para captar su atención a través de una lógica mágica. Vemos a una escritora-periodista que revela una profunda empatía con los pequeños, entregando consejos a las maestras a partir de su propia experiencia como narradora de cuentos infantiles, en que ha aprendido de sus aciertos y errores.

El niño oye un relato, sin dejar de ser auténticamente él mismo, se identifica de modo pleno con los protagonistas. Es más, si el narrador no logra hacerlo sentir que él, el propio niño, es el héroe de la historia, puede considerar seguro su fracaso. El niño, desde que nace, se siente centro de su mundo, hacia él convergen todas las preocupaciones de sus padres y maestras, y siente la necesidad de que suceda lo mismo en el mundo de su imaginación (Brunet, «El mundo mágico de los niños» 120).

Una de las primeras condiciones que debe cumplir el relato que quiere captar la atención del niño, afirma la escritora-periodista, es el de esa «lógica mágica», dentro de la cual un lobo puede hablar e incluso ser confundido con la abuelita. «Insisto que el valor de la magia reside fundamentalmente en el "sentido". En la estructura del relato el niño exige un respeto estricto a su lógica particular que le permite en cada caso la verificación de sus inagotables por qué» (119).

Ser como un niño, volver a sentirse niño, aconseja Marta Brunet. Vale la pena escuchar los consejos directamente de la autora, quien se recuerda a sí misma cuando narraba cuentos a los infantes en su campo sureño. La extensión de la cita se justifica por su claridad y revelación biográfica.

... les diré que al escribirlos traté, hasta donde me fue posible, imaginarme rodeada de chiquillos, lejos de mi escritorio, en pleno campo, a la sombra acogedora de mis montañas sureñas, entre el cloqueo gozoso de las gallinas y los ladridos lejanos de los perros guardianes de las casas del fundo, o de estar bajo techo, junto al fogón, en noche invernal, con las criaturas apretujándose junto a mí, pendientes de mis labios, de ser, digo, como una vieja veteada de años, depositaria de toda la sabiduría de nuestra estirpe, que iba poniendo a salvo sus tradiciones secretas para librarlas de mi muerte individual, comunicándoselas a los de mi sangre, pero, y eso era lo importante, en forma oral, como quien se confiesa, y al mismo tiempo como quien ha de comulgar, porque eso tiene que ser ante todo el cuento infantil: comunión, comunicación de una secreta unidad que el niño debe intuir a través del lenguaje de los símbolos (Brunet, «El mundo mágico de los niños» 127).

4.1.4. Viajes y vida cotidiana

Los relatos de viajes son temáticas recurrentes en los textos de Brunet. Además de la descripción de escenarios que enriquezcan a los lectores, la experiencia personal de la escritora es protagonista. Estas crónicas no son viajes convencionales con la estructura de una partida, un trayecto y un regreso (Rubio 2011, 70), sino que podrían caracterizarse como viajes de regreso.

Si bien vemos un inicio del viaje desde el punto de vista fáctico, el centro de la narración se encuentra en el retorno a los lugares, específicamente a las ciudades y costas sureñas de Chile. Esto ocurre porque sus narraciones tienen su marca biográfica, una seña de identidad personal que resulta significativa si consideramos que el relato de viajes contiene un sujeto viajero, individual e irreemplazable que escribe sobre esa experiencia, sin mediaciones ficcionales o voz imaginaria (Alburquerque 2011, 29).

En sus crónicas de viaje, la autora revisita sitios que le son conocidos y que revelan una fuerte conexión con su memoria personal, particularmente con su infancia y adolescencia. La geografía sureña de Chile de la segunda década del siglo XX se revela entonces como un cronotopo íntimo que ella comparte con sus lectores.

Brunet recorre los escenarios y toma nota de ellos para crear una narración que combine el presente visto con el pasado vivido, como un juego de contrastes entre presente/pasado del lugar; infancia/adultez. Brunet observa, recuerda y luego escribe.

En algunas crónicas se aprecian descripciones naturalistas, mientras en otras el paisaje es completamente citadino. Se centra entonces en detalles invisibles para los santiaguinos, como el placer de sentarse en un banco de una plaza o el mal estado de la Alameda, la principal avenida de la capital chilena.

En sus relatos de las costas sureñas se aprecia con mayor realce la capacidad observadora de Marta Brunet; por ejemplo, durante una excursión al río Bío-Bío, en que despliega una prosa elegante, de cuidado estilo, casi poética. La crónica se titula «Aguas dulces, aguas amargas: en la desembocadura del Bío-Bío» y aparece en el periódico *El Sur* del 9 de enero de 1927. La extensión del fragmento se justifica por su calidad escritural.

De un lado el semi islote del pompón, verdinegro, pelado de ventanales, del otro la sucesión de cerros, desplomados en el agua en partes, formando montones de rocas, fantásticas siluetas de una fauna antediluviana, siempre batidas por el mar furiosamente, anillados de espumas y con uno que otro árbol que se aferra a la entraña terrosa para alzarse como un condenado en crispación de ramas retorcidas, protesta perpetua contra el viento que desde pequeño lo hizo doblegarse a su látigo. Al frente está el mar con sus olas, avanzando desde el horizonte, apenas perceptiblemente, para aumentar, para alzarse, para doblarse sobre sí mismo, para resollar cansancio, para albear espuma (Brunet, «Aguas dulces, aguas amargas» 3).

O esta cita de la crónica «Tarde en el puerto» (1927) en que describe su llegada a la bahía de Talcahuano, en la región del Bío-Bío.

—Miren —me dicen, indicándome la Isla de los Reyes.
Para mi asombro, son miles de miles las aves marinas que echan a volar espantadas. Contra el cobalto al cielo y el índigo del mar, bajo el oro del sol y en la radiosidad de la atmósfera, las gaviotas, los albatros y los ánades son aves estilizadas, motivos preciosos de un precioso biombo japonés en que los dibujos se renuevan incansablemente. Manchas negras con cuervos silueteados en tinta china. El aleteo recto da solamente la sensación de realidad. Revuelan. Trazan giros. Tornan a los arenales. Otra estridencia de la sirena los lanza al aire en alarma de vuelo loco. Una y otra vez repetimos el juego físico. Es día, prima la mañana de trajín doméstico con cocineras de cesto al brazo y atareado ir de obreros al trabajo; cuando subimos nuevamente los escalones del desembarcadero, que esta vez son los del muelle de piedra (Brunet, «Tarde en el puerto» 23).

En esta crónica apela a la emoción y a la nostalgia mediante descripciones en que invita a sus lectores a recordar el pasado de esplendor de los balnearios y ciudades que visita. Por ejemplo, cuando relata su viaje a San Vicente, en la región del Bío-Bío. Regresa a este balneario en 1927, cuando está cerca de sus 30 años, casi dos décadas después de sus primeros paseos por la zona.

El San Vicente que conocí en mi infancia estaba en auge de veraneantes, rubia en la playa tendida en comba, nuevo el balneario, con el hotel lleno de huéspedes, resonando de música el comedor tan alegre, maravilloso el parque y tentador de aventuras de chiquillo travieso, el cerro sombrío de pinos ... Solo el recuerdo de esto queda. San Vicente es hoy por hoy una playa de sucia arena, con el balneario ruinoso, el hotel descuidado y el parque, una orgía de malezas (Brunet, «Tarde en el puerto» 21).

En las descripciones que realiza incorpora en ocasiones el humor. Sabemos que las aguas sureñas son bastante gélidas y este detalle Brunet lo narra, riéndose de sí misma y sus acompañantes en una crónica del 3 de marzo de 1930. Dice que se enfrentan al mar como si fueran una «comparsa de bataclanas». «Se nada un poco a lo perro, instintivamente, desordenadamente. El agua demasiado fría nos hiela hasta los tuétanos. Cada vez tomamos mayor aspecto de perros, braceando, resoplando, tiritando. Hasta que hacemos una salida lamentable, a trastabillones, por la arena» (Brunet, «Sin título» 5).

En sus crónicas citadinas, Marta Brunet es una reportera al estilo de los *flâneurs* parisinos del siglo XIX. Ella explora los pueblos y ciudades para retratar escenas que merecen la atención de las autoridades, y otras veces simplemente para ridiculizar, con inteligencia sutil, las frívolas costumbres de las chilenas de la alta sociedad de los años 20.

La escritora-periodista se relaciona con mujeres de la aristocracia santiaguina que le permiten asistir a fiestas, obra de teatro, tertulias, paseos y horas de té. Son estos encuentros los que al mismo tiempo se transforman en material para sus escritos periodísticos.

En «Para una novia», que publica en octubre de 1928 en *El Sur*, detalla minuciosamente cómo la futura esposa debiese decorar su nueva casa, y en «Modas» (1927) despliega sus conocimientos sobre telas, cortes, accesorios, para evidenciar la cantidad de horas que la mujer moderna invierte en vestirse solamente para «planear por las calles» sin hacer algo productivo.

 Porque han de saber ustedes que ese trajecito sastre tiene para poner sobre la blusa camisera de seda blanca, un chaleco de gamuza verde, igual en material y color a la cartera plana, sobre enorme que se mete bajo el brazo, con ese atareado que tan bien sabe adoptar la mujercita moderna, aunque sus tareas se reduzcan solamente a planear por las calles (Brunet, «Modas» 5).

Un buen ejemplo de su retrato de la frivolidad citadina es su crónica «Carta de una chilenita que está en Europa» (1928), donde relata, nuevamente en un tono satírico, las banales vacaciones de una joven que pasa sus días entre flirteos («Si una vela se apaga hay que tener de reserva otra encendida»), bailes y comidillos («¿Sabes quiénes son? Pola Negri, hijita, con su flamante esposo. Ella vestida de amarillo limón con un conjunto de Patou que la hacía soberanamente elegante»). Así describe su tarde esta joven chilena en esta crónica:

 Después se vuelve a la playa a tostarse con toda conciencia al sol. No se usa el color blanco. Para estar de moda hay que aparecer completamente tostada, morena, retinta. Las rubias están de baja ... Yo, como buena chilenita oreada por las brisas de Viña del Mar, tengo un color de cochayuyo que pone verdes de envidia a todas mis amigas (Brunet, «Carta de una chilenita» 3).

Pero si ironiza con frivolidades, también aborda temas ciudadanos que requieren la atención de las autoridades, como el escaso cuidado que presta el municipio a las calles de la ciudad, como denuncia en su escrito «La Alameda», que publica en junio de 1926, en *El Sur*. Allí describe el lamentable estado en que se encuentra la avenida más tradicional del centro de Santiago de Chile.

> Es una desolación. Prados verdes en rectángulos. Horcas de plata de las cuales penden globitos rosados, juguetes de niño condenados a vergüenza. Padres de la patria con polizón a hombres prominentes con tortícolis. Todo ello con ínfulas de personalidad, lamentable de pretensión (Brunet, «La Alameda» 7).

Como Isabel de Santillana, en 1938, denuncia también problemas sociales como el alcoholismo que aqueja a los chilenos, «posiblemente el problema de mayor importancia del momento, aquel de cuya solución inteligente depende el hogar chileno». Interpela al gobierno a que discuta una ley en el Congreso para que aleje a los chilenos del vino y los acerque a la cultura. «¿Para qué negarlo? Nuestro pueblo bebe hasta la borrachera, hasta la pendencia, hasta el crimen. Y lo peor es esa alucinación que hace al obrero gastar su salario en la cantina, sin acordarse que tiene una mujer y unos hijos...» (Brunet, «Lo más grave» 3).

La temática social en sus columnas —que revela su preocupación por el bienestar y la salud de la sociedad en que se desenvuelve— aparece de manera recurrente a partir de 1939, en que inicia su etapa como periodista en su madurez, marcada por su rol como diplomática, y que relegan a un rol secundario sus escritos periodísticos.

4.2. Análisis dialógico: ¿Quiénes hablan en el periodismo de Marta Brunet?

Sabemos que la relación entre autor y narrador ha experimentado vaivenes a lo largo de la historia. Si en la Antigüedad griega y durante la Edad Media, las obras se consideraban más valiosas que sus autores, y eran ellas las que se ensalzaban, manteniendo a sus creadores en un discreto segundo plano o en total invisibilidad, este paradigma sufre una transformación a partir del humanismo de siglo XV con su consiguiente antropocentrismo (Blanco-López 2019, 9).

El autor adquiere protagonismo como creador y genio capaz de urdir nudos dramáticos y literarios, y se torna visible tanto para lectores como estudiosos. Ya lo resalta siglos después Foucault, cuando hace recaer en el autor las funciones de bosquejar, escribir, o no escribir una obra, perfilarla y modificarla (Foucault 1992, 26).

El autor se convierte en un *homo faber*, o un hacedor de obras de ficción o no ficción, y para construirlas acude a sus experiencias vitales; lo observado, pensado, imaginado, sentido, contado, aunque no aparezca en ellas (Blanco-López 10).

Si la conexión entre autor y obra ha sido bien delimitada a lo largo de las décadas, no ha sucedido lo mismo con el lazo entre autor y narrador, cuya relación ha sido confusa y no del todo resuelta por los estudios literarios. ¿Cuándo autor y narrador coinciden? ¿Cuán diferentes son? ¿Quién narra la historia, el autor o el narrador? ¿Cómo se resuelve el dilema cuando en la trama aparece un «yo»?

Quien habla en un relato no es quien lo escribe y quien lo escribe no es quien existe, señalaba Barthes (1996, 34). Desde el punto de vista de los estudios semióticos, el autor ha sido categorizado con un rol de enunciador, es decir, como el encargado de hacer presente la historia; quien define la trama del discurso, decide el destino de los personajes y delinea los tiempos y espacios de la acción. Seduce, persuade, pero no predica el discurso. Ese rol recae en el narrador, quien es construido a su vez por el autor (Blanco-López 2019, 15; Fontanille 2017, 232).

El autor construye la voz del narrador como sujeto de enunciación. Con él puede identificarse, pero no es él mismo, sino una especie de doble o sustituto literario. El narrador es una voz que necesariamente debe diferenciarse del autor para existir. «Porque, ¿quién habla cuando yo escribo?» (Trancón 2012, 452). El autor se disfraza de narrador y lleva la máscara de los personajes, y entre ellos, el autor es la voz narrativa de la historia que leemos (Ricoeur 2006, 21).

Si la distinción autor-narrador se aprecia con cierta claridad actualmente, ¿por qué en tantas ocasiones continúa produciéndose la confusión entre uno y otro?

La respuesta nacería por no reparar en un concepto fundamental de la literatura: su carácter ficticio (Quevedo 1991, 224). Esa afirmación, sin embargo, pierde alcance cuando analizamos obras de no ficción, como autobiografías, biografías o textos de índole periodística.

La díada autor-narrador adquiere entonces ribetes especiales. Específicamente en el periodismo, materia de esta investigación a partir de la obra de Marta Brunet. El narrador no podría cumplir un rol ficticio, porque la disciplina periodística, por exigencia deontológica, no incursiona en el mundo de la ficción, o al menos no debiese hacerlo. En consecuencia, una delimitación dada por una frontera entre un mundo real —ocupado por un autor— y un mundo ficticio —habitado por un narrador— no resuelve el dilema.

Los mensajes que ocupan al narrador periodístico se originan habitualmente a partir de hechos, datos, sucesos, que ocurren en la realidad externa. La disciplina periodística plantea que esta realidad es susceptible de conocer por parte del informador y de trasladar al conocimiento de los lectores, cuya exigencia primordial es que se trate de una comunicación fáctica verdadera.

Hay un proceso doble: la realidad la percibe el informador y la traslada al público; y hay un inicio y un término del proceso; la realidad y el intelecto del sujeto universal. Para que este conocimiento sea cumplido tiene que coincidir con la realidad, lo que constituye el concepto de verdad: adecuación de la cosa y del entendimiento (Desantes 1993, 40).

Como el periodismo se desenvuelve en el plano de la no ficción, tanto autor como narrador habitan en el mismo mundo, este es el mundo real. Autor y narrador, por lo tanto, sí pueden coincidir en un relato periodístico. Pero el autor periodístico, al igual que el creador de ficción, tiene la facultad de construir también un narrador que cuente la historia, como se verá más adelante. La diferencia estará en que ambos permanecerán siempre en el mundo de la realidad, o de la veracidad, por decirlo más precisamente.

La identificación autor-narrador periodístico es evidente cuando el autor-reportero cuenta una noticia, cuyo propósito es relatar del modo más eficaz posible qué sucedió, cuándo, dónde, por qué y a quién afectó, para responder las tradicionales 5 W (*what, when, where, who* y *why*) del género informativo. En este género predomina la eficacia de la información por sobre la belleza de la narración literaria.

La dificultad la observo en el género interpretativo, donde se puede incluir el periodismo literario, en que ya no solo tenemos la exigencia de la veracidad y precisión de la información que se entrega, sino la puesta en escena de esa información a través de una construcción estilísticamente compleja y estéticamente admirable.

Desde esta perspectiva, el periodista literario enfrenta una doble exigencia. Por un lado, debe ser fiel a la realidad que reporta, ateniéndose a hechos comprobables, o al menos realizar ese ejercicio de honestidad intelectual llamado objetividad periodística; y, por otro lado, debe lograr reproducir esa realidad verificable con belleza artística.

En palabras de Sartre, cada obra creadora persigue la reproducción total del mundo, para mostrarlo tal cual es, «pero como si tuviera su fuente en la libertad humana». Así, lo que el autor crea, no adquiere más realidad que a los ojos del espectador a través de la lectura (Sartre 1981, 81).

En esa reproducción del mundo tal cual es —que el periodismo logra de manera parcial, por las limitaciones de la subjetividad del reportero y la inmensidad de la realidad retratada— el autor-narrador periodístico enfrenta su mayor desafío. Este es encontrar una voz suficientemente veraz y estética para transformar su pieza periodística en una obra digna de elogio estético. Debe «crear la ilusión de ver la acción a través de la mirada de alguien que se halla realmente en el escenario y forma parte de él» (Wolfe 1992, 31).

Se entiende entonces por qué una de las mayores dificultades para los periodistas literarios contemporáneos ha sido encontrar una voz como narradores. Mientras algunos, como el estadounidense Jame Agee, optaron por una presencia abrumadora en sus relatos, otros, como John Hersey y Truman Capote, evitaron su intervención como autores-narradores en sus reportajes y crónicas con el propósito de mantener la distancia y una aparente objetividad.

Ambas corrientes convivieron en armonía y aceptación mutua hasta la década del cincuenta, cuando comenzó a insinuarse un evidente contraste entre ambos. Desde entonces, la elección entre una y otra actitud tenía y tiene hasta hoy consecuencias en el periodismo literario tanto en su conformación compositiva como estilística (Chillón 1999, 196).

El dilema del narrador-periodista lo enfrentaron también en los 60 los representantes del Nuevo Periodismo estadounidense, quienes se rebelaron en contra de la tradición británica periodística que daba por entendido que el narrador debía ser una voz tranquila, de personalidad apagada, «un fondo neutral sobre el cual pudieran destacar pequeños toques de color» (Wolfe 1992, 30).

Aclararon el dilema cambiando continua y bruscamente el punto de vista de quien relata la historia; o bien, pasaban de un narrador protagonista a uno omnisciente y luego a la mirada personal del periodista.

En el centro de ese conflicto actitudinal se encontraba el autor-periodista, quien piensa una realidad, reconoce emociones, se pregunta por qué, para qué y el cómo de las cosas, deslumbrado, como si las estuviese viendo por vez primera (Eloy Martínez 2002, 121).

¿Desde qué lugar entonces cuenta sus historias el periodista-autor-narrador? ¿Cómo lo abordó la escritora-periodista Marta Brunet? ¿Quién relata en el periodismo brunetiano? ¿Existen fronteras precisas entre autor y narrador en sus columnas, crónicas y entrevistas? ¿Respeta rigurosamente en sus escritos la frontera entre ficción y no ficción?

4.2.1. Narrativización del discurso periodístico

Para analizar a Brunet como narradora, recurro al modelo de narrativización del discurso periodístico propuesto por Saavedra a partir de Genette y Turcos (Saavedra 2001, 69).

Saavedra denomina narrativización del discurso al modo particular de reproducción del discurso de otro, a través del cual un narrador de no ficción da cuenta de los pensamientos, sentimientos y percepciones de los personajes, tal como ocurre en las novelas, mediante la utilización de «maniobras» para lograr que sus textos tengan efecto omnisciente e impresionista desde el punto de vista literario (Saavedra 65).

El narrador se analiza a partir de su focalización, bajo la clasificación clásica (Genette, 1972).

Autodiegético: narrador que se ubica en un momento posterior de la historia y relata los acontecimientos como si fuese el personaje principal.

Homodiegético: narrador que participa de la historia y la relata al mismo tiempo.

Heterodiegético: narrador que no participa de la historia y se encuentra fuera del relato. Este narrador puede tener carácter omnisciente.

La situación narrativa, por su parte, se configura a partir de cinco elementos.

Orientación: se consideran dos posibilidades; la de un narrador que relata la historia desde afuera, por lo tanto, no se encuentra identificado; y la de un narrador personaje, ya sea protagonista, antagonista o personaje secundario.

Persona gramatical: narrador que utiliza primera, segunda o tercera persona gramatical, singular o plural.

Aspecto: también se proponen dos opciones; el aspecto de narración, cuando un narrador solo da cuenta de acciones exteriores de los personajes, sin intervención; y el aspecto de reflexión, cuando un narrador da cuenta de pensamientos y sentimientos de personajes de la historia.

Ángulo: el narrador puede contar la historia desde un ángulo simple, múltiple u omnipresente. En el primer caso, solo narra lo que presencia de un personaje; en el segundo, lo que presencia de dos o más personajes; y en el tercero, el narrador se encuentra presente en todos los lugares del relato, incluso de modo simultáneo.

Acceso: el narrador tiene acceso exterior, es decir, solo a aquellos acontecimientos observables; o bien, interior, cuando puede conocer pensamientos y sentimientos de los personajes.

Asimismo, Saavedra describe cinco recursos que utiliza la disciplina periodística como parte del habitual estilo de citación directa, pero que desaparecen durante el mecanismo de narrativización del discurso. Solo permanece el cambio deíctico.

Marcas de atribución: señales gráficas como comillas, guiones de diálogo, nombre del agente del discurso más dos puntos. Permiten identificar cuando un discurso se reproduce de manera textual a como fue señalado.

Verbos de atribución: denotan que un discurso fue escrito o pronunciado por una fuente o un personaje. Los verbos de atribución suelen estar al inicio, en medio o al final de la cita. Las formas más comunes de atribución son sinónimos o derivados del verbo decir.

Oración subordinada: suele estar presente en el estilo de citación indirecta y habitualmente está encabezada por la conjunción que.

Cambio deíctico: se refiere a las transformaciones que sufren, habitualmente en estilo indirecto, las expresiones que denotan espacio, tiempo, persona agente del discurso y su interlocutor.

Imitación de registro: recursos ortográficos y gramaticales que permiten imitar el léxico de un discurso y su modo. Por ejemplo, muletillas utilizadas por la fuente o el personaje; palabras idiosincrásicas, repeticiones, etc.

A continuación, veremos que Brunet no tiene como propósito convertirse en una narradora omnisciente con prerrogativas cognoscitivas, sino que revela una aptitud extraordinaria para contar una historia con un conocimiento acabado de ella recurriendo en ocasiones a los procedimientos de la narrativización y en otras a los recursos propios de la citación directa de la disciplina periodística. Lo anterior, en función de la historia que desea sacar a luz.

En la muestra estudiada, Brunet se ubica predominantemente como narradora homodiegética, tal como observamos en la figura.

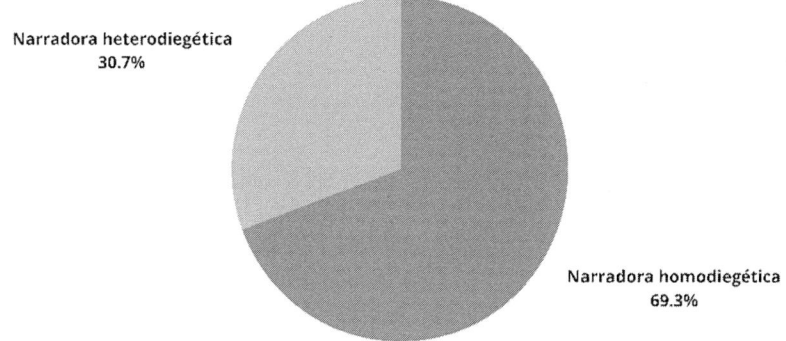

Figura 2. Focalización de narradora

A diferencia de otros representantes del periodismo literario, como los estadounidenses John Hersey o Truman Capote, que destacaron en los años 50 y 60 por sus esfuerzos para presentar en sus escritos de no ficción a narradores que no participan de la historia y se ubican fuera de ella como actores neutrales y omniscientes, Marta Brunet opta por la corriente exactamente inversa. No busca ser narradora aséptica y omnisciente, sino relatar desde su subjetividad personal, sin revelar interés alguno por ubicarse fuera del relato o representar una voz carente de emociones.

Al contrario, apuesta por ser una narradora participante y protagonista, que tampoco establece fronteras entre autor y narrador. Los lectores sabemos que la experiencia contada no es la de una narradora literaria construida por un autor, sino una autora-narradora llamada Marta Brunet, que revela en sus escritos vivencias biográficas. Ejemplo de ello es la columna «Pequeño grave problema», que publica en el diario *El Sur* el 8 de octubre de 1927. En ella comparte con los lectores sus disquisiciones en torno a tomar la decisión de adoptar una mascota. Allí recuerda los perros que tuvo durante su infancia en su campo de Chillán:

> Este aceptar o no el perro me preocupa y es algo en mi inactividad. Casi preferiría tener un *fox*, de esos blancos muy finos, con las patitas que parecen que bailan a fuerza de ser nerviosas ... Y me recuerdan uno que tuve de pequeña y que fuera, con el gato Jenaro, compañero de todos los años que pasara en la ciudad del sur donde me crié ... Mi madre le tenía antipatía y con esa adivinación de los sentimientos que suelen los perros poseer en tan alto grado, apenas la señora asomaba por la pieza de los juguetes en que ambos estábamos de preferencia, yo tomaba una actitud de recogimiento y me engolfaba en la lectura de una lección y el perro, con mucha dignidad, iba a sentarse meditativamente frente a la estufa (Brunet, «Pequeño grave problema» 3).

Como lectores, conocemos su infancia de fundo en Chillán y la relación con sus padres a partir de entrevistas que Marta Brunet otorga como escritora de novelas y a través de testimonios de sus contemporáneos que publican artículos de prensa en las décadas del treinta y posteriores. Se trata, entonces, de información verificable, dicho en lenguaje periodístico.

No solo en sus columnas Brunet oficia como narradora homodiegética, sino también en sus entrevistas y crónicas. En las primeras interpela permanentemente a su entrevistado, involucrándose como hablante activa de la conversación. Como cronista, no solo describe lo que observa, sino que una vez más recurre a sus experiencias biográficas para enriquecer los relatos.

En los tres formatos en que incursiona como autora-narradora revela una realidad mediada por su subjetividad, por lo que otorga a esa realidad una dimensión ni única ni unívoca, sino polifacética y plurívoca. Estas realidades adquieren sentido y son comunicables en la medida que se engarzan en palabras (Chillón 2014, 54).

Pese a lo anterior, Brunet también se ubica como narradora heterodiegética en algunas columnas de índole literaria, cultural y en otras en que da cuenta de costumbres sociales y la ciudad. Ocupa en estas ocasiones un lugar en tercera persona, neutral y conocedora de todos los detalles de la historia, bajo el paradigma de periodistas literarios como Truman Capote, que alcanzarán notoriedad casi treinta años después con sus reportajes novelados. Como ejemplo, basta leer este fragmento de su escrito «La lluvia» (1926).

> El Santiago, relativamente —sí, sólo relativamente— palero, desaparece bajo la lluvia como los afeites de una cuarentena, desaparecen con las lágrimas, dejando la fealdad ruptura de lo cierto. Las aceras están llenas de charcas y las calles de barrizales. Los autos, tractores y coches, al circular rápidos, levantan salpicaduras de lodo que alcanzan al viandante. Y estos caminan gritando obstáculos, obstaculizándose ellos mismos, dándose encontrones, enganchándose los paraguas, protectores, friolentos, encantados (Brunet, «La lluvia» 3).

Brunet se transforma en una narradora omnisciente que se encuentra en un plano objetivo para narrar hechos reales —en este caso la descripción de una clásica lluvia invernal capitalina— y sitúa a su vez lo narrado en el mismo plano, a diferencia de los escritos de ficción, en que narrador y lo narrado se pueden ubicar en planos divergentes (Vargas Llosa 2021, 562).

Al analizar las crónicas de Brunet, veremos que en ocasiones utiliza la primera persona para evidenciar, por un lado, ser una testigo esencial y observadora *in situ* de los hechos que cuenta, lo que asegura la veracidad de la escena, y por otro, para establecer una valoración subjetiva de aquella realidad que reporta. De este modo asumirá un rol protagonista en sus relatos, con la primera persona (singular y plural) como una de las características más distintivas como periodista literaria.

En la figura a continuación, se observa el punto de vista gramatical de Brunet narradora. Destaco que en el 30,8 por ciento de los escritos de la muestra, la escritora-periodista utiliza exclusivamente la primera persona (singular y plural). Si sumo los textos en que la autora utiliza en un mismo escrito la primera y la segunda persona, o la primera y la tercera, el porcentaje aumenta al 63,4 por ciento.

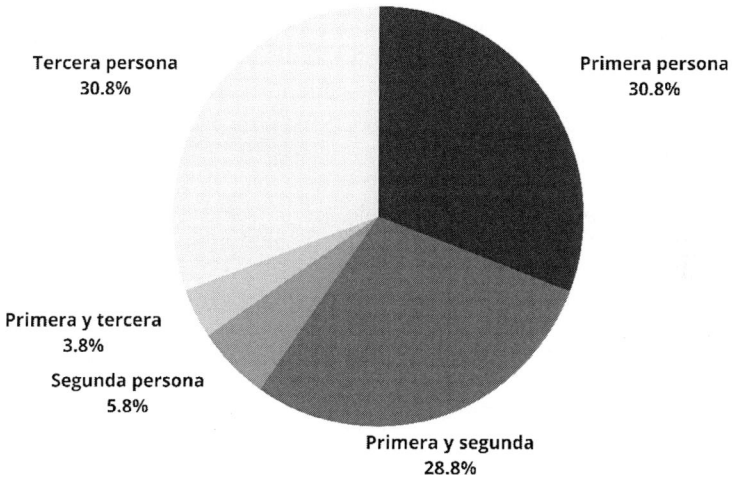

Figura 3. Persona gramatical en el periodismo de Marta Brunet

En ocasiones, la autora transita desde la primera a la segunda persona, o de la primera a la tercera, lo que evidencia su versatilidad como narradora y revela una práctica de narración periodística que la convierte en periodista literaria moderna. Esta técnica se expandirá recién casi cuarenta años después con los representantes del Nuevo Periodismo estadounidense, quienes, como se señaló, resuelven el dilema del autor-narrador con quiebres en el punto de vista de quien relata la historia.

Sin embargo, la predominancia de la primera persona (singular o plural) en Marta Brunet es lo distintivo en sus escritos si se le compara con sus contemporáneos nacionales de los años 30, como el cronista Joaquín Edwards Bello, quien solía escoger o la tercera o la primera persona en sus crónicas como «Notas de Lisboa» e «Impresiones de Valparaíso», pero sin cambios bruscos en los puntos de vista. O si observo las crónicas de Elvira Santa Cruz, conocida como Roxane, quien publica en 1931 una serie de crónicas en el diario *El Mercurio* luego de un extenso viaje a Oriente. Santa Cruz, colaboradora de revista *Familia* y directora de la revista infantil *El Peneca*, se ubica en contados momentos en un primer plano, ya que en general opta por ser una narradora neutral para relatar su experiencia como viajera (Santa Cruz, 1931). Ninguno de los dos, sin embargo, muda de primera a segunda o tercera persona, o viceversa, con la naturalidad de Brunet.

La escritora-periodista se involucra en sus relatos como si fuese un personaje más. Se revela como una narradora-protagonista que lleva las riendas de la historia, lo que la distingue también de los cronistas latinoamericanos de fines del siglo XX y principios del XXI, en cuyos textos aparece con preponderancia un narrador externo que, si bien suele relatar en primera persona, asume esa posición no para relatar lo que le sucede, sino para intercalar comentarios sobre la realidad que observa (Aguilar 2020, 55).

En la crónica «Tarde en el puerto» (1927) incluso hace referencia a sus dificultades con el sentido de la vista, una afección de la que se lamentará en otros escritos. «Y tras bajar los escalones cautelosamente, con el miedo del miope que teme resbalar, estoy en la lancha que maniobra y pone proa a la Isla de los Reyes» (22). A partir de estas afirmaciones comprobamos además la coincidencia entre narradora y autora.

El lector conoce la realidad a través de los lentes de Marta Brunet, quien opina y juzga, como se ve en la misma crónica «Tarde en el puerto». «San Vicente es hoy por hoy una playa de sucia arena, con el balneario ruinoso, el hotel descuidado y el parque, una orgía de maleza». (Brunet, «Tarde en el puerto» 20).

En otras situaciones se revela categórica y asertiva, con una voz que se impone con presencia avasalladora, afirmaciones recias, directas y poco condescendientes. Este es un pasaje de su columna sobre la actriz Camila Quiroga (1926):

> Me dijeron que viera a Camila Quiroga porque era una eminencia, me lo dijeron amigos de aquí y hasta me lo escribieron amigos de Argentina. Pero me hicieron la insistencia unos y otros de que su repertorio era bastante mediocre. Buena actriz, malas obras. Y me parece extraño que, siendo lo primero, Camila Quiroga pusiera su talento al servicio de lo segundo (Brunet, «Camila Quiroga» 3).

Otro ejemplo significativo de esta voz juzgadora es la columna «Resurrección» (1920), que publica durante su periodo de «Reportera en formación» en el diario *La*

Discusión. Aunque posee un título religioso, el escrito es nada devoto. Allí realiza una irritante reflexión para un Chile marcado por la «Cuestión Social», un movimiento de obreros e intelectuales que en los años 20 y 30 denuncian las precarias condiciones en que viven los sectores más pobres en la capital. «Amor: ¿quién ama a quién? El pobre, el obrero, ¿son para el rico el prójimo a quien se ama como hermano? El rico, el terrateniente, el patrón, ¿es para el pobre y el obrero el protector respetado?... No» (Brunet, «Pascua» 1).

Lo mismo observo en sus reseñas literarias. El 24 de octubre de 1926 publica en *El Sur* la columna «Libros» en que reseña *El poeta asesinado*, de Guillermo Apollinaire; *Colores,* de Remy de Gourmont; *El funámbulo de mármol*, de Fialho de Almeida; y *La escuela de los indiferentes*, de Jean Giraudoux.

Mientras se divierte con el volumen de Remy de Gourmont y lo califica de «liviano, picante, roedor, irónico», revela el desagrado que le produce la creación de Jean Giraudoux, cuando señala: «¡Qué cansancio tan grande produce la lectura de este libro!» (Brunet, «Libros» 3).

Otro ejemplo de la realidad mediada por los lentes de Brunet es el escrito «Casa de Darío Brunet» (1928), que publica durante su etapa más prolífica, en que ella describe meticulosamente todos los objetos que llaman su atención en la casa-museo de su tío, Darío Brunet, investigador patrimonial de la provincia de Ñuble. Ella toma la decisión sobre qué mostrará a sus lectores. En este fragmento ella se convierte en un personaje diferente al narrador al referirse a sí misma como «la cronista»:

> Pero son los muebles los que más agradan a la cronista que va curioseando entre ellos. Hay un barqueño de la época española-morisca, con la tapa llena de columnitas marfil ... Fuera de este hispano-morisco hay otro del Renacimiento Italiano ... Podrá ser una maravilla como talla, pero no nos gusta (Brunet, «Casa de Darío Brunet» 43).

En otros escritos, especialmente en sus entrevistas, combina la primera con la segunda persona gramatical. Si bien propicia un diálogo con su interlocutor para intercambiar opiniones, inquietudes y comentarios, su curiosidad y ansias de ser protagonistas no desaparecen. El resultado, lejos de ser un ejercicio narcisista, transforma las entrevistas en conversaciones llanas, vivaces, dinámicas e íntimas. Brunet adquiere, entonces, entidad y nombre en la conciencia del lector. «Pone cara, cuerpo y voz a este personaje de la obra ... El receptor identifica, por consiguiente, la voz narrativa con la voz del escritor como persona que habita la realidad» (López Canicio 2017, 189).

En una entrevista que realiza en 1928 a María Monvel, con quien se encuentra luego de que la poetisa llegara desde La Habana, indaga sobre Cuba, un país que no conoce, por lo que pregunta a partir de lo que ha oído. No logra, sin embargo, mantenerse fuera de la historia, como narradora heterodiegética. Pregunta y realiza afirmaciones con soltura e informalidad: «¿En realidad el clima es tan agradable? ...

¿Y la vida social? ... ¿Y el mundo literario? ... Pero esa gente es loca... ¿Y con quién vive la poetisa? ... ¿Zaldumbide no fue el descubridor de Teresa de la Parra?» (Brunet, «María Monvel regresa» 163-167).

Dirige de esta manera el hilo argumental de la conversación y logra una reproducción de una charla cotidiana propia de una entrevista periodística de tipo humano (Cantavella y Serrano 2004, 102).

Las preguntas que formula a sus interlocutores no son neutras ni carentes de emoción, sino que revelan a veces a una autora casi ingenua y pueril. En otra entrevista que realiza a la misma poetisa María Monvel dos años antes, en 1926, indaga sobre la estancia de la escritora en España.

—¿Cómo es Azorín? —pregunto, ya que el Maestro es mi Maestro dilecto.

—Un hombre grande, macizo, que da una sensación de fofedad, con una voz pastosa que parece salirle de la sobarba, muy callado, muy ensimismado, casi ausente, pero que de pronto, cuando se le cree más lejos, más distante de lo que te está hablando, da una opinión finísima en una frase maravillosa. Al principio rechaza, pero después que se le oye, agrada y se le quiere.

…

—¿Conociste a Concha Espina?

—No, porque no estaba en Madrid. La quieren mucho, la consideran una mujer admirable dado el esfuerzo que ha realizado, ya que ella sola ha mantenido su hogar y formado sus hijos. Pero como escritora no la toman en cuenta. Es curioso: en España los intelectuales miran a la mujer que escribe con cierta despectiva indulgencia (Brunet, «En casa» 3).

Si en sus entrevistas combina la primera y segunda persona gramatical, esta última aparece de modo exclusivo cuando Brunet escribe en formato de género epistolar, un tipo de columna con una estructura narrativa singular, lejana de las crónicas informativas que han primado en los estudios periodísticos chilenos del siglo XX y las precursoras crónicas de Indias de la etapa del Descubrimiento y Conquista de América. También resultan diferentes de la columna clásica de periodismo que expone argumentos y desarrolla una tesis.

Cronistas contemporáneos de Marta Brunet, como Jenaro Prieto, también utilizan este formato para plantear sus puntos de vista, como la audaz columna-carta que Prieto publica en 1925 para denunciar la censura que sufre luego del golpe de Estado de Carlos Ibáñez del Campo (Prieto 1955, 52).

El género epistolar también se observa en las columnas de Tito Mundt, un cronista posterior a Brunet, quien recurre a la columna-epístola en escritos tales como «Carta al Tío Sam»; «Carta abierta al Marqués de Cuevas»; «Carta abierta el Viejo Noel»; y «Carta abierta a los pedantes».

Brunet recurre a la columna epistolar en «Fragmento de un diario» (1919), que luego republica bajo el título «Del diario de una ingenua» (1927); en «Modas» (1927); «Para una novia» (1928); «Carta de una chilenita que está en Europa» (1928) y en «Carta a Eugenia María» (1935).

En «Carta de una chilenita que está en Europa» leemos: «¡No dirán ustedes que no es para morirse de pena! ¡Un vestido tan lindo en el guardarropa, no un vestido, sino una tenida completa, y esa fea lluvia cayendo interminable sin dejar salir ni siquiera un ratito a lucirla!» (Brunet, «Carta de una chilenita» 10).

Este es un pasaje de la columna «Para una novia»: «Mi pequeña querida: Me dices en tu última carta que ya tienes arrendada la casita en que vivirán una vez casada y que estás ahora en el gravísimo problema de amueblarla confortable y económicamente. Y me pides consejos. Encantada de dártelos, querida» (Brunet, «Para una novia», 3).

También utiliza la segunda persona en las columnas cuando desea interpelar a sus lectoras, como esta cita de «Americanismo también es obra femenina» (1939), en que realiza un llamado cívico a las mujeres del continente: «Sí, compañeras americanas de norte del centro y del sur, también es obra nuestra...» (Brunet, «Americanismo» 98).

En ocasiones, Brunet también recurre a la tercera persona. Es posible observarla como una narradora omnisciente en el 30,8 por ciento de los textos de la muestra. Aparece en dos escenarios específicos:

—Cuando presenta y describe a sus personajes: En el caso de las entrevistas, suele ocurrir al inicio del texto. Brunet presenta a su entrevistados con detalladas descripciones físicas, como observamos en la entrevista a la artista argentina María Luján Ortiz Alcántara (1926). Brunet la describe como «una muchacha muy joven, alta, muy armoniosa, con la cabeza cubierta por la melena crespa, observa con los ojos grandes, expresivos, la boca fresca y los dientes deslumbrantes» (Brunet, «María Luján», 3).

—Cuando retrata ambientes físicos: En estas descripciones Brunet hace gala de una pluma tan elegante como certera, logrando construir verdaderas imágenes a través de la palabra. Este es un ejemplo de la columna «El otoño en los parques» (1926):

En pleno mayo —con una que otra llovizna que parece destinada a bruñir— las avenidas de los parques arden en cálidas tonalidades de oro y cobre. Hojas grandes de castaños, plátanos, alerces y encinas; hojas pequeñas de álamos, tilos, nenias y eucaliptus, bajan lentamente, graciosas, en un vuelo de agonía, para unirse a las mil y mil hermanas que las aguardan en belleza de muerte.

Una suele revelar indecisa hasta posarse lejos: es el cobre de los plátanos. Otras, con el viento, danzan rondeles de locura antes de morir; son los oros de los Álamos. Aquellas caen agresivas; son alfanjes relucientes que lanzan los eucaliptus. Esas huyen en bandadas: son las sedas suntuosas de los alerces. Y así, unas y otras y otras, van cayendo todas (Brunet, «El otoño» 9).

Brunet utiliza la persona gramatical como un recurso en función de la historia que desea contar, y se revela como una escritora en que autor y narrador se ubican en un plano objetivo, no imaginario, para contar hechos reales en que trasluce sus conocimientos, emociones y opiniones sobre la realidad que le incumbe y afecta como cronista, entrevistadora y columnista.

En relación al aspecto y acceso exterior, Brunet se revela como narradora con acceso interior, como observo en la entrevista «María Monvel regresa» (1928): «... sumida enteramente en una poltrona, María Monvel lee, ensueña, escribe, acoge a sus visitas...Tal vez, de todas las escritoras de nuestra tierra, María Monvel es la que tiene el espíritu más inquieto y el talante más ecléctico» (Brunet, «María» 3).

Es Brunet quien decide mostrar a Monvel como una escritora que «ensueña» y con espíritu inquieto y talante ecléctico. O en este pasaje en que se adentra en los músculos de la bailarina Josefina Baker: «Toda ella está hecha de un músculo fino, elástico, pulido, trabajado por el ejercicio» (Brunet, «Josefina» 49).

«Un hombre baila» (1926) es un texto en que Brunet asume decididamente un punto de vista de narradora con acceso interior. En él realza la hazaña de su protagonista, quien baila durante cien horas, sin detenerse, para lograr un récord. «Nadie trabaja como él, nadie reza, nadie ama, nadie ríe, nadie llora, nadie odia como este hombre ... ¿Qué se propone? ¡Qué don supremo e imposible quiere arrancar a qué divinidad inexorable!» (Brunet, «Un hombre» 7).

En relación al ángulo, la escritora-periodista opta por ángulos simple y múltiple, siendo el primero más preponderante. Los textos anteriores lo demuestran, al igual que sus columnas y crónicas como «El oficio de madre» (1935), «La mujer que trabaja» (1935) y «Rodar tierras» (1930).

Excepcionalmente se sitúa desde un ángulo múltiple, como cuando entrevista a las hermanas cantantes Lily y Mecha Pérez Freire, chilenas que residen entre Buenos Aires y Montevideo. «Les han visto crecer, desarrollarse en belleza, en simpatía, en inteligencia, en voz y en interpretación...». En esa entrevista, que publica en *El Sur* en 1929, también se enfoca en la familia de las cantantes: «Luego aparece la madre, la señora María Adela de Lara de Pérez Freire. Con una gran sencillez y una suave manera se acerca al piano, se sienta, abre el teclado y espera» (Brunet, «Lily y Mecha» 193).

Aunque en la narrativización del discurso suelen desaparecer tanto las marcas y verbos de atribución, así como las oraciones subordinadas, Brunet sí los utiliza como recursos para reproducir el discurso de sus entrevistados.

Si me detengo no solo en sus entrevistas —donde es más evidente—, sino también en sus crónicas, observo que la escritora no utiliza los clásicos verbos de atribución periodística «dice», «señala» o «explica» —que suelen ir junto con comillas en el modo de citación directa—, sino que prefiere introducir directamente a sus interlocutores a partir de guiones de diálogo, marca de atribución más recurrente en la literatura y entre los periodistas literarios.

Desde mi perspectiva, el uso de guiones de diálogo facilitaría a Marta Brunet lograr un doble fin. Primero, alejarse de la rígida escritura de noticia informativa, que prefiere el uso de comillas y una redacción eficaz, pero insípida, para acercarse a una pluma con propósitos estéticos; segundo, permitir a sus lectores distinguir con claridad sus propias intervenciones de los enunciados de sus entrevistados. Con este horizonte en vista, no solo presta su voz como canal con el propósito de que un enunciador pueda expresarse, sino que resguarda la necesaria separación entre sus dichos personales y los expresados por otros (Fernández-Lagunilla y Pendones 1993, 287).

El propósito —consciente y deliberado a mi juicio—, es conocer posturas ideológicas, culturales, sociales y políticas de la autora. En otras palabras, identificar perfectamente quién opina y sobre qué.

Contraviniendo lo que establece la narrativización periodística de Saavedra, en las entrevistas de Brunet observo la imitación de registro como un recurso para evidenciar la reproducción literal de los dichos de sus personajes, con sus muletillas y registros de habla propios, como se ve en su crónica «Aguas dulces, aguas amargas: en la desembocadura del Bío-Bío» (1927).

—¿Nos puede llevar?

—¿Adónde?

—Allá, a la ensenada que está junto a las trancas.

—Es que yo iba a echar nuevamente las redes…—dice con esa maenquería que no pierde nunca nuestro roto.

—Va después… ¡Qué importa! Y desde luego le compramos el pescado que lleva ahí… ¡Son truchas!

—Sí, patrón, son truchas y lisas. Pero es que…—y sigue mirándonos desde su barca sin decidirse a acercarse.

—Ya está, pues amigo, atraque…— (Brunet, «Aguas dulces» 3).

En este pasaje, Brunet entabla un diálogo en que reproduce con precisión la chispa propia de los hombres sureños de mar con expresiones como «Es que yo iba a echar nuevamente las redes» o «Sí, patrón». Con la imitación de este registro enriquece el relato y logra la construcción de una escena fidedigna de la época. Aunque no accedo al sentimiento de desconfianza o temor del pescador desde la voz de un narrador omnisciente, se percibe con claridad a partir de los dichos literales del personaje que presenta la autora en este diálogo de la misma crónica:

—¿Penan los ahogados? ¿Hay ánimas?

—No solo hay ánimas, hasta el diablo anda por estos lados... (Brunet, «Aguas dulces»
3).

Se aprecia a su vez cómo la autora-narradora reflexiona en torno a las
aspiraciones de la familia del pescador, que prefiere que sea un hombre de estudios
y no un hombre de mar, como han sido sus padres y abuelos. No utiliza oraciones
subordinadas, pero sí se produce un cambio deíctico en que el yo del personaje se
transforma en otro, esta vez en voz del narrador.

Filosofía rara en nuestro pueblo, donde el obrero —tomando esta palabra con toda
amplitud— no se conforma con ser obrero y en vez de perfeccionarse en su labor y dentro de
ella como corresponde a su renta, aspira a saltar a otro plano, desplazándose, llenándose de
necesidades, complicándose y amargándose la vida (Brunet, «Aguas dulces» 3).

El mismo recurso observo en la crónica «La maestra rural», que publica en *El
Sur* el 3 de julio de 1927. La maestra entrevistada reflexiona en torno a la falta de
alimento y ropa de sus estudiantes y su impotencia e incapacidad de subsanar las
carencias que enfrentan. Expresa: «¡Y yo soy tan pobre que de mi sueldo es casi nada
lo que puedo disponer para una cosa así!». Se produce a continuación un cambio en
que el yo de la maestra se transforma en el yo de Brunet.

Yo entiendo que el niño debería encontrar en la escuela un hogar confortable que desde
pequeño lo hiciera tener cabal idea de lo que son la comodidad, el orden y la limpieza,
habituados a estos tres factores, de adulto, mediante el trabajo, habría que procurárselo. Si el
porvenir está en las inmensas riquezas que el campo chileno atesora, si necesitamos hombres
fuertes, equilibrados y pulcros, si los hábitos adquiridos en la niñez son los que prevalecen en
la vida entera del individuo, si estos hábitos no puede adquirirlos el pueblo sino en la escuela,
es natural que esta debiera ser un riente edificio rodeado de jardines, con ventanas abiertas a
todo aire y rayo de sol, con paredes de colores claros que irradien limpieza, con patios
cubiertos que permitan jugar a los niños en los recreos de los días lluviosos, con un refectorio
que dé al escolar el alimento suficiente para mantenerlo en salud de inteligencia, con una
enseñanza en que prime la educación doméstica y agrícola que les facilite su vida futura
(Brunet, «La maestra» 39).

La crónica continúa en primera persona, pero esta vez es Brunet narradora quien
toma la palabra, lo que en vez de confundir, enriquece el relato. Esta técnica es
utilizada por la escritora especialmente en sus crónicas, lo que revela un juego
consciente y previamente planificado.

La imitación de registro, el uso de oraciones subordinadas, guiones de diálogo,
cambio deíctico y los elementos de la situación narrativa en general, más que

limitantes de un relato, se transforman en recursos a la mano de la autora para transitar con absoluta libertad entre una narradora con acceso interior o exterior; una que cambia de punto de vista entre la primera, la segunda y tercera personas gramaticales, y una que evita las marcas de atribución más clásicas del periodismo informativo con el fin de crear textos anclados en la información veraz, pero con prosa literaria. Para la escritora, veracidad y técnica literaria no son excluyentes, sino susceptibles de fusionar armónica y naturalmente.

4.2.2. Brunet y sus seudónimos

El dilema del periodista-autor-narrador adquiere una nueva dimensión cuando este recurre a los seudónimos, que es precisamente el recurso que Marta Brunet utiliza no en una ocasión, sino en cuatro momentos de su vida periodística. En la etapa más temprana de su carrera reporteril, cuando es una veinteañera a principios de los años 20 y publica en los diarios *El Día* y *La Discusión* de Chillán, firma algunos de sus escritos como Miriam; luego, en 1935, ya radicada en Santiago, oficia como colaboradora de revista *Ecrán*, *magazine* donde cuenta con una sección en que firma Aladina; en paralelo utiliza los seudónimos de Isabel de Santillana y la Hermanita Hormiga en sus escritos de revista *Familia*. Podría especular incluso sobre si Brunet recurre a otros seudónimos; por ejemplo, la Dama del Antifaz, otro apodo que se le ha atribuido, pero no cuento con evidencias comprobables de aquello.

No revelar su nombre real en las columnas resuelve el dilema de un periodista-autor-narrador que necesita sacar a la luz realidades sociales incómodas y no ser sancionado por ello. La pregunta es ¿por qué Brunet no quería ser individualizada?

Probablemente la respuesta se encuentra al observar la práctica del uso de seudónimos entre las mujeres letradas del siglo XIX y principios del XX.

Aunque era una costumbre que las mujeres españolas y latinoamericanas de la aristocracia y burguesía recibieran instrucción en letras, matemáticas e idiomas cuando eran niñas y jóvenes, no se esperaba que ejercieran ninguna función de carácter intelectual. Al contrario, la sociedad las consideraba personas incapaces de contener sus pasiones, por lo que mantenían una condición de dependientes. Podían convertirse en escritoras solamente si no perdían el pudor, el sentimiento de recogimiento ni se le despertaban pasiones peligrosas, como se propugnaba en el ensayo «El destino de la mujer», de Gonzalo Morón de 1884 (De la Guardia 2009, 4-6).

Muchas escritoras optan, por lo tanto, por la firma híbrida. Acuden a sus nombres y apellidos reales para temas en que se sienten autorizadas, como la literatura romántica, poesía y comedias. Sin embargo, para aquellos trabajos en que abordan temáticas que se alejan de lo esperado para el género femenino, como artículos de prensa o reflexiones políticas o legales, prefieren los seudónimos. Ser una mujer periodista librepensadora se juzgaba como un escándalo social.

Middlermarch: un estudio de la vida de provincia, publicada en 1874 y considerada una de las mejores obras de la literatura inglesa, es firmada por George Eliot, cuando en verdad la autora es la escritora Mary Ann Evans; George Sand, otro autor prolífico de la época en realidad es Amantine Dupin; o las hermanas Brontë, que firman Currer, Ellis y Acton Bell; en España es un emblema de la literatura y el periodismo de principios del siglo XVIII el seudónimo Fernán Caballer que oculta a la escritora Cecilia Böhol de Faber y Larrea.

Otro ejemplo es el de la escritora Rosario de Acuña, quien firma sus obras teatrales como Remigio Andrés Delafón y Gertrudis Gómez de Avellaneda que utiliza los seudónimos de la Peregrina, Felipe Escalada, la Golondrina y Dolores Gil de Tabeada (De la Guardia 2009, 9-10).

Entre las latinoamericanas y chilenas, ya he nombrado los casos de Rosario Orrego de Uribe, que firma como Una Madre, o de Inés Echeverría Bello, quien publica de manera anónima su primera obra *Hacia el oriente*, y más tarde opta por firmar Iris, en honor a la mensajera de los dioses griegos. Contemporáneas de Marta Brunet son Elvira Santa Cruz, quien firma sus crónicas en el diario *El Mercurio* bajo el nombre de Roxane; Delia Garcés, que se hace llamar Delie Rouge en sus escritos del folletín *Mis Observaciones* y en su obra *Los fracasados* y Zoila Zenteno, que recurre al nombre de Vera Zouroff en sus controversiales ensayos para abogar por la liberación de la mujer.

La sociedad chilena de principios de siglo, al igual que otras de la época, constriñe las aspiraciones literarias, políticas y culturales de la mujer letrada, por lo que el uso de seudónimos es la única manera para denunciar las desigualdades que experimenta el género, y la única forma de evitar la sanción social.

Si bien Marta Brunet utiliza seudónimos durante las etapas periodísticas que he llamado «Reportera en formación» (1919-1924) y «Periodista prolífica» (1925-1939), no observo diferencias significativas en las temáticas que aborda con su nombre y apellido reales y sus seudónimos, por lo que me atrevo a afirmar que la escritora no temía la sanción social, a excepción de cuando se inicia en el periodismo. Es una joven sin experiencia profesional y experimenta el repudio de la alta sociedad chillaneja tras la publicación de su primera novela. Incluso este episodio ella lo recuerda con humor en sus entrevistas de prensa («Marta Brunet fue calificada como inmoral y hereje» 59-60).

Ya avecindada en Santiago, en cambio, su impronta periodística en las revistas *Familia* y *Ecrán*, la impulsa a ser arrojada e independiente, haciendo de esta manera honor a la tradición del periodismo que lo eleva a la categoría de Cuarto Poder. Esto es, una actitud vigilante y crítica (Dader 2014, 637).

Si firma gran parte de sus textos reivindicativos con seudónimos es para resguardar su fuente laboral. Sabemos que, para Brunet, el periodismo era una forma de ganarse la vida, por lo que haber publicado con su nombre real le habría costado un eventual despido y el fin de su independencia económica. En definitiva, lo que busca es difundir ideas progresistas desde el interior de las revistas cuyos propietarios pertenecen a los sectores conservadores de la sociedad, es decir, una suerte de revolución desde el interior de la élite.

En 1918, cuando se inicia en el periodismo, Marta Brunet vive en un segundo piso de una casa alta, al llegar a la Plaza de Armas de Chillán. En esos días forma parte del círculo de arte con otros literatos y poetas. Uno de sus amigos de Chillán, Tomás Lago, recuerda a la Brunet de esa época: «Parecía haber crecido de repente, usaba unas grandes faldas casi monacales, de colores neutros y se enrollaba las trenzas alrededor de las orejas como auriculares telefónicos» (Lago 2014, 102).

Eran los tiempos en que sus escritos aparecen en los diarios locales *El Día* y *La Discusión*, los que firma solo con sus iniciales, MB, o bajo el nombre de Miriam. El literato Tomás Lago decía que pocas personas en la ciudad de Chillán sabían esos días que Brunet oficiaba como periodista. «Durante mucho tiempo nadie supo que estos artículos pertenecían a esa jovencita un poco desabrida que veíamos pasar acompañada de su madre camino a la iglesia a la hora de los oficios» (Lago 2014, 101).

En este periodo firma cuentos y escritos periodísticos como Miriam. Son ejemplos los cuentos «Había una vez un rey» (1919); «La mató el amor» (1918); «El perro Boby» (1919); «Tríptico» (1918) y «La maestra rural» (1919), una de las crónicas más celebradas de su obra periodística. Esta aparece por primera vez en el diario *El Día* bajo la firma de Miriam. Recién ocho años después, en 1927, cuando vuelve a editarla para el diario *El Sur*, la firma con su nombre real.

Es posible que en estos primeros años la necesidad de acudir a un seudónimo no haya sido literaria ni periodística, sino social y familiar. Aún es una reportera en ciernes y no olvidemos que los Brunet Cáraves eran inmigrantes burgueses españoles apegados a la tradición católica. Es probable que la joven autora no haya querido exponerse a las reprimendas paternas por sus incursiones periodístico-literarias. De esta manera, firmar como Miriam podría relacionarse más con cuestiones morales y sociales que con razones de índole estética (Carvajal 2017, 851).

Aunque con la firma de Miriam se han rescatado solo tres textos que podrían calificarse de literario-periodísticos, considerando su escritura y naturaleza de la información que entregan —estos son «Fragmentos de un diario» (1919), «La maestra rural» (1919) y «Nocturno» (1919)— en ellos ya se advierte cómo Brunet ensaya registros de escritura de periodismo literario que luego desarrollará con mayor profundidad en sus crónicas de la sección *Kaleidoscopio* del diario *El Sur*, a partir de 1926, y luego en su etapa de periodista prolífica en las revistas *Familia* y *Ecrán*.

Algunos se caracterizan por detalladas descripciones de escenas campesinas y otros por una sutil ironía en el retrato de las frívolas costumbres de las muchachas de clase alta de la ciudad, y que con los años Brunet transformará derechamente en columnas de crítica social que firmará con su nombre real.

En estos primeros escritos, los géneros literarios y periodísticos se funden y confunden en fronteras imprecisas e híbridas, por lo que me atrevo a calificarlos como los primeros esbozos del periodismo literario de Marta Brunet. No son propiamente cuentos de ficción, sino relatos o «impresiones narrativas» (Carvajal 2017, 850). Tampoco se pueden categorizar como crónicas periodísticas. Aunque en ellos se aprecia una mirada original de autor y un ensamblaje entre la escritura literaria y la información —características de la crónica reporteril— no cumplen con los requisitos de verificación y veracidad de los acontecimientos como exigencias mínimas de un texto periodístico.

No tenemos certeza de si lo relatado es resultado de una experiencia personal biográfica real o de una acción de la que Brunet es testigo como reportera. No conocemos dónde ocurren con exactitud los acontecimientos narrados ni tengo cómo verificar su veracidad, por lo que me pregunto cuánto de realidad y cuánto de ficción existe en estos escritos. ¿Son netamente literarios resultado únicamente de la imaginación creadora de la autora o se originan en sucesos reales susceptibles de informar por su interés social? No podemos responderlo con precisión, pero sí aventurar que podría tratarse de un ejercicio de autoficción al potenciar la fuerza de lo ambiguo hasta el límite de las posibilidades (Giordano 2013, 12).

En la crónica «Nocturno» (1919), por ejemplo, Brunet relata un melancólico paseo por calles sinuosas, rincones sombríos y silencios tensos, pero no se sabe en qué lugar preciso se encuentra, solo puede sospecharse que ocurre en el sur de Chile.

> En estas claras noches estivales, me agrada vagar por la única calle del pueblecito. Es una larga calle serpenteante, bordada de viejos caserones que parecen dormitar perezosos a la sombra de añosos árboles. Los grandes portones coloniales de estas casonas se abren hospitalarias dejando ver rientes patios floridos en que una fuente narra consejas (Brunet, «Nocturno» 784).

En «Fragmento de un diario» (1919), que firma como Miriam, en tanto, observamos el mismo formato discursivo y tono de escritura a los que recurrirá en sus columnas «Carta de una chilenita que está en Europa» (1928) y en «Para una novia» (1928), en que hace gala de una escritura fresca y satírica. Estas dos últimas se publican casi diez años después de «Fragmento de un diario», y Brunet las firma con su nombre real. Hago hincapié en este detalle porque es una evidencia de que la temática de la escritora como Marta Brunet y como Miriam no revela grandes diferencias.

Tanto «Fragmento de un diario» (1919) como «Carta de una chilenita que está en Europa» (1928) y «Para una novia» (1928) giran en torno a alguna jovencita que relata sus andanzas, amores y desamores. Nuevamente no tenemos conocimiento de si estos textos son solo ficción, pero sí que retratan con fidelidad los círculos burgueses por los que Marta Brunet transita en Chillán de los años 20 y Santiago, de los 30. Miriam, es decir, Marta Brunet, expresa en «Fragmento de un diario»:

Fui a misa de ocho con la Peta. Al volver a casa lo encontré camino del tenis. Hizo un movimiento como para detenerme; pero siguió adelante haciéndome un ceremonioso saludo. Debe estar enojado como yo lo temía. Si esta noche lo veo en la fiesta de las Gana le pediré perdón con toda humildad; estoy resuelta a ello... He vacilado mucho en la elección del traje que llevaré. Toda la tarde estuve probándome vestidos y con todos me encontraba horrible... (Brunet, «Fragmento» 778).

Es posible que haya ficcionado a partir de sus experiencias personales o de lo observado como testigo privilegiado de ese círculo social. Ya Aristóteles señalaba que, en la forma narrativa, el poeta puede asumir diversas personalidades, tal como hacía Homero, o hablar en su propio nombre, permaneciendo él mismo, sin trasposición alguna (Aristóteles 2001, 124).

Uno de los hallazgos de esta investigación es que Brunet publica una versión corregida de «Fragmento de un diario» ocho años después, el 10 de julio de 1927, en el diario *El Sur*, esta vez con su firma real y bajo otro título: «Del diario de una ingenua». La protagonista de esta columna escrita con formato de diario de vida sigue siendo la joven Tita, quien entre ires y venires de fiestas, conversaciones con su abuela y diálogos con su enamorado Fernando, declara que lo ama y desea casarse con él.

En la versión de 1927, Brunet ya vive en Santiago y se ha incorporado a la escena cultural y social de la capital. El texto es prácticamente el mismo de 1919, salvo algunos detalles que precisan con mayor realismo las costumbres sociales de la época. Las hermanas Gana aparecen nuevamente, tal como en 1919, pero adquieren mayor protagonismo, y las nombra más de una vez para recalcar que estamos frente a una distinguida familia: «Llegamos al baile después de medianoche. Los salones estaban ya repletos. En la entrada del hall las chiquillas Gana hacían los honores de la casa con esa distinción que nadie más que ellas tienen. Por algo se han educado en Londres» (Brunet, «Del diario» 3).

En la versión original de 1919, que Brunet firma como Miriam, no aparece la referencia a Londres como lugar de educación, una ciudad anhelada para la élite santiaguina, ni tampoco hace alarde del castizo apellido de las anfitrionas (Gana), sino que solamente señala: «En el *hall*, María y Eugenia hacían los honores de la casa con esa gracia exquisita que nadie posee» (Brunet, «Fragmento» 779).

El mismo tono de jovencita *socialité* boba muestra en «Carta de una chilenita que está en Europa» (1928) y en «Para una novia» (1928), que también se presentan en formatos de diarios íntimos. En este último, es una tía mayor quien escribe a su sobrina a punto de casarse, entregándole las indicaciones necesarias para decorar su hogar. Pasa revista a todas las habitaciones, deteniéndose en la cocina, el corazón de la dueña de casa desde su mirada.

Me parece que la cocina ha de tener tantos refinamientos y coqueterías como el resto de las habitaciones. No hay nada que dé más mala idea de una dueña de casa que una cocina fea, sucia, sin higiene ni agrado. La cocina debe ser la pieza más asoleada, más ventilada y más aseada (Brunet, «Para una novia» 3).

Se refiere luego al novio como «ese buen muchacho que en unos meses será tu marido», y entrega los mejores augurios a la futura casada, asegurándole que se encuentra muy bien preparada para su nueva vida: «Sé lo espléndida dueña de casa que eres, gracias a las enseñanzas de esa excelente tía Micaela que te educó "a la antigua" y que no hubo prolijidad de aguja y de reportero que dejara de enseñarte» (Brunet, «Para una novia» 3).

«Carta de una chilenita que está en Europa» (1928), por su parte, que firma con su nombre real, es una muy lograda parodia de la frivolidad de la clase alta chilena, en que nuevamente menciona a algunas de las familias más tradicionales del país, esta vez totalmente reconocibles en la endogámica clase aristócrata santiaguina. Aunque los políticos Arturo Alessandri y Eleodoro Matte aparecen sin sus apellidos, solo con sus nombres de pila, la escritora entrega suficientes guiños para que los lectores que frecuentan ese círculo social los identifiquen con facilidad.

Se refiere, por ejemplo, «a los cachorros de don Arturo» para hablar de Arturo Alessandri, presidente de Chile en dos periodos, entre 1920 y 1924 y luego 1932 y 1938, y quien era conocido por su afición a los perros. O describe el aspecto de "gato adormilado" de "don Eliodoro", para referirse a Eliodoro Yáñez, ministro y senador del Partido Liberal chileno, que entre 1927 y 1931 vivió en París tras ser exiliado por el gobierno del militar Carlos Ibáñez del Campo.

A otros chilenos los menciona con apellidos para identificarlos con mayor precisión. En la columna-epístola menciona a Domingo Amunátegui, ministro de Alessandri y quien fuese rector de la Universidad de Chile; a Alicia Cañas, quien en 1935 se convertiría en alcaldesa y que en ese tiempo vivía en París; al escritor Arturo Lamarca Bello, casado con Marta Subercaseaux, y a Óscar Edwards Bello, director de revista *Paliques* y hermano del influyente cronista Joaquín Edwards Bello.

Así como no es azaroso que Brunet ensaye un registro de escritura y lenguaje un tanto satírico, tampoco es casual que el título de la columna sea «Carta de la chilenita que está en Europa» si pienso que para la élite política y cultural santiaguina de esta época establecerse un tiempo en el Viejo Continente y en Francia, particularmente, era visto como un viaje de iniciación social y cultural. No aprecio en esta columna ningún temor de la autora a la sanción social, sino un arrojo de quien se siente parte del círculo social. De este modo escribe Marta Brunet con su nombre real:

Biarritz está lleno de chilenos. Vieras. En primer lugar don Arturo, siempre tan encantador. Yo lo adoro. Lo adoro a él, a Rosa Ester, a los cachorros, a toda la familia. Pero si he de serte sincera adoro más a los cachorros. Son estupendos, sobre todo Jorge. También está don Eliodoro, siempre con su aspecto de gato adormilado pero que no por eso deja de darse cuenta de todas las mujeres bonitas que pasan. Está Domingo Amunátegui, con su mujer, ella preciosa y elegante, es una silueta que llama la atención. La Alicia Cañas es otra preciosura ... Arturo Lamarca con la Martita hacen una pareja que es el centro de la buena charla ... También los adoro. Otro día vi a Oscar Edwards Bello con su mujer y a Miguel Zañartu con la suya (Brunet, «Carta de una chilenita» 3).

En estos escritos, Brunet, primero como Miriam y luego con su nombre real, retrata con precisión y una dosis de ironía al tipo de jovencita que criticará duramente años después en sus columnas de revista *Ecrán* y *Familia* porque tienen como único afán en la vida encontrar marido y gozar de la temporada social sin aspirar a un desarrollo intelectual ni profesional.

En 1919, sin embargo, evita exponerse con su nombre y apellido reales. Como señalé, aún vive en el pueblo pequeño de Chillán, aún es joven y teme a la sanción familiar. En 1928, en cambio, tiene poco más de treinta años, ya se ha asentado en la capital de Santiago, es independiente familiar y económicamente y ha recibido la influencia de sus pares del feminismo laico y del progresismo. Sigue, sin embargo, utilizando un seudónimo porque es una forma de criticar con libertad a las jóvenes de clase acomodada sin perder su fuente laboral. Es una época en que la escritora vive de su literatura y del periodismo.

En 1935, Marta Brunet, inicia su labor periodística en *Ecrán*, una revista chilena dedicada al cine que se funda en 1930 y se edita hasta 1969, y que a lo largo de su existencia es cuna de próceres del periodismo chileno como Tito Mundt y María Romero, además de Marta Brunet y el crítico Hernán Díaz (Alone). La llegada de la escritora-periodista es recibida con beneplácito por la revista, dedicándole un elogioso párrafo que reproduzco:

Grata noticia constituirá para nuestro público lector saber que la conocida y destacada escritora nacional, Marta Brunet, colaborará permanentemente en nuestra revista. Conocida es la labor de esta novelista que, a un estilo recio y preciso, une la cualidad, no siempre muy desarrollada en nuestros escritores, de tener algo que decir («Marta Brunet colaborará en Ecrán» 1).

Como se observa, en 1935, Brunet ha dejado atrás a esa joven provinciana que ejerce como corresponsal para los diarios de provincia y se ha convertido en una escritora prestigiada en la escena cultural santiaguina que tiene la cualidad poco habitual «de tener algo que decir», por lo que su aterrizaje periodístico en el *magazine* amerita amplia difusión. Dicho en lenguaje periodístico, Marta Brunet se ha convertido en «un nombre» o «una firma», lo que asegura prestigio y periodismo de calidad a la revista.

Desde esa perspectiva se entiende que entre 1935 y 1936 *Ecrán* funde especialmente para ella una sección fija dentro de sus páginas. En «Alrededor de una mujer», Brunet escribe reseñas de literatas, actrices, artistas, chilenas y extranjeras, que firma con su nombre real y que elige según su voluntad. Esto se evidencia en la variedad de nombres y oficios que destaca. Desde la poetisa Gabriela Mistral a la profesora Amanda Labarca; desde la piloto Anna Morrow a la actriz Berta Singerman.

En *Ecrán*, sin embargo, también publica textos con el seudónimo de Aladina, cuya pluma no es precisamente condescendiente con las vicisitudes del género femenino, sino al contrario. Aladina interpela a la mujer para que se eduque, instruya y progrese, haciendo gala de un estilo asertivo, directo e incluso rudo. En este sentido, estos textos presentan pocas diferencias temáticas y de estilo con las columnas que escribe bajo la firma de Isabel de Santillana en revista *Familia* en los mismos años.

En «Carta a Eugenia María» (1935) vemos que recurre al mismo formato discursivo de carta que usa en «Diario de una ingenua» (1927), «Carta de una chilenita que está en Europa» (1928) y «Para una novia» (1928). Nuevamente critica con encono a aquellas jóvenes cuyo único propósito en la vida es lograr un matrimonio conveniente. No es la mujer, no obstante, dice Aladina, la responsable de ese destino, sino la sociedad que la aprisiona. En una de sus columnas vemos la pluma afilada de Aladina reclamando a una lectora:

Todas sus desgracias, mi linda amiga desconocida, vienen de su mala educación intelectual y sentimental. A través de su carta se me presenta usted como una víctima del destino y del hombre. No. Usted solamente es víctima de sí misma del medio en que se ha desarrollado. Usted ha hecho del amor el único eje de su vida y todavía de un amor que quiere «ser eterno»... Amiguita: En este año 1935, las mujeres tengan el temperamento que tengan y hayan crecido en el medio que hayan crecido ... deben a la humanidad su concurrencia de trabajo en bien de todos (Brunet, «Carta a Eugenia María» 48).

En otro escrito, esta vez en formato de columna en primera persona, titulada «No siempre el tiempo pasado fue el mejor» (1935), habla a las mujeres para que reconozcan la labor de las antecesoras que abrieron el camino a la mujer y olviden a aquellas que poco hicieron por lograr progresos para el género femenino.

El tiempo pasado, bien pasado y lejano fue, según dicen, delicioso para la mujer dormida en una especie de «marmotismo». No vale la pena hablar de ellas. Se dice también que fueron muy femeninas, pero es muy sospechoso el que «femenina» tome en la frase acepción de «boba». Las otras, las que estuvieron junto a nosotras, inmediatamente detrás, sí que tuvieron mérito y a ellas debe ir nuestro agradecimiento mayor. Lucharon, fueron muy vejadas y muy combatidas, pero al fin abrieron brecha y lograron su anhelo. Cuando salimos nosotras al campo de acción encontramos que todo estaba llano y que cada cual podía emplearse a medida de sus predilecciones (Brunet, «No siempre» 29).

Aladina también inaugura en *Ecrán* la sección mensual «Opino yo», que se publica en la misma página de «Alrededor de una mujer», que Marta Brunet firma con su nombre y apellidos. «Opino yo» es un espacio de intercambio y correspondencia con las lectoras donde la escritora-periodista les propone inquietudes de índole cinematográfica para que estas opinen. Es una sección muy lúdica, en la que Brunet se percibe a sus anchas, relajada, interactuando con sus lectores en un plano de conversación cotidiana. No hay, por lo tanto, ningún tono reivindicativo, sino solo de juego. En «Temas de noviembre», por ejemplo, les plantea la amenaza que significaría para la actriz Greta Garbo la irrupción de Elisabeth Bergner, una estrella de cine emergente. Así habla Brunet en la voz de Aladina:

Hasta hace poco nadie se habría atrevido a colocar cerca de Greta a otra estrella de cine, como posible rival. Marlene Dietrich, Joan Crawford, tienen cada cual su dominio, lejano y distinto al de la «sueca», calificada siempre de «única»… Pero de pronto aparece una artista, de simple línea interpretativa, sin artificio alguno que la realce. Ni siquiera maquillada … Elisabeth Bergner se coloca tan alto, tan alto, que las otras «estrellas» quedan atrás, con la amenaza de ser eclipsadas. ¿No cree usted que el imperio de Greta peligra? (Brunet, «Temas de noviembre» 18).

Al igual que con «La maestra rural» y «Fragmento de un diario», que Marta Brunet publica en 1919 por primera vez bajo la firma de Miriam y luego reedita en 1927 y 1928 en el periódico *El Sur* con su firma real, con Aladina recurre a la misma estrategia. Durante esta investigación he descubierto que en 1930 publica la crónica «Rodar tierras» como Marta Brunet en *El Sur,* y luego, en 1935, aparece el escrito «Vida y andanzas de Ernesto Morales» bajo el seudónimo de Aladina en la revista *Ecrán.*

Ambas entrevistas relatan el inesperado reencuentro de Brunet con un exmozo de la hacienda de su infancia que termina como un trotamundos en Hollywood. Prácticamente no hay diferencias en estos escritos.

Bajo la firma de Aladina en *Ecrán* aborda temáticas femeninas muy similares a las de Isabel de Santillana en la revista *Familia*. Como Aladina, por ejemplo, menciona el derecho de la mujer a estar sola en la columna «Estampas contrapuestas» (1935).

Entre otras cosas, la mujer del momento ha ganado el derecho a la soledad, sin tener encima los ojos sospechosos de nadie. Puede ir sola en su coche, puede entrar a un salón de té y tomar lo que le apetezca, puede sentarse en un parque a leer un libro, puede concurrir a un teatro, puede irse sola en viaje, puede aislarse en su propio hogar. Y no hay quién se permita una frase que rompa su deseo de aislamiento (Brunet, «Estampas contrapuestas» 51).

Como Isabel de Santillana titula «El derecho a la soledad» (1935) la columna en que ahonda en este punto detalladamente.

Y si ese deseo de aislamiento la llevaba fuera, a la calle, a un paseo, a un parque, a un salón de té, a un teatro, la alarma era aún mayor, porque esa actitud creaba a la mujer una especie de halo sospechoso y las preguntas se unían entonces a una serie de puntos suspensivos. ¿Por qué sale sola? ¿A dónde va, que no quiere que la acompañen? ¡Yo la he visto por ahí! ¡En buenas cosas no andará…! (Brunet, «El derecho a la soledad» 75).

Es importante notar que tanto las revistas *Ecrán* como *Familia* pertenecen al mismo conglomerado editorial chileno, la empresa *Zig-Zag*, y ambas se dirigen a una audiencia similar: la mujer de clase acomodada-tradicional. Firmar con seudónimos en ambos *magazines* otorga a Marta Brunet una serie de ventajas: difundir sus mensajes progresistas a favor del género femenino en un público más amplio; aumentar sus ingresos económicos para su subsistencia al colaborar en dos revistas; y finalmente resguardar su identidad, que no solo le evita una eventual sanción social de la audiencia más conservadora de las revistas, sino también el reclamo de sus editores por compartir temáticas y agendas periodísticas en medios de prensa distintos. No olvidemos que Brunet es presentada como una contratación especial de *Ecrán*, y ejerce en un momento en que el periodismo se moderniza y con ello irrumpe un competitivo mercado editorial chileno. La evidencia más clara de lo anterior es que la escritora es presentada por *Ecrán* a sus lectoras como una colaboradora permanente «con la cualidad, no siempre muy desarrollada en nuestros escritores, de tener algo que decir» (Ecrán 1).

Isabel de Santillana es el seudónimo que Marta Brunet escoge para firmar las columnas que publica desde 1935 hasta 1939 en la revista *Familia*, es decir, durante todo el periodo en que oficia como redactora y luego directora de ese *magazine*, propiedad de editorial *Zig-Zag*. Coincide además con los años de esplendor de esa revista, que circula primero entre 1910 y 1928 y luego entre 1935 y 1940.

La revista, dirigida a mujeres de élite y letradas, durante su primera etapa impulsa la fundación de El Círculo de Lectura y el Club de Señoras, instituciones que promueven la educación femenina. En sintonía con estas instituciones, *Familia* incentiva los derechos femeninos, pero con un sello conservador, haciendo honor a su lema, «La revista del hogar y del niño».

Durante el periodo en que Brunet es redactora y luego directora, *Familia* cambia su lema a «La revista hecha por mujeres chilenas para las mujeres chilenas», lo que revela la impronta de la escritora. Aunque continúa con las clásicas secciones de los *magazines* femeninos de la época —decoración, crianza, moda, cocina, amor y matrimonio— *Familia* incorpora las arrojadas columnas de Isabel de Santillana, quien aboga por mayores libertades para la mujer.

La investigadora Sonia Montecino señala que Brunet habría recogido el seudónimo de Isabel de Santillana inspirada en Sor Juana Inés de la Cruz, figura insigne de las letras hispanoamericanas del siglo XVII (Montecino 2021, 86). Desde mi perspectiva, en cambio, el seudónimo es prestado de la madre de Sor Juan Inés de la Cruz, cuyo nombre era precisamente Isabel Ramírez de Santillana.

Para Brunet, tanto Isabel Ramírez de Santillana como Sor Juan Inés de la Cruz habrían sido figuras significativas de la lucha de los derechos femeninos. Mientras Isabel Ramírez de Santillana era una criolla mexicana de fuerte personalidad, que tuvo dos matrimonios y seis hijos, y quien dirigía sola la hacienda familiar, Sor Juana Inés de la Cruz fue una religiosa arrojada, polifacética y de inteligencia superior. A través de su prosa literaria y su poesía, luchó incansablemente para abrir espacios vedados para la mujer en un mundo varonil, escandalizando a la sociedad por opinar sobre asuntos religiosos y culturales.

Si se considera la tradicional sociedad santiaguina en la que transita Marta Brunet y el contexto normativo en que se desenvuelve, un seudónimo con raigambre castiza —Isabel de Santillana— le habría otorgado una voz de autoridad ante las lectoras, y, por otro lado, la escritora honraría a sus propios ancestros hispanos. Recordemos que Brunet era hija de inmigrantes españoles avecindados en Chile.

A diferencia de algunas literatas del siglo XIX que eligen seudónimos masculinos para legitimar sus escritos, Brunet no opta por travestirse, sino por validar sus textos transgresores con un seudónimo femenino que además es consistente con el antetítulo de *Familia*, «Una revista hecha por mujeres chilenas para las mujeres chilenas». Una mujer aconseja a otra de su misma clase. ¿Qué podría ser aparentemente menos subversivo en una revista femenina?

No obstante, si se leen con detalle las columnas publicadas bajo el nombre de Isabel de Santillana, podría afirmar que son los escritos periodísticos más transgresores de Brunet.

Isabel de Santillana goza de una pluma ruda y sin ambages que cuestiona los paradigmas que relegan a la mujer solo a la domesticidad. Isabel de Santillana se resiste a que la mujer no ejerza su derecho a trabajar fuera del hogar; se niega a que no tenga la opción de romper su matrimonio; se rebela a que no goce de espacios de soledad en la intimidad de su hogar sin dar cuentas a nadie.

Isabel de Santillana, el alter ego más representativo de Marta Brunet, nos propone un modelo de mujer sin más fronteras que su propia capacidad y deseos, una mujer capaz de hacer todo y más si lo anhela. Y para lograrlo, escoge el formato de columna, el género de opinión por antonomasia en el periodismo.

Isabel de Santillana opta por el formato columna por ser el que mejor se adapta para persuadir a su audiencia de sus propósitos. «Saber defender la tesis más probable, tal es la tarea de la retórica» (Aristóteles 2001, 37).

En su columna «La mujer que trabaja» (1935), por ejemplo, reclama:

En el año que corremos, con todas las prerrogativas que la mujer ha adquirido y que solo se deben a sus méritos, teniendo en nuestro país intervención en la cosa pública que le da derecho a voto municipal, con leyes que la independizan de toda tutela, resulta un poco grotesco que se la quiera limitar a ciertas actividades, vedándole otras (Brunet, «La mujer que trabaja» 85).

Si aboga por la libertad al trabajo, su postura frente a la indisolubilidad del matrimonio resulta una transgresión absoluta en una sociedad en que la iglesia católica posee una ascendencia relevante. Un texto como «Ni contigo ni sin ti» (1935) tal vez es esperable en alguno de los periódicos del feminismo popular obrero que circulan en este periodo, en vez de una revista como *Familia*. En esta columna, Isabel de Santillana cuestiona directamente al «amor para siempre» y las asimetrías en una relación de pareja en que el hombre manda y la mujer obedece; el hombre en la calle y la mujer en la casa, sin respeto por las personalidades de cada uno.

Ni yo te obligo ni tú te impones. Ser tolerante, ser oportuno, ser comprensivo. El amor no es eterno —si lo fuera por milagro, tanto mejor— y está sujeto a ondulaciones, curvas de un gráfico que a veces se deshace en el desamor. Hay que cultivarlo, siempre, pero a radiosa luz meridiana. Si a pesar de todo, muere, hay que saber enterrar su recuerdo dignamente y hacer un culto de lo que fue (Brunet, «Ni contigo ni sin ti» 82).

Sagaz, Isabel de Santillana sabe que «juega con fuego» cuando plantea cuestiones que pueden provocar la ira de la iglesia, por lo que recurre a la misma promesa del sacramento matrimonial, «Compañera te doy, pero no sierva», pero con una nueva interpretación, como vemos en su columna «Ellos y nosotras», que publica el 28 de agosto de 1935. En este escrito expone que los cambios que llevan a la mujer moderna a integrarse al trabajo y al estudio, no son una amenaza para el marido, ni tampoco un campo de competencia o antagonismo, sino «la imperiosa vigencia de ser la compañera integral» que puede ayudar al hombre en su batalla diaria por el bienestar de la familia. Leemos en este extracto:

«Compañera te doy, pero no sierva», dicen las palabras que unen en el sacramento del matrimonio religioso. Y eso es lo que la mujer moderna —tenga la ideología que tenga— está realizando en lo actual. Compañera del hombre, de la mano de él, por el camino llano o áspero, con todas las responsabilidades y todas las obligaciones compartidas (Brunet, «Ellos y nosotras» 94).

Aunque Marta Brunet con su *alter ego* Isabel de Santillana prefiere la columna periodística para interpelar a sus lectoras, excepcionalmente publica relatos en que nuevamente lo literario y periodístico se cruzan y funden en fronteras imprecisas entre lo real y la ficción. Se trata, de alguna manera, de escritos continuadores de lo realizado por Brunet en su etapa de «Reportera en formación», en que firma como Miriam. En «Una historia que podría ser verdadera» (1935) observo un relato que se basa en un hecho real que es ficcionado por la autora. A diferencia de los escritos de Miriam, esta vez la narradora declara su carácter de ficción en el título.

La protagonista es una muchachita de alcurnia «que no hace nada», sino que pasa sus días pensando en cómo matar el tiempo entre ir a pasear en auto o asistir a una función en los cines Crillón o Savoy, que son las salas de moda. Nuevamente vemos a la muchacha frívola que Brunet retrata bajo los seudónimos de Miriam y Aladina. Esta vez, sin embargo, esta joven tiene un abrupto choque con la realidad al visitar un conventillo, de los muchos que proliferan en Santiago de los años 20 y 30. Allí se encuentra con una familia en que el marido no tiene empleo y la madre, además de hacerse cargo del trajín doméstico y de sus cinco hijos, es lavandera. La impresión es desastrosa. La joven se avergüenza de su inutilidad y de las afirmaciones que han resonado en sus oídos desde que es niña: que no vale la pena ayudar a los pobres porque son unos desagradecidos; que lo único que conseguirá serán malos ratos. La joven se repone y reflexiona:

Miseria. Hambre. Falta de lo esencial. ¿Cómo puede existir tal cosa?... Recuerda cómo dilapida el dinero en futilezas. Con lo que ella gasta en una cartera esta familia viviría holgadamente un mes entero. La subleva el pensamiento de la injusticia social, en que hasta entonces no había reparado. Una ola de indignación le sube a la garganta. Ella no sabía… y esto es solo justificativo. Pero ahora sabe. Ha visto. Ha oído. Y algo puede remediar... (Brunet, «Una historia» 91).

Aunque las lectoras reconozcan el carácter ficcional de «Una historia que podría ser verdadera» identifican espacios reales: los teatros santiaguinos (Crillón y Savoy); los barrios de clase popular («Viven en un conventillo, húmedo y mísero»); las frases que resuenan en la mente de la protagonista («Son gentes distintas a nosotros; hay que dejarlos en su medio») (Brunet, «Una historia» 90).

Brunet, a través de la voz de Isabel de Santillana, interpela a sus lectoras a que abandonen su posición de comodidad y rompan sus prejuicios de clase; evidencia «la cuestión social» chilena que se venía denunciando en el país desde la década anterior en una revista aparentemente para mujeres bobas, y ensaya un registro escritural literario-periodístico.

Postulo que Isabel de Santillana es, por lo tanto, el *alter ego* que mejor refleja la impronta de Marta Brunet como una periodista literaria de su tiempo: una reportera de escritura versátil y que cumple con el rol social del periodismo de servir como foro para el intercambio de comentarios y críticas, ofrecer una radiografía representativa de los grupos que componen la sociedad y presentar y clarificar los propósitos y valores de la sociedad (Hutchins 1947, 20-29).

La utilización del nombre de la Hermanita Hormiga, en cambio, podría obedecer a una lógica diferente a los otros seudónimos que utiliza Marta Brunet. Como la Hermanita Hormiga no busca reivindicaciones de género explícitas, sino que establece gestos políticos subrepticios, porque debe resolver la gran tensión de la mujer progresista de su época y que se encarna en el feminismo laico-mesocrático en que se desenvuelve la autora.

Me refiero a la tensión existente entre abrazar el progresismo ideológico de la mujer moderna que reivindica sus derechos y al mismo tiempo reverenciar la tradición que encarna a una mujer en su cocina y sus recetarios. En otras palabras, se trata de una existencia doble de la autora para adaptarse a las normas y conservar las apariencias bajo la oposición ser/parecer, y que se manifiesta en su representación de la cocina (Montecino 2021, 84).

Si nos detenemos en el imaginario de infancia de clase hacendada de Brunet y en los círculos santiaguinos de élite en que la escritora desarrolla su carrera periodística, podemos comprender la publicación, en 1931, *La Hermanita Hormiga. Tratado de arte culinario,* un volumen de 1.600 recetas sobre cómo cocinar aves, verduras, legumbres y hornear deliciosos dulces coloniales de la tradición chilena. Además del recetario, Brunet añade una serie de menús de almuerzos y comidas «para todas aquellas que en las noches se ven angustiadas por la pregunta: —¿Qué hago de comer mañana? —con que la asedia la cocinera» (Brunet, «Tratado» 20).

El libro se inicia con el capítulo «Pequeñas indicaciones para el servicio», y evidencian la sumisión a las normas de etiqueta de la época. La autora entrega en él una detallada descripción sobre el amoblado de comedor de moda en la clase alta, con maderas de caoba, tapices de felpa, candelabros de bronce y porcelanas policromadas. La mesa del comedor, señala la escritora, puede comprarse en ventas de ocasión, remates, o bien, acudir a un buen carpintero.

El relato continúa con el arreglo de la mesa para las horas de comida, donde aconseja pisos de lencería de color que armonicen con el color de las flores para la decoración, además de consejos sobre cómo disponer correctamente los platos, cubiertos y copas, junto con la advertencia de que durante la cena, los platos desocupados se retiran por la derecha y por la izquierda se coloca un plato limpio.

Sugiere además que la sirvienta siempre esté vestida de negro o azul marino, con guantes, cuello, puños de lencería impecablemente blancos. Y añade:

> Es muy necesario, es mejor dicho absolutamente indispensable, que la sirvienta se habitúe desde el primer momento a no hacer diferencias entre el servicio de diario y el que se haga cuando hay invitados. En uno y en otro caso se le debe exigir correcta presentación, aseo escrupuloso y sobre todo las manos muy cuidadas, que no hay nada más desagradable que unas manos encallecidas, con las uñas sucias, presentando un plato de comida (Brunet, «Tratado» 18).

El texto se dirige a todas luces a una dueña de casa de clase acomodada que cuenta además con servicio doméstico. Se trata de un escrito, por lo tanto, totalmente lejano a la impronta de la producción literaria de Brunet, donde emerge la violencia de género, la marginalidad y la envidia, en una casa que deja ser cobijo encantador (Montecino 2021, 86).

Este *Tratado de arte culinario,* sin embargo, es firmado por la Hermanita Hormiga. Marta Brunet se declara solamente como «recopiladora», sin reconocer propiedad creativa o intelectual sobre la obra. ¿Quién es la autora del recetario entonces? Brunet nunca lo aclara. Solo menciona que los recetarios pertenecen a «alguien a quien quise mucho».

El misterio se mantiene cuando la Hermanita Hormiga reaparece con su recetario cuatro años después, en 1935, en la sección *La señora y la cocina* de la revista *Familia*. Esta vez, sin embargo, observo que su audiencia ha cambiado y que comienza a desapegarse de las normas del servicio. Brunet publica las recetas más sencillas de preparar y las complementa con breves columnas en que ya no le habla a una dueña de casa eximia en el arte de poner la mesa, sino a la mujer moderna que a ella le interesa promover. Una mujer que tiene poco tiempo, que puede encontrar en la cocina una forma de ganarse la vida o que se preocupa de la nutrición adecuada de su familia.

Con un marcado tono educativo, la Hermanita Hormiga despliega sus conocimientos sobre la importancia de comer huevos, entrega consejos sobre dónde comprar verdura de calidad sin ser engañada por los sobreprecios o cómo convencer a las colegialas de alimentarse sanamente. Esta mujer moderna chilena además se instruye en las costumbres culinarias de Europa y descubre los secretos de la cocina italiana o española a través de sus recetarios.

Vemos, por lo tanto, a una Hermanita Hormiga «reinventada» de aquella del *Tratado de arte culinario* de 1931. Las recetas han sido escogidas teniendo en vista a una dueña de casa más acorde con los tiempos de cambios femeninos, con un registro de escritura con sentido de eficiencia y frescura. Ejemplos representativos de lo anterior son los títulos «Saca apuros» (1938), para «las veces en que nos es imposible disponer un menú» (Brunet, «Saca apuros» 61), y «Sentido utilitario»

(1938) cuyo propósito es que la mujer obtenga ingresos económicos a partir de la preparación de tradicional de cocadas, confites de membrillos y cuadritos de nueces:

> Son muchas las mujeres que viven quejándose de falta de dinero y haciendo preguntas referentes a la manera en que podrían ganarse unos pesos sin salir de la casa. Y creyendo aportarles una buena idea, damos aquí, para ellas, una serie de recetas de pequeñas golosinas, en las que si logran especializarse, encontrarán una fuente de ingresos (Brunet, «Sentido utilitario» 61).

En «Comida para las colegialas» (1938), Brunet alerta sobre la obsesión de las jovencitas por la delgadez extrema, adelantándose de esa manera en varias décadas a la crítica por el mandato por la belleza que oprimirá a las mujeres a fines del siglo XX y siglo XXI:

> Otra cosa que hay que tener en cuenta es la tontera que se apodera de muchas muchachitas de no querer comer para no engordar. Hay que convencerlas, entonces de que deben comer hasta quedar satisfechas, y que para evitar los kilos excesivos, se debe recurrir al deporte. Más que con la mala costumbre de las golosinas entre hora, hay que batallar encarnizadamente con este afán de adelgazar, que si uno es malo, este otro es pésimo como resultado final (Brunet, «Comida» 59).

En otras columnas, sin embargo, aparece una Brunet un tanto vacilante, que no logra sortear con éxito el desapego a la norma, lo que refleja la ambivalencia concordante con la corriente del feminismo laico-mesocrático en que ubico a la autora. Se aprecia de este modo una dualidad ser/parecer en las expresiones utilizadas en sus columnas que tensionan el canon conservador versus uno progresista. Me detengo, por ejemplo, en un pasaje de su columna «Los dulces chilenos» (1935) en que realiza una descripción de clases: «Las viejas abuelas diligentes, las tías solteronas con olor a "santidad", las "chinas" criadas en las casas de rancia prosapia colonial, fueron las guardadoras de esta tradición de regodeo y golosina» (Brunet 1935, 59).

Destaco la expresión «chinas criadas en las casas de rancia prosapia colonial» por el significado simbólico que en Chile se ha otorgado el término «china». En todo hogar de clase alta se encontraba a una «china», concepto despectivo y humillante para identificar a las mujeres de bajo estrato social que trabajaban en el servicio doméstico, y cuyo origen se remonta a los tiempos de la Conquista española y el proceso de mestizaje del continente. En el campo de la zona central de Chile, se llamaba «china» a las hijas ilegítimas de un dueño de fundo con una mujer de clase popular que había sido solo objeto de deseo. Esta «china», además de trabajar en las labores de aseo de la casa, solía iniciar a los hijos de la familia de alcurnia en la vida sexual y cuando era mayor, ejercía las labores de la madre por lo que pasaba a llamarse «mama».

En las clases medias y populares, por lo tanto, el uso de la palabra «china» es recibido como un insulto por asociarse con un destino de servidumbre y objeto de deseo sexual por parte del «patrón» (Montecino, 2007). Incluso en la actualidad existe una evidente diferencia de clase cuando se habla de «huasa china» o «huasa elegante», para distinguir la procedencia de clase del traje típico utilizado por la mujer chilena.

Brunet, bajo la firma de la Hermanita Hormiga, utiliza con naturalidad la palabra «china», pese a la carga despectiva cultural que la palabra conlleva en su época y en las épocas posteriores.

Estos gestos de clase, sin embargo, pueden leerse como excepciones en los escritos periodísticos de Brunet. Tal vez son errores inconscientes o desliceses de su *habitus* marcado por la herencia burguesa. La mayor parte de las ocasiones la autora resuelve la tensión a favor de la modernidad transformando sus escritos de cocina en un reflejo de su gastro-política, aquel concepto antropológico que desvela los conflictos o competencias relacionados con los recursos culturales o económicos que emergen en las transacciones sociales en torno a la comida (Appadurai 1981, 495).

En otras palabras, la autora resignifica los recetarios de la Hermanita Hormiga como un instrumento de poder al servicio de la mujer moderna. La cocina, pasa de este modo, de ser un espacio normativo de la mujer conservadora a uno reivindicativo que la mujer utiliza para decidir no solo los tiempos y calidad de alimentación de su familia, sino un medio para obtener sus propios ingresos, y, por lo tanto, su independencia económica.

4.2.3. Las otras voces: los entrevistados-personajes

Gran parte de los entrevistados que desfilan por las crónicas, columnas y entrevistas de Marta Brunet son seres humanos con quienes la escritora se cruza en su rol como periodista. Si en la ciudad Brunet transita por los altos círculos sociales de la sociedad santiaguina gracias a su rol como directora de revista *Familia*, también retrata lo que sucede en el mundo rural por su pertenencia histórica con el campo chileno, y a las capas burguesas ilustradas por su cercanía literaria con personajes del mundo cultural y político.

Siguiendo el léxico del periodismo literario, a estos entrevistados los llamaremos personajes. Se conciben como las personas que aparecen en las historias y que pueden ser presentadas de manera completa o bien como personajes colectivos, miembros de un grupo con el que comparten características comunes (Abrahamson 2010, 88-90).

Los personajes del periodismo brunetiano son esencialmente mujeres y hombres adultos que reflexionan en torno a sí mismos y su identidad; personajes que observan su biografía y descubren hasta dónde han llegado en sus vidas. Se trata muchas veces de un aprendizaje doloroso y no exento de tropiezos. Desde esta perspectiva, son similares a sus personajes literarios, según lo ha descrito Rubio, quienes viven un proceso de transformación interno a partir de sus historias y evolución personales en que recuerdan su pasado, tensiones, crisis y aprendizajes (Rubio 1995, 3).

¿Quiénes y cómo son los personajes periodísticos de Marta Brunet? Lo primero que es relevante distinguir es que Marta Brunet en sus textos periodísticos ejerce su rol como reportera, por lo que, a diferencia de sus personajes literarios, los periodísticos no son personajes de ficción. La maestra rural, el pescador de la desembocadura del río Bío-Bío, el pianista Claudio Arrau o la poetisa María Monvel son seres humanos de carne y hueso que viven en el mundo real, no en el mundo de la ficción.

El periodismo trabaja con la realidad y, por lo tanto, la primera exigencia de la disciplina es retratar a personas que realizan acciones verdaderas y verificables, aunque muestre una parte de la realidad, no toda ella completa. Al ensayar el oficio periodístico, Marta Brunet busca historias de la ciudad y el mundo rural, que suceden a personas reales, a quienes pregunta y de quienes espera respuestas. Busca averiguar lo que les sucede y por qué, venciendo la tentación de inventar.

Al igual que sus personajes literarios, los personajes periodísticos de Marta Brunet son mujeres. Eso revela la muestra de esta investigación, donde resalta con creces el predominio de voces femeninas en las crónicas, entrevistas y columnas de Marta Brunet. De los 52 textos que publica con su nombre real y no con seudónimo, el 53,8% corresponde a protagonistas mujeres, el 21,2% a hombres y el 5,8% a niños como personaje principal. En el 19,3% restante de los textos se enfoca en la ciudad, reseñas literarias culturales o artísticas.

A diferencia de los personajes femeninos de la narrativa de Brunet, que suelen provenir del mundo rural, inmersos en la pobreza y la violencia doméstica, las protagonistas del periodismo de Brunet a menudo son mujeres ilustradas y de la élite aristócrata, viajadas, pero no frívolas. También desfilan por sus crónicas mujeres que provienen de orígenes más burgueses o populares, pero todas tienen en común que han realizado un camino que traspasa el espacio doméstico para ocupar espacios en la vida de la alta cultura, la cultura popular y la educación.

No son protagonistas escogidas azarosamente por Brunet, sino resultado de una selección cuidadosa porque todas, desde su rol público, ejercen influencia en la vida política y cultural de la sociedad, cuyo discurso es reflejo de las ideas y el progreso social que atañe a la sociedad de principios del siglo XX.

En algunos textos periodísticos, sin embargo, también vislumbro mujeres que podrían considerarse anónimas, ya que no son identificadas con un nombre o un apellido; mujeres sin aparente figuración pública, pero que ejercen oficios que en esas primeras décadas del siglo comienzan a ser desempeñados por las chilenas, y de allí puede ser relevante conocer sus historias. A través de ellas, conocemos, por ejemplo, las deudas sociales que afectan al Chile de la primera mitad del siglo, como lo revela la historia de la maestra rural que relata los sinsabores de enseñar en el lluvioso sur chileno o las penurias de las lavanderas. Incluso las disquisiciones sobre la identidad de la signora X, la quiromántica a quien Brunet entrevista «no porque acertara en sus predicciones, sino que por las cosas pintorescas que contaba de su vida (Brunet, «La signora X, quiromántica», 3).

Estas protagonistas femeninas podrían considerarse heroínas, si se analizan con prisma de arquetipo junguiano (Jung, 1999). Son heroínas que realizan un camino de transformación para construirse a sí mismas. Se trata de mujeres poderosas, luchadoras incansables que no se rinden ante la adversidad —la maestra rural es quizás la más simbólica— y que se enfrentan a duras realidades.

Brunet también presenta protagonistas femeninas que aún no encuentran el camino para ser consideradas heroínas. Se trata de las jovencitas «hijas de familias pudientes» con quienes Marta Brunet es especialmente recia. Las critica duramente porque se apegan al amor como modo único de realización o quieren ejercer algún oficio administrativo solo para «Matar el tiempo» (1935), como titula una de sus columnas en revista *Familia*. «Suelen ser hijas de familias pudientes, en que la fortuna da este resultado negativo, de criatura inútil» (Brunet, «Matar el tiempo» 77).

Se ha planteado que los personajes de la narrativa literaria de Marta Brunet se reconocen por su naturaleza irreflexiva, una fuerza avasalladora en el plano sexual y un comportamiento intelectual que sintoniza con el interés, el egoísmo, la avaricia y el ansia de poder (Rubio 1995, 77).

Desde mi lectura, en cambio, la dualidad de ser/parecer de la Hermanita Hormiga acá aparece nuevamente. Observo a las competidoras de alto rendimiento que desafían a los hombres, pero atentas para no perder un ápice de femineidad; a la poetisa María Monvel, quien reflexiona en torno a un nuevo proyecto de ensayos y cuentos y al mismo tiempo relata sus tertulias en Madrid con Azorín, «un hombre grande, macizo, que da una sensación de fofedad», y Ortega y Gasset, «otro que tampoco agrada al principio» (Brunet, «En casa de María Monvel» 3).

Rubio observa que los personajes narrativos femeninos brunetianos —y también lo vemos en los personajes periodísticos— se encuentran atrapados en el deber ser que imponen los relatos cuando intentan preservar la familia, que sería la forma más inhibidora de lo natural-individual. Añado el amor, como un ideal al que la mujer de principios de siglo pareciera aspirar como modo de realización, y ante el que Brunet se rebela.

En el trasfondo de esta dualidad ser/parecer se esconde el conflicto entre el individuo y el medio para ver quién será triunfador o triunfadora. El lado positivo es que en esa lucha existe una conexión entre naturaleza y cultura, donde los personajes saben que luchan contra una u otra, sabiendo que no pueden contra ninguna de las dos (Rubio 1995, 3).

En las entrevistas brunetianas a Amanda Labarca, Herminia Arrate, Sofía del Campo, las hermanas Lily y Mecha Pérez, constato esta dualidad, pero también la capacidad de estas mujeres para enfrentar, convivir o resolver esa tensión. Así lo describe la actriz chileno-argentina Venturita López Piris a Marta Brunet durante su entrevista de 1930.

> Créeme que mis sueños para el porvenir se reducen a tener una casita que sea mía, muy chiquitita, muy moderna y muy coqueta, y viviría con mi mamá.
> —¿En estos sueños tuyos para el futuro no entra para nada el amor?
> —Claro que sí... Pero el amor como yo lo entiendo y como tal vez no lo encuentre (Brunet, «Charlando con Venturita» 209).

Para comprender la polaridad hombre-mujer en los escritos periodísticos de Brunet, podemos mirar hacia la novela de vanguardia que propone que la sociedad-Estado se articula en torno a un eje netamente patriarcal que representa a lo masculino anclado en lo activo-productivo mientras que lo femenino lo funda en torno a lo pasivo-reproductivo. Ello trae como consecuencia a un hombre que obtiene reconocimiento social, que se impone frente al mundo, y en las antípodas, a una mujer acorralada a lo doméstico e incapaz de valerse por sí misma (Masiello, ctd en Rubio 1995).

El enfoque de género se opone radicalmente a este modelo y propone reformular el posicionamiento jerárquico entre hombres y mujeres para dejar atrás la asociación de la mujer con la naturaleza y de los hombres, con la cultura, que son finalmente los responsables de la «minusvaloración de las producciones culturales femeninas» (Carreño 2002, 45).

A diferencia del enfoque que muestra a los hombres con una omnipresencia social, ellos aparecen escasamente en los textos de Brunet, si bien cuando están presentes, es por sus méritos intelectuales. Están lejos de representarse como héroes seguros y poderosos, si nuevamente recurrimos al arquetipo junguiano (Jung, 1999).

Los personajes masculinos de Brunet pueden describirse a partir de lo que no son. No son jóvenes, no son poderosos, no son seguros, no son invencibles. Al contrario. Son mayores y vulnerables, o al menos, es la faceta que explora Marta Brunet en sus escritos. El pianista Claudio Arrau, por ejemplo, revela cuán importante es su madre como sostén de su carrera; Joaquín Edwards Bello se muestra como un escritor inseguro en relación a la calidad artística de su obra. A Darío Brunet, si bien lo describe como un hombre refinado e intelectual, en la crónica que lleva su nombre, este prácticamente no emite declaración ya que su casa-museo es la verdadera protagonista; y en la entrevista a Federico García Sanchis (1926), el escritor no reconoce a Marta Brunet, quien ya posee cierto renombre, y solo al final se muestra azorado por no haber preguntado jamás el nombre de su interlocutora. «Marta..., no es leal... venir así, sin dar su nombre... sin saber yo que usted era usted…Me quedé estupefacto al leer su firma…» (Brunet, «Una visita a Federico García Sanchis» 3).

Tal vez los hombres que más aparecen en los escritos de Marta Brunet son personajes masculinos anónimos y de oficios sencillos, como pescadores, barqueros y mozos. A estos personajes masculinos, Marta Brunet no los identifica siquiera con sus nombres, sino que se refiere a ellos como «el botero» que la traslada; «el pescador» con que se cruza; «el portero» que la recibe. Incluso en su crónica «Viaje» (1928) entrevista a un hombre que cuenta sobre sus andanzas en Japón y China, pero nunca lo identifica con nombre y apellido. Simplemente lo presenta como «El hombre vagabundo».

La representación de los niños es una tercera voz en los escritos brunetianos. En su literatura los niños son plenamente identificados con sus nombres. En *Montaña adentro* (1923), por ejemplo, aparece el hijo de Cata, un pequeño que duerme en un cajón y sufre de fiebres; en *Reloj de sol* (1930), los niños son protagonistas: Juancho, Francina y Lucho el Mudo; y en *Raíz del sueño* (1949), vemos a unas mellizas huérfanas; una muchacha de compañía y una hija separada de su madre (Rojas Flores 2010, 471).

En sus escritos periodísticos, sin embargo, los niños son un grupo social sin nombre, más bien un personaje colectivo. Se nos presenta al «Niño mendicante» (1939); «El mundo mágico del niño» (1958), «Los niños y su teatro» (1939).

Ellos son protagonistas de textos en que Marta Brunet revela su desdicha y enojo por el abandono en el que aquellos viven. Son invisibles para la sociedad, vulnerados e ignorados por la clase política y también por sus padres. «A fuerza de tenerla a diario ante los ojos la escena se nos ha hecho invisible. Es como la cordillera con su belleza que sirve de fondo maravilloso al paisaje nuestro» (Brunet, «Niño mendicante»).

Critica también a los padres y madres que, en una época de especialización laboral, se enfocan solo en su perfeccionamiento, descuidando la crianza. «Se olvidan del oficio de padre y madre, y de esa máquina de perfecto ajuste, que es el niño» (Brunet, «El oficio de madre» 73).

En los escritos de Marta Brunet, los pequeños no hablan por sí mismos, sino que Marta Brunet habla por ellos y sobre ellos. No evidencian voz propia ni individual, un nombre o un apellido, como sí ocurre con las mujeres y los hombres adultos de sus columnas, crónicas y entrevistas. Si bien podría cuestionar a Brunet por lo anterior, en sus escritos se vislumbra un aspecto revolucionario para la sociedad latinoamericana y chilena de los años treinta. Brunet visibiliza derechos básicos, como la falta de espacios físicos en sus hogares. Leemos en su columna «La alegría del niño», que publica en revista *Familia* en 1938. «… No hay retazo destinado a la criatura, a su juego, a su capricho, a su iniciativa» (Brunet, «La alegría del niño» 3).

Desde su óptica, ni siquiera son escuchados y bien alimentados por sus madres, como escribe bajo el seudónimo de la Hermanita Hormiga en 1935. «La elección de los alimentos que integren la comida de los niños debe ser vigilada por la madre, especialmente, cuidando que todo ello sea de primera calidad y sumamente fresco» (Brunet, «La comida de los niños» 51).

Para la escritora-periodista, los infantes necesitan nutrición socioemocional, y ese es un aspecto completamente nuevo. «Nunca debe olvidar esto quien se dirija a los niños: aunque formen un conjunto en torno a la narradora, es imprescindible que esta se sienta en presencia de un solo niño, en directo contacto con él, «de persona en persona» (Brunet, «El mundo mágico del niño» 121).

Destaco que, aunque los niños no tengan rostro ni identidad, Brunet sí los convierte en actores sociales, lo que es un avance en sí mismo para que el mundo infantil ocupe un lugar prioritario en la agenda programática de los gobiernos de la primera mitad del siglo XX.

4.3. Análisis estructural: ¿Cómo se narra en el periodismo de Marta Brunet?

Uno de los mayores desafíos para un periodista literario es organizar los acontecimientos de la realidad que ha investigado en un escrito que se construya a partir de estructura narrativa que resulte atractiva para sus lectores. Enfrenta también este reto cuando, a través de un texto argumentativo, como una columna, busca persuadir a su audiencia o darle a conocer su punto de vista en relación con los acontecimientos que ocurren en la sociedad. Se entiende, por lo tanto, que la pregunta esencial del análisis estructural sea ¿cómo se narra?

Desde los estudios periodísticos, la respuesta a esta pregunta proviene desde los géneros periodísticos y sus correspondientes modalidades discursivas, tales como noticias, reportaje, crónica, editorial, columna, entre otros formatos que tienen leyes particulares de organización estructural.

Aunque se reconoce la necesidad de una teoría de géneros como instrumento pedagógico y de sistematización académica, vale notar su acelerado dinamismo debido a la complejidad de los cambios sociales, la tecnología y la evolución de la disciplina periodística, por lo que en la actualidad se examinan como vasos comunicantes y no como departamentos estancos de textos sin relación de interdependencia. El propósito de su existencia y clasificación es enriquecer y no confundir o crear subgéneros sin sentido (López Hidalgo 2001).

Quizás porque el asunto de la categorización de formatos periodísticos enciende controversia debido a la inexistencia de fronteras precisas entre, por ejemplo, una crónica y una columna personal, un estudioso podría considerar que un texto periodístico podría pertenecer a uno u otro formato, o simplemente, habitar en uno equivocado. Los peligros de errar en la categorización se exacerban en la actualidad con la presencia de modalidades del periodismo que se definen desde la hibridez, como la crónica, y el sinnúmero de narrativas digitales que irrumpen día a día.

Pese a este escenario, la teoría de géneros periodísticos es aplicable para el análisis estructural de los formatos reporteriles en que incursiona Marta Brunet como periodista literaria, especialmente si se considera que la mencionada teoría es una construcción que surge como una extrapolación de los géneros literarios.

Las primeras clasificaciones modernas de los géneros responden a cuestiones históricas, al establecerse una correspondencia entre la historia de la humanidad y los géneros básicos del periodismo. De esta manera, se identifican tres etapas, que se superponen entre sí: periodismo informativo, que se extendería hasta la Primera Guerra Mundial; periodismo interpretativo, o también conocida como «Edad de oro de la prensa», que iría desde 1870 hasta 1920; y periodismo de opinión, desde 1945 hasta la actualidad (Fernández Parrat 2001, 13).

La teoría de géneros periodísticos se sistematiza a mediados del siglo XX con los estudios del periodista y político francés Jacques Kayser, quien desarrolla una metodología de análisis de identidad de los diarios impresos a partir de criterios como tipología, estructura noticiosa y valores de agenda. Su interés, sin embargo, no era literario ni filológico, sino sociológico, ya que su propósito era analizar los periódicos como productos culturales con influencia en los lectores y cuantificar los mensajes informativos (Santamaría 1991, 107-108).

Durante el siglo XX, las clasificaciones anglosajonas se basaron en el principio *Facts are sacred, comments are free*, por lo que la división de géneros supuso los llamados género *story* y género *comments*, es decir, el relato y el comentario, una tendencia que en las últimas décadas también se impregnó en Latinoamérica, y que ha coexistido en este continente con la clasificación tradicional entre periodismo informativo, interpretativo y de opinión.

En el mundo hispanoamericano, tradicionalmente se reconoce a la Universidad de Navarra como uno de los primeros centros de investigación que trabajó una teoría de géneros periodísticos desde el enfoque filológico del catedrático Martínez Albertos, uno de los referentes del periodismo en español, quien a fines de los años 80 desarrolló la teoría normativa de los géneros periodísticos, cuya virtud es la incorporación de aspectos éticos y el principio de la objetividad periodística:

Cuando el periodista utiliza la narración o la descripción para contar cosas, se sitúa intelectualmente en el mundo de los hechos y su mensaje adopta la forma de un relato siempre que actúe con una disposición psicológica de no intencionalidad (es decir, con la preocupación de no introducir conscientemente sus puntos de vista personales dentro del texto que está elaborando). Pero cuando utiliza la exposición o argumentación se sitúa en el mundo de la opinión y su mensaje periodístico recibe el nombre de comentario: un comentario que, por definición, es libre y subjetivo pero que debe someterse a las reglas establecidas del fair comment o juego limpio (Martínez Albertos 1989, 117).

Uno de los criterios con que se categorizan los géneros periodísticos, por lo tanto, es la presencia/ausencia de la subjetividad del periodista en sus textos, es decir, el grado de impronta opinativa que se introduce en ellos. Así, en la noticia, el periodista apenas se encuentra presente, y si tenemos conciencia de él como autor es por la elección de la temática y disposición de los hechos narrados. En la columna o artículo de opinión, en cambio, el sujeto muestra su opinión con propiedad (Grijelmo 2001, 28-29).

La clasificación de Martínez Albertos coexiste con la teoría del sistema de textos, del académico Héctor Borrat, quien, en 1981, categoriza a partir de la estructura interna de los textos, proponiendo tres grandes grupos: narrativos, descriptivos y argumentativos. En los primeros predominan las interrogantes qué, quién y cuándo; en los segundos prevalecen el qué, quién y dónde; y en los terceros, por qué y cómo.

Los primeros dos grupos —los géneros narrativos y descriptivos— a su vez cuentan con subdivisiones, según las preguntas que respondan: categoriza entre textos narrativos simples, narrativos-explicativos, descriptivos-simples y descriptivos-explicativos. La ventaja de esta clasificación es su vinculación entre la estructura interna y externa del texto (géneros o tipos de texto), pero no introduce elementos éticos, sociales y políticos de la acción periodística (Casasús 1991, 90).

En 1991, Casasús propone una teoría de géneros periodísticos a partir del análisis crítico de la práctica periodística y de un ordenamiento hegeliano que distingue entre objetivo/subjetivo y entre formal/temático. Mientras la dimensión objetiva conduce a modelos estructurales y estilísticos con prototipos llamados noticia o información, crónica, reportaje, crítica, entre otros, la segunda dimensión clasifica según contenido temático, tales como político, económico, cultural, etc. De esta manera, los modelos de género se construyen según una combinación de ambas dimensiones. Por ejemplo; crónica deportiva o crítica musical.

Establece como tercer criterio la clasificación tradicional de género informativo, de interpretación (también evaluativo o descriptivo); y argumentativo; y como cuarto criterio mantener el estudio de los géneros como instrumentos pedagógicos que facilitan el análisis y crítica de textos (Casasús y Núñez Ladevéze 1991, 87-88).

Dentro de los rasgos peculiares de los géneros periodísticos que señala este autor —y que son pertinentes para la obra periodística de Marta Brunet— se encuentran: la continuidad de la obra periodística; la cuestión de la anonimia y el proceso de transformación colectiva del texto.

—Continuidad de la obra periodística: La obra periodística debe analizarse, según Casasús, desde la globalidad y continuidad, ya que las crónicas, columnas, entrevistas del autor analizado —en este caso de Marta Brunet— son fragmentos o partes de una gran obra unitaria, o expresado de otro modo, estos escritos periodísticos pueden observarse como un libro por entregas. De esta manera los textos periodísticos exigen un análisis creativo como parte de un conjunto amplio y dilatado. A diferencia del género literario, el género periodístico es un fenómeno flexible, cambiante, relativo y dinámico (Casasús y Núñez Ladevéze 1991, 92).

Bajo este marco, el autor propone una metodología que desarrolla para su tesis doctoral de la obra de Josep Pla, centrada en la estructura externa de los textos. Logra demostrar que las crónicas del periodista español mientras es corresponsal de *La Veu de Catalunya* en Madrid (1930-1936) se estructuran a partir de un esquema de alternancia entre periodos informativos y periodos argumentativos o valorativos. Son, por lo tanto, crónicas eminentemente de interpretación. Este esquema lo llama «Cruz de Lorena», debido a que intercala cinco bloques o periodos de alternancia de elementos narrativos o argumentativos, como se aprecia en este diagrama.

—La cuestión de la anonimia: Un segundo rasgo singular de los géneros periodísticos es la escasez de firma en los textos periodísticos, fenómeno extendido en el periodismo hasta el siglo XIX e incluso el XX, y que dificulta enormemente la identificación de la autoría del texto para su estudio y valoración. Desde mi perspectiva, este fenómeno es extensible al uso de seudónimo, ya que engloba dificultades similares de identificación del autor, como analicé anteriormente.

—El proceso de transformación colectiva del texto: El tercer rasgo peculiar de los géneros se refiere al proceso de elaboración y reelaboración que experimentan los escritos periodísticos antes de ser publicados producto de un trabajo colectivo que se inicia con las notas del autor para luego ser revisadas, adaptadas y editadas por un redactor de mesa, un editor, un chequeador de datos. Casasús ejemplifica este proceso con la investigación realizada por William Braasch Watson (1988) quien descubre que los despachos que redacta el escritor Hemingway mientras es corresponsal de guerra pueden alcanzar hasta siete versiones. 1) Los apuntes del *block* del autor que anota en el frente de combate; 2) el primer manuscrito; 3) la versión mecanografiada destinada a la oficina de España; 4) la versión abreviada para transmitir como cable; 5) la reconstrucción del texto que realiza el redactor de la agencia NANA en que trabaja el escritor; 6) la versión corregida enviada desde la agencia a los diarios; 7) la versión final publicada en los periódicos y que es reelaborada por los redactores (Casasús y Núñez Ladevéze 1991, 96).

—La retórica de la persuasión periodística: Un cuarto rasgo de los géneros, especialmente en los argumentativos e interpretativos, se refiere a la presencia de manifestaciones retóricas persuasivas explícita o implícita según el prestigio de objetividad del género. «Toda la Periodística, por tanto, es persuasiva», sentencia Casasús.

Considerando lo mencionado recientemente, y utilizando como base el modelo de «Cruz de Lorena» de Casasús, a partir de bloques de textos, abordo el análisis estructural de las crónicas, entrevistas y columnas de Marta Brunet, según las siguientes variables que he establecido para una codificación más precisa de los escritos de la autora.

Narración: Del latino «narrare», se define como «contar o referir lo sucedido, un hecho o una historia ficticia» (RAE). Forma discursiva que se propone relatar un suceso o una serie de sucesos relacionados (González Reyna 1991, 14).

Narración/Descripción: Se define como «delinear, dibujar, figurar algo, representándolo de modo que dé cabal idea de ello», según la Real Academia Española. Forma discursiva que se conecta con el relato al basarse en el ambiente y personajes (González Reyna 1991, 14).

Narración/Diálogo: Plática entre dos o más personas, que alternativamente manifiestan sus ideas o afectos (RAE 1992). El uso de diálogos es una de las herramientas literarias utilizadas por los periodistas para contar una historia verídica con estructura narrativa tan atractiva como la de cualquier texto de ficción (Cuartero 2017, 54).

Argumentación: Razonamiento que se emplea para probar o demostrar una proposición, o bien, para convencer a alguien de aquello que se afirma o se niega (RAE 1992).

Argumentación/Reflexión: Advertencia o consejo con que alguien intenta persuadir o convencer a otra persona (RAE 1992).

El análisis de la estructura a partir de bloques de texto cobra sentido para el cronista argentino Martín Caparrós, quien señala que la estructura narrativa «es lo más simple y lo más complicado», porque significa encontrar relaciones entre los temas, los personajes, las situaciones y un hilo narrativo que justifique el orden sucesivo. Él reconoce los bloques de texto como unidades básicas de la estructura de los textos periodísticos, un concepto de nombre «tristón», asegura, pero que permite determinar un fragmento de texto entre dos blancos. Cada bloque tiene apertura, desarrollo, cierre, nudos dramáticos, toques de humor, datos, revelaciones, personajes, que se trabajan como unidades en sí mismas y que a su vez se relacionan con las anteriores y posteriores (Caparrós 2016, 88).

El primer hallazgo relevante del análisis estructural de los escritos de Brunet es su construcción a partir de bloques de textos en que es posible identificar periodos narrativos y periodos argumentativos al estilo Cruz de Lorena, de Cassasús, aunque las crónicas, columnas y crónicas brunetianas no constan de cinco bloques sino de entre dos y seis.

Esta alternancia de bloques se observa especialmente en las crónicas y columnas de la muestra general y en la submuestra de seudónimos. Se aprecia que el 60% de las columnas se construye a partir de alternancias de bloques narrativos y argumentativos. En las crónicas, la alternancia se observa en el 53,8% de los escritos y en la submuestra de textos escritos con seudónimos se observa en el 74,5% de las ocasiones.

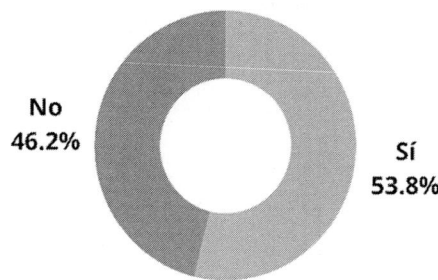

No
46.2%

Sí
53.8%

Figura 4. Presencia de alternancia de bloques en crónicas

Un segundo hallazgo que surge de este análisis es la presencia de la variable Narración como un rasgo predominante en los escritos brunetianos (57,7%). Ese porcentaje llega al 71% si sumo la presencia de la variable Narración/diálogo en los textos, un recurso narrativo recurrentemente utilizado por Marta Brunet para dar forma a sus relatos. «Cuando el periodista utiliza la narración o la descripción para contar cosas, se sitúa intelectualmente en el mundo de los hechos y su mensaje adopta la forma de un relato», escribe Martínez Albertos (1992, 117).

La variable Argumentación (21,2%) aparece como una segunda técnica recurrente en los escritos, lo que permite a Brunet construir un comentario libre y subjetivo propio del género argumentativo al que pertenecen las columnas.

Veamos, por ejemplo, la columna «Ellos y nosotras» (1935), en que la autora aborda la controversia que existe en la sociedad por la llegada de la mujer al mundo del trabajo, y que algunos hombres interpretan como el abandono del mundo hogareño. Para la autora, en cambio, mujeres inteligentes y cultas han existido en todos los tiempos, pero la modernidad y necesidad de igualdad en los roles impulsa a la mujer a la vida pública. «Creemos que han sido las urgencias materiales de esta época los que han empujado a la escuela, a la universidad, a la oficina y al profesionalismo de la mujer» (Brunet, «Ellos y nosotras» 93).

Las variables Narración y Argumentación, sin embargo, no aparecen en los textos desarticuladas una de otra, sino que se integran armónicamente como si fuesen una afinada partitura musical. Incluso en cerca del 8% de los textos que analicé se aprecia un balance casi igualitario entre los periodos de narración y de argumentación. La autora, de esta manera, construye un discurso que fusiona el mensaje periodístico persuasivo con técnicas impresionistas de la literatura como el diálogo y la descripción.

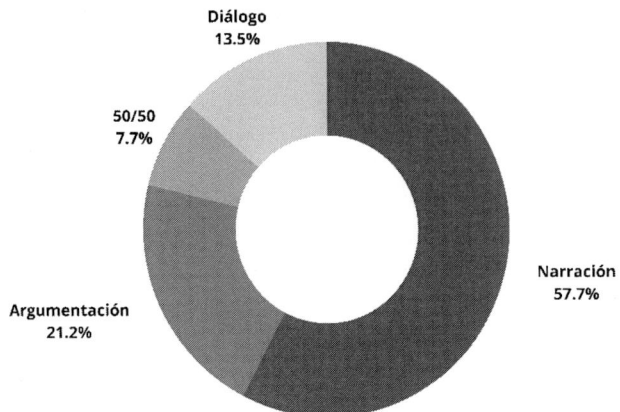

Figura 5. Variable dominante en textos brunetianos

Un tercer aspecto revelador se refiere al bloque con que Brunet finaliza sus escritos periodísticos. Cerca del ciento por ciento de sus crónicas, columnas y entrevistas concluyen con una reflexión personal, es decir, la variable Argumentación/Reflexión. Esta toma la forma de un consejo, una solución al problema o incluso una inquietud, como muestro en este fragmento de la columna «La labor artística de dos muchachos», que publica en el diario *La Discusión* en 1922. «Y ahora dos preguntas a ambos, aunque me tilden de impertinente: ¿Por qué presentan esos ensayos en colores que menguan valor a la exposición? ¿Por qué tras nuevos ensayos no copian el agüita clara que es la feminidad del paisaje?» (Brunet, «La labor artística de dos muchachos» 3).

4.3.1. Narración y retórica en las columnas brunetianas

Sin ánimo ni pretensión filosófica, Vivaldi señala que la acción de comentar es propia de la naturaleza humana, y que detrás de todo comentario se encuentra el análisis científico y la síntesis artística (Vivaldi 2000, 414).

Aunque como toda acción personal, resulta difícil de definir, categorizar y menos aún someter a pautas estructurales, sí es posible señalar que los «comentarios» de naturaleza periodística o *comments* por su nomenclatura anglosajona, serían escritos periodísticos que no cumplen una finalidad rigurosamente informativa de transmisión de datos, sino que su propósito es la persuasión a través de la exposición de ideas y argumentos que el periodista concluye a partir de un fenómeno noticioso. «Deducen consecuencias ideológicas, culturales, filosóficas, etc., de acontecimientos más o menos actuales» (Martínez Albertos 1992, 139). Los comentarios en el periodismo tienen, por tanto, un propósito persuasivo propio de la retórica del género argumentativo.

Los autores coinciden en que los comentarios se adscriben al llamado género argumentativo o de opinión, del que forman parte el comentario propiamente tal o editorial, la columna, la crítica, la tribuna libre y otras modalidades como el ensayo o artículo periodístico (Alonso 1955; Martínez Albertos 1992; Vivaldi 1987 y 2000; Grijelmo 2001).

En estas modalidades discursivas —específicamente las columnas— el autor valora e interpreta acontecimientos de la actualidad con agudeza, personalidad y erudición, por lo que el género ha sido definido como «periodismo mayor» y «literatura menor». También le han llamado «periodismo literario» y «literatura periodística» (Vivaldi 1987, 176).

Coinciden los autores en que los textos del género argumentativo gozan de amplia libertad estructural, temática y estilística, y la diferencia entre unos y otros radica en la periodicidad, ubicación, firma y extensión, es decir, en asuntos de carácter formal. Mientras que el artículo de opinión no necesariamente tiene una frecuencia determinada de publicación, la columna tiene una extensión, frecuencia y periodicidad fija. Ambos, sin embargo, comparten la libertad expresiva del autor tanto en escritura como temática (Mesa 2006, 1).

En la columna, el periodista expone argumentos, procesos racionales que sustentan un punto de vista original y desarrolla una tesis, pero a diferencia de la retórica clásica, en las columnas de opinión el interés radica más en su resultado que en la pulcritud del proceso lógico argumentativo. La eficacia de una columna depende más de la verosimilitud del mensaje y la consistencia de la fundamentación que de su proceso retórico (González Reyna 1991, 18).

Si la argumentación periodística tiene como propósito central la persuasión del lector, ¿de qué manera el periodista la despliega en sus columnas?

Para responder esta cuestión es posible acudir al principio clásico aristotélico que recuerda que la retórica es el arte de persuadir por medio de dos grandes vías: mediante el discurso sin arte, que es propio del convencer a un otro; y el discurso con arte, que es aquel que busca emocionar (Aristóteles 2001, 10).

Algunos autores destacan un tipo de columna llamada «columna personal» como un formato periodístico cuya característica esencial es la conjugación de una retórica atractiva con una narración cuidada y estética. En general una columna personal tiene como autoría a un escritor o periodista destacado dentro de la escena social. Es por ello que a estos escritos se les suele llamar columnas con «aliento literario». En estos textos se suelen incluir también formas discursivas propias del relato y la descripción (González Reyna 1991, 19; López Pan 1995, 123).

Me interesa destacar como un sello distintivo de los artículos de opinión de Marta Brunet precisamente su «aliento literario». La autora construye columnas en que conjuga sus ideas, pensamientos y opiniones con formas narrativas que introducen diálogos, descripciones, en un relato que sobrepasa lo meramente argumentativo.

El 40% de las columnas de la muestra se inicia con un bloque de texto de narración en que la autora introduce una historia o una anécdota antes de plantear el aspecto argumentativo de su escrito. Un ejemplo es el artículo «De ayer y de hoy», publicado en el diario *El Sur* en julio de 1926. En él aborda por qué la moda femenina ha respondido a las necesidades de la mujer a medida que ella ha incursionado en el mundo laboral. Empieza con los recuerdos del rechazo social que enfrentaron en el siglo XIX las mujeres que optaron por el corte melena.

«En contra de la melena se hizo gran campaña. Las que la atacaban eran, casi en su totalidad, las señoras que esplendieron sus dieciocho años a fines del otro siglo. Parece que en ese entonces usaban el peinado solo cierta clase de mujeres, siendo una especie de señal de distintivo inconfundible. Y el cliché se les quedó a las señoras fijo en el cerebro, con rótulo de "cosa pecaminosa". Inútilmente, se les hablaba de higiene, de rapidez, de comodidad. No entendían.

Pero la melena triunfó de la oposición y, hoy por hoy, no existe muchacha ni mujer joven que no la use» (Brunet, «De ayer y de hoy» 3).

Un año después, en octubre de 1927, también en el diario *El Sur* publica la columna «Grave pequeño problema», que nuevamente inicia con una anécdota o historia. Esta vez se enfoca en los sentimientos de la misma autora, quien confiesa su pereza de escribir en días de calor y su dilema de enfrentar la página en blanco.

«Carta de una chilenita que está en Europa» (1928) es otro ejemplo. En esta columna retrata, desde las primeras líneas, las costumbres sociales veraniegas del viejo continente con una pluma narrativa que recrea una escena con absoluta precisión. «Ni un minuto para escribirte. Esta vida que llevamos es un torbellino. ¡Figúrate! En la mañana vestirse, luego playa, baño de mar y baño de sol, luego almuerzo, nuevamente playa...» (Brunet, «Carta de una chilenita» 3).

En todos estos ejemplos, Brunet expone no como una periodista opinante cuyo propósito es persuadir sin arte ni emoción ni tampoco una reportera que informa de manera neutra sobre un acontecimiento, sino que construye una narración, entendida según el parámetro de «contar o referir lo sucedido, un hecho o una historia ficticia» (RAE 1992).

Sus escritos se organizan como narraciones que no solamente desentrañan una historia, sino que involucran un intercambio de bloques de textos argumentativos. De este modo se produce una secuencia dada por las variables Narración-Argumentación-Narración-Argumentación/Reflexión final que permite encadenar estadios narrativos o hilos en la historia que pasan de un nivel al siguiente. Lo anterior se observa en consonancia con la definición de narración que propone Barthes, quien caracteriza la narración como una historia que transita por niveles. Asimismo, las columnas de Brunet se presentan como un discurso formado a partir de dos o más cláusulas que progresan en estos diferentes niveles (Barthes 1996).

En la disciplina periodística, la narración es una forma discursiva que relata un suceso o una serie de sucesos relacionados, o expresado de otro modo, el conjunto de acontecimientos que ofrece la realidad. Para construir un buen relato se necesitan acciones, personajes y ambiente (González Reyna 1991, 14; González Ruiz 1966, 125-127).

De esta manera, destaco que Marta Brunet, como periodista literaria, incorpora la narración a la columna conjugando en este formato la retórica con el relato. En cerca de la mitad de sus columnas (45%), la narración no está presente solamente al inicio o en ciertos pasajes específicos, sino que es la variable que predomina en el texto, por medio de la descripción de ambientes y acciones. Y en el 10% observo un equilibro 50/50 entre los bloques de narración y los bloques argumentativos, como se aprecia en la figura a continuación. Lo anterior demuestra la intención de la autora de construir columnas personales con aliento literario.

Por otra parte, al analizar los textos que firma con seudónimos se aprecia el predominio de lo narrativo, como se evidencia en aquellas que firma como Aladina (75%), o bien, una proporción equitativa entre los bloques narrativos y los argumentativos (38%), como sucede en las columnas que firma como Isabel de Santillana.

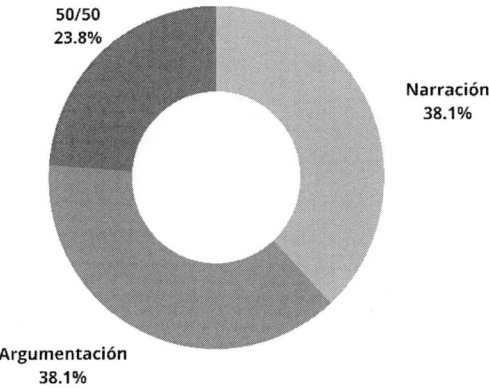

Figura 6. Variable dominante en textos con firma Isabel de Santillana

Tanto en la muestra general como en la submuestra de seudónimos, Brunet concibe sus columnas a partir de una alternancia entre bloques narrativos y bloques argumentativos (60% en la muestra general). «Choapino»", por ejemplo, una columna que publica en junio de 1926 en el diario *El Sur*, se inicia con un bloque argumentativo para luego transitar hacia uno narrativo. En el primer párrafo plantea su punto de vista a sus lectores de manera directa y clara: «En la manufactura nacional, lo más chileno, lo más nuestro, porque viene directamente del fondo de la raza, es el choapino. Y pena de ver cómo, al divulgarse, ha perdido el color y la línea que le daban el sello inconfundible de lo araucano» (Brunet, «Choapinos» 3).

En la segunda parte del escrito se adentra en la narración sobre el origen ancestral de esta pequeña alfombra que suele tener diseños geométricos indígenas, y que en Chile se coloca en las puertas de entrada como limpiabarros, para volver a la argumentación en que la autora expone cómo la industrialización ha degenerado los diseños originales y coloridos, sin realizar una labor de rescate patrimonial como la que se impulsa en países como México.

En «La mujer que trabaja» (1935), que aparece en la revista *Familia* bajo la firma de Isabel de Santillana, replica el esquema de alternancia narrativo/argumentativo al introducir el relato con la controversia que causa en Chile una moción de un diputado de la República para que las mujeres que ocupan puestos en oficinas públicas sean reemplazadas por hombres cesantes. Brunet rechaza con encono esta medida «grotesca» y plantea su punto de partida: «Lado a lado del hombre, no es la mujer su enemiga, sino su compañera y si compiten, es en juego leal que gana quien tenga mayores méritos» (Brunet, «La mujer que trabaja» 85).

Destaco que este esquema de alternancia de bloques se encuentre presente en textos de sus tres fases periodísticas. Algunos ejemplos que confirman este hallazgo son «La labor artística de dos muchachos» (1922); «El otoño en los parques» (1926); «Niño mendicante» (1939); y «Americanismo también es obra femenina» (1939), por lo que la estructura de alternancia narrativo/argumentativo podría considerarse otro sello distintivo de su escritura. Mientras «La labor artística de dos muchachos» corresponde a su etapa de «Reportera en formación», «El otoño en los parques», a su periodo de «Periodista prolífica». Aparece en el periódico *El Sur* cuando la autora ya vive en Santiago y busca impulsar su carrera literaria y reporteril. Los dos últimos escritos —«Niño mendicante» y «Americanismo también es obra femenina»— aparecen en el diario *La Hora* y la revista *Repertorio Americano* durante su periodo de «Periodista en su madurez», cuando asume como cónsul e inicia su carrera diplomática.

¿Podrían algunas de las columnas brunetianas categorizarse como crónicas, considerando que incorporan relato de acontecimientos con descripción de ambientes y personajes? Nuevamente enfrentamos el problema de la categorización de los géneros periodísticos y su hibridez.

La respuesta sería afirmativa desde la perspectiva de Martín Vivaldi, quien postula que la columna sería un tipo de crónica y no un artículo de opinión. Aunque posea las mismas cualidades de un escrito de opinión, señala, en el sentido de que es un texto de variado y amplio contenido, la columna adopta diversas formas y el autor interpreta, valora o explica hechos actuales según su convicción. Este autor establece que la diferencia entre el artículo de opinión y la crónica radica en que esta es noticiosa, mientras que el artículo de opinión puede tener carácter atemporal. Otra diferencia es que, en la crónica, tanto la valoración como la interpretación y opinión se despliegan y funden con los hechos narrados mientras que en el artículo, la opinión es el eje del escrito.

El columnista, en la práctica, es un escritor o periodista que habitualmente dispone de un espacio determinado en el periódico —la columna— para escribir con libertad de elección sobre temas de actualidad ... En sentido amplio, todo el que periódicamente escribe crónicas sobre temas locales —municipales—, político-sociales, internacionales, etc., es un columnista (Vivaldi 1987, 140)

Es posible pensar, por lo tanto, que la distancia entre columna y crónica no sea tan sideral como solemos pensar, si consideramos la hibridez que se reconoce en los formatos y géneros periodísticos.

Quisiera hacer notar un grupo de columnas que desafían incluso la categorización tradicional. Se trata de «Grave pequeño problema» (1927), «Modas» (1927), «Para una novia» (1928), «Carta de una chilenita que está en Europa» (1928) y «Carta a Eugenia María» (1935), ya que poseen una estructura narrativa singular, proveniente del género epistolar. La encontramos presente en algunos textos periodísticos del siglo XIX, como las secciones «Correspondencia» y «Publicación solicitada» que recoge una serie de artículos de opinión publicados en el diario cordobés *El Imparcial* entre 1855 y 1857.

La estructura de estas columnas-cartas resulta reconocible a partir de ciertas convenciones: se presentan con fecha y lugar; expresión apelativa en la apertura (Estimada, querida, etc.); un párrafo inicial; cuerpo, despedida y firma. Esta suerte de cartas públicas no pertenece a una categoría definida de columna, sino que agrupan textos concebidos por el autor para difundirse entre audiencias amplias para abrir debates o conversaciones sociales (Brunetti 2013, 227).

Brunet utiliza esta estructura en los cinco textos mencionados entre 1927 y 1935 en diferentes medios. Mientras «Grave pequeño problema» (1927), «Modas» (1927), «Para una novia» (1928), «Carta de una chilenita que está en Europa» (1928) se editan en el diario *El Sur*, «Carta a Eugenia María» (1935) aparece en revista *Ecrán*. Todos tienen en común la predominancia de las variables Narración y la existencia de variables como Narración/Descripción y Narración/Diálogo, lo que puede leerse como la intención de la autora de ensayar su registro de escritura y la posibilidad de que viese el periodismo como un espacio de experimentación de su literatura.

4.3.2. Narración y descripción en las crónicas brunetianas

Una de las características de la narración periodística es su dinamismo y mutabilidad. No se restringe a construcciones fijas ni rígidas, pero sí existe un marco que la regula, definido como ley del interés. Se trata de una norma no escrita, pero conocida por todos los periodistas, que establece que toda narración debe mantener el interés constante de los lectores.

Para lograr ese propósito suele recurrirse a estructuras narrativas según un orden cronológico, basado en el tiempo de la historia o en la disposición de acontecimientos que generen suspenso (Vivaldi 2000, 366).

De esta manera, los sucesos van marcando el camino. El periodista los toma de la realidad; no los inventa, pero al elaborar su mensaje construye esa realidad a partir de la selección de los acontecimientos y personajes más significativos. Esa selección se realiza según el criterio de interés general y su propia subjetividad (González Reyna 1991,15).

La crónica es, tal vez, uno de los géneros en que la narración periodística encuentra su mayor expresión, desdeñando aquella alianza clásica entre lo estético y lo ficticio, porque uno de los requisitos de la crónica —en tanto género periodístico— es la presencia de la factualidad y temporalidad (actualidad) en ella. La definición de Rotker de la crónica como un lugar de encuentro del discurso literario y el periodístico resulta central en la renovación de la prosa hispanoamericana desde la etapa modernista que inauguran cronistas como José Martí y Rubén Darío (Rotker 2005, 130-133).

La crónica es un género difícil de dominar, escribe Grijelmo. Se lee con «auténtica delicia» porque el informador refleja e interpreta la realidad sin caer en juicios fáciles, y logra una exposición brillante mediante comparaciones y certeras ironías (Grijelmo 2001, 99).

En sus crónicas, Marta Brunet hace gala de esta mixtura entre la interpretación, que le permite describir ambientes, mostrar personajes y acciones, y a la vez, revelar su punto de vista personal. En definitiva, despliega narración y opinión, aunque sea la primera la que predomine. El cronista argentino Martín Caparrós sentencia cuán determinante es la narración en este género que se ha definido desde la hibridez entre lo periodístico y lo literario.

En *Lacrónica*, como él llama a este formato, cada hecho, dato, diálogo, es elegido por el cronista en búsqueda de un tono, un registro, un ritmo narrativo. «Lacrónica es la forma de relato real donde la prosa pesa más: donde la escritura pesa más. Lacrónica está hecha de su prosa y, al construirla, construye una herramienta contra la trampa más común de los periódicos» (Caparrós 2016, 89).

No es de extrañar, entonces, que los periodos narrativos sean casi omnipresentes en las crónicas de Brunet, como se observa en la siguiente figura.

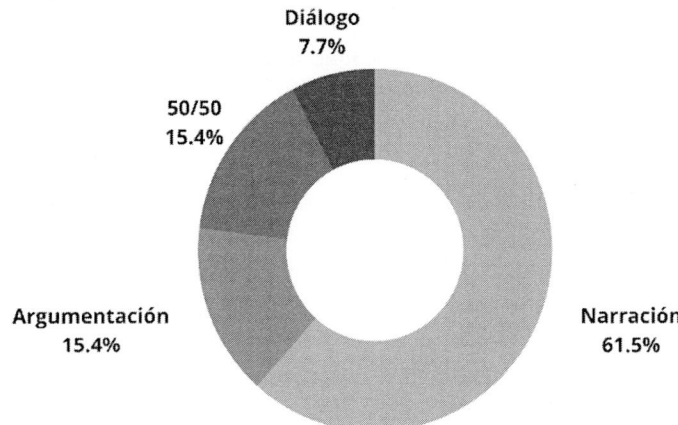

Figura 7. Variable dominante en las crónicas brunetianas

En estos periodos narrativos Brunet recurre a la descripción de ambientes, reproduce diálogos, detalla con precisión los rasgos de sus personajes, sus acciones y por qué vale la pena conocerlos en una circunstancia de actualidad determinada. Brunet, asimismo, ordena los acontecimientos mediante una alteración del tiempo de la historia, o bien, un respeto por la secuencia de hechos.

Un ejemplo es «Josefina» (1929), que Brunet publica con motivo del ciclo de actuaciones que la bailarina estaba realizando en Chile. El orden de sucesos que presenta la escritora-periodista es cronológico, pero aprecio una alteración en la secuencia de los acontecimientos, para que el lector conozca de inmediato la decepción que experimenta Brunet luego de ver el espectáculo. Ha quedado con la ilusión «maltrecha» luego de unas altísimas expectativas (Brunet, «Josefina» 48).

Sin embargo, ello no es excusa para que, luego, narre con suma precisión, según el orden estricto de los acontecimientos, cada acto del espectáculo y haga sentir al lector como si estuviese sentado en uno de los palcos del teatro. Describe desde que Josefina Baker aparece en lo alto de un puente y realiza una danza bajo un jazz frenético hasta que cierra con un acto de charleston vestida con calzones con brillos.

En «Tarde en puerto» (1927) «Por los cines» (1927), «Aguas dulces, aguas amargas» (1927) y «La maestra rural» (1927) nuevamente acude a relatos cronológicos que describen la experiencia de la autora, quien va introduciendo también sus juicios sobre la realidad que ve, complementados con diálogos vívidos que reproduce con sus entrevistados.

«La maestra rural» (1927) es tal vez una de las crónicas en que mejor se aprecia el hilo narrativo del que habla Caparrós, con bloques con apertura, desarrollo, nudos dramáticos, datos, revelaciones. En ella se da una estructura que se construye a partir de bloques de Narración-Diálogo-Narración-Argumentación-Diálogo, fragmentos de texto que fluyen de manera natural.

La crónica se inicia con un breve bloque de narración en que Brunet describe físicamente a la profesora que se encuentra en la estación en un cruce de caminos. Luego viene un diálogo con el saludo y el ofrecimiento de llevarla en coche debido a la lluvia.

Tras un fragmento de diálogo se da paso a la narración con la dura niñez de la maestra, con pérdidas familiares y una bancarrota hasta convertirse en docente, y luego otra pausa en la historia para describir las dificultades del camino por el que transitan en medio de la lluvia. «Hombres a caballo se cruzan con nosotras ... Ranchos sórdidos aparecen aquí y allá» (37).

Brunet retoma la narración, esta vez para revelar las penurias de la escuela y todo aquello que les falta. Brunet entonces entrega su juicio: «La escuela rural… ¿quién se preocupa de ella?» (39).

La crónica finaliza con la llegada de la profesora a su casa, un diálogo con la despedida y el cierre con la frase final de Brunet.

—A casa —digo al cochero.
Y las lágrimas me escuecen en los ojos (40).

4.3.3. El diálogo como eje estructural de las entrevistas brunetianas

El periodo en que Marta Brunet publica la mayor parte de las entrevistas que se rescatan para esta investigación transcurre entre 1926 y 1930, años en que este formato periodístico se encuentra en pleno auge en América Latina, gracias a las tecnologías que impulsan el periodismo moderno y el interés de los lectores por las historias humanas.

En el mundo anglosajón, la entrevista que marca el género a fines del siglo XIX es de James Gordon Bennett, fundador del periódico *New York Herald*, cuando en abril de 1836, siguiendo un método de preguntas y respuestas, el reportero dialoga con Rosina Townsed, ama de llaves de Ellen Jewett, una prostituta asesinada por uno de sus clientes, y que da origen a un escándalo sexual ampliamente cubierto por la prensa amarilla de la época (Martínez 1995, 72).

En Hispanoamérica, en cambio, el estilo de entrevista que influye durante esta etapa se enmarca en un registro de narración descriptiva proveniente de «semblanzas» que tanta popularidad alcanzan en los periódicos de las primeras décadas del siglo XX. Las semblanzas, a su vez, se corresponden con el género biográfico, que conjuga documentación e indagación científica junto con intuición artística (Chillón 2014, 203).

Las características esenciales de la semblanza, la entrevista pregunta-respuesta y la biografía permanecen en este siglo XXI y han llevado al género entrevista a ocupar un sitial privilegiado en el contexto periodístico.

Como veremos más adelante, en las entrevistas de Brunet se apreciará una mixtura entre la pregunta-respuesta como eje vertebral unido a una narración heredera de las semblanzas hispánicas.

La entrevista es definida como un género descriptivo-narrativo en que el periodista goza de libertad para, en ocasiones, combinar hechos o ideas; en otras, solamente informar; o bien, explorar la narración cuando desea realzar el relato, y la descripción, para indicar las características del entrevistado y del ambiente (González Reyna 1991, 28).

El académico Martín Vivaldi ha planteado que, para elaborar una entrevista periodística, pueden seguirse dos caminos: el impresionista y el expresionista. El primero se enfoca en la construcción de un retrato del personaje en el momento, como una fotografía instantánea. Son entrevistas con foco en la actualidad noticiosa. El segundo camino es más reposado; busca rescatar la esencia del personaje y por ello toma más tiempo tanto en la investigación como en el proceso de escritura. En ambos tipos, sin embargo, es imperativa la descripción del ambiente como escenario en que se encuentra la persona entrevistada (Vivaldi 2000, 404).

Una buena entrevista, dice Vivaldi, describe los rasgos que reflejen el carácter del entrevistado. Sus ojos, boca, manos, manera de hablar. Es a través del diálogo y el arte de preguntar, sin embargo, en que el periodista refleja la verdadera personalidad de su entrevistado, debido a que interesa no solo lo que dice el personaje, sino cómo lo dice.

Actualmente existe acuerdo entre los autores en que la estructura de una entrevista periodística es sencilla y consta de tres partes: entrada, cuerpo y cierre. La entrada sirve de presentación del entrevistado y puede iniciarse con una escena descriptiva que sitúe al personaje en un ambiente, o bien, con una cita de este, para luego continuar con información del entrevistado que demuestre su relevancia.

El cuerpo del texto se elabora a partir de tres formas: con preguntas y respuestas directas según el orden cronológico en que estas se formularon; a partir de un relato en que predomina la narración del periodista, y en que se altera el orden cronológico de las preguntas; y una tercera opción es combinar ambas estructuras incorporando narraciones de ambiente, preguntas y respuestas, y comentarios del periodista (González Reyna 1991; Martínez Albertos 1992; Vivaldi 2000; Cantavella 1994).

A diferencia de lo analizado en sus crónicas y columnas, en las entrevistas de Brunet no observo una alternancia de bloques narrativos y argumentativos en el modelo de Cruz de Lorena, sino una estructura a partir de una combinación de narraciones e impresiones personales de la autora, junto con la exposición de un diálogo activo a partir de preguntas y respuestas explícitas.

Un buen ejemplo de lo señalado es el diálogo que la escritora-periodista sostiene cuando entrevista a la pintora Herminia Arrate de Dávila (1926). Lo introduce tras describir las tertulias a la hora del té a las que invita la esposa del embajador Carlos Gregorio Dávila. En ellas participa Marta Brunet con sus amigos Sara Hubner, el diplomático Adolfo Guerrero y el crítico literario Hernán Díaz (Alone) entre otros, y conversan sobre libros, arte y viajes. Brunet reproduce un expresivo diálogo que sostiene con Herminia Arrate de Dávila cuando esta se entera de que el abuelo de la escritora-periodista es catalán.

—¡Catalán! ¡Oh, yo adoro Cataluña! Barcelona de mi alma. Viví años en ella, estudiando en la academia de Bellas Artes. Puedo decir que mi formación me viene de ahí. Santiago fue como un padre, me llevaba con él por largas temporadas al Cau Ferrat, ese maravilloso palacio edificado en las rocas, junto al mar, que el Maestro ha convertido en museo de herrajes.

—Lo conozco. Fui a verlo y tengo de él un buen recuerdo. Hice la excursión en yate desde Barcelona.

—¡Ah! Lo conoce...

Y me mira gozosa, con los ojos agradecidos, como si por haber visto el palacio que le fuera familiar mereciera mayor deferencia (Brunet, «Herminia Arrate» 3).

En Brunet, los diálogos predominan como ejes conductores del cuerpo de sus entrevistas, transformándose en las vértebras que sostienen estos textos. Así mismo, desde mi parecer, los utiliza como recursos literarios con el propósito de invitar a sus lectores a ser parte de su conversación. En otras palabras, nos crea la ilusión de «estar ahí», junto a ella, como observadores de su diálogo privado con el personaje, una conversación a la que nos asomamos como verdaderos fisgones. Esta es, tal vez, una de sus mayores virtudes como entrevistadora.

Si me enfoco en las entradillas de las entrevistas, se verá que estas se inician de dos maneras: con una descripción de una escena en que ubica a su personaje en un ambiente físico o una circunstancia específica, o bien, ella aparece en primera persona interactuando con su entrevistado.

La primera forma la vemos en su entrevista «En casa de María Monvel» (1926), que publica en el diario *El Sur*. Allí describe con detalle el hogar que en que vive la artista, lo que resulta concordante con lo sugerido por el teórico español Martín Vivaldi, quien recomienda al periodista introducir detalles del escenario en que habita el entrevistado, ya que será una manera de retratarlo en su esencia y complejidad. «En gran parte somos como en nuestra casa. No porque ella nos modele, sino porque, al modelarla nosotros según nuestro gusto, la convertimos en espejo nuestro» (Vivaldi 2000, 404).

Brunet escribe al comienzo de su entrevista con Monvel:

Una callecita angosta, corta, ciega. A cada lado, protegidos por unos chalets de distintos estilos, prototipo de la casa moderna bajo todos los cielos: cottages ingleses, italianos, casonas españolas, dominios normandos, villas pintadas de azul y con un portal de tres arcos y voladizo, la casa de María Monvel presenta la fachada tan en auge actualmente. Adentro un hall. Al fondo, bajo un arco de medio punto, se ahonda al comedor. A la izquierda queda el arranque de la escalera y una puerta abierta sobre el escritorio. A la derecha está la chimenea de campana, bajita, con un retrato de María encima, una tela modernista debida al pincel de Vidar (Brunet, «En casa de María Monvel» 3).

La segunda forma que Brunet utiliza en su entradilla la vemos en su entrevista con Joaquín Edwards Bello (1927), en que nos adentramos en las impresiones de la propia escritora-periodista. Ella recuerda su propio barrio —que resulta ser el mismo de Edwards Bello—; describe la temperatura que la hiela ese día y el apuro que lleva para llegar a tiempo a su encuentro con el escritor:

Hay un cielo de cristal bruñido en la asoleada mañana otoñal. Las calles de mi barrio se anudan en curvas, resto de vieja ciudad ibera en el damero anodino que es Santiago. Voy ligera, con el aire frío anunciador del invierno besándome ahincadamente como amante enloquecido. Serpiente gris, la Alameda se calienta al sol. Atravieso la plaza Italia y por el tajamar que fuera continúo bordeando el Mapocho, camino de Montolín donde Edwards Bello me aguarda (Brunet, «Joaquín Edwards Bello» 3).

En su encuentro con la quiromántica signora X (1926), una entrevista que realiza para el diario *El Sur*, introduce sus prejuicios personales desde el principio, realizando un ejercicio de subjetividad propio de un periodista literario. Incluso cierra su entradilla con la expresión «Puf», que denota su hastío con la advertencia que le han hecho sobre su personaje.

«Me aconsejaron ir a verla, no porque acertara en sus predicciones, sino que por las cosas pintorescas que contaba de su vida. Pero me advirtieron que para hacer estallar la confidencia había que tomar un resorte: hablarle de Italia. Puf» (Brunet, «La signora X, quiromántica» 3).

Si ahora analizo el cierre de las entrevistas brunetianas, observo que, al igual que en sus crónicas y columnas, en ellas predomina una reflexión personal de la autora en torno al personaje. En 17 de los 19 textos de la muestra que corresponden a este género utiliza este recurso. Solo en una de ellas finaliza con una cita directa de diálogo y en otra, con un párrafo descriptivo. Esta última corresponde a la entrevista «En casa de María Monvel» (1926), y en la que Brunet nuevamente invita al lector a ser un espectador de la complicidad que logra con sus personajes y el escenario en que estos habitan.

«Traen el té en una mesa de ruedas. Y súbitamente llegan, bajando la escalera con grandes risas, los dos chicos de María: Marujita y Armandito. Y desde entonces, en el hall, somos cuatro chiquillos jugando» (Brunet, «En casa de María Monvel» 3).

Me aventuro a señalar que las entrevistas de Brunet podrían dar origen a un nuevo género periodístico, el de «entrevistas de opinión». ¿Por qué sigue cierto orden en sus escritos y no otros? ¿Por qué formula ciertas preguntas y no otras? ¿Por qué reproduce diálogos directos con sus impresiones personales? No tengo certeza si Brunet estructuraba sus entrevistas a partir de preguntas y respuestas tal como las realizaba, es decir, de manera cronológica, o bien, alteraba esa cronología de manera arbitraria según su mirada personal; tampoco por qué escogía ciertas preguntas o por qué las formulaba de determinado modo; o por qué en las narraciones o comentarios que introducía en sus entrevistas describía ciertos escenarios o enfatizaba algunos rasgos de personalidad de sus interlocutores.

Desde mi perspectiva, sus entrevistas no se elaboran con el propósito de parecer objetivas ni asépticas, sino al contrario, y en este sentido la reflexión del autor Fernando Martínez Vallvey entrega ciertas luces cuando se cuestiona si la entrevista como género es objetivo o subjetivo (Martínez 1995, 81). En el caso de las entrevistas de Brunet la respuesta parece indicar esto último.

PALABRAS AL CIERRE

Para cerrar esta investigación volveré a su inicio, cuando propuse como propósito central develar el periodismo literario de la escritora Marta Brunet (Santiago de Chile, 1897-Montevideo, 1967). La autora, pese a ser una de las pocas mujeres galardonadas con el Premio Nacional de Literatura (1961) junto con Gabriela Mistral (1951), Marcela Paz (1982), Isabel Allende (2010) y Diamela Eltit (2018), no ha sido justamente visibilizada en el canon literario-periodístico chileno.

Luego de la publicación de sus *Obras completas* en 1963, que compila su narrativa de ficción —donde destacan novelas como *Montaña adentro* (1923), *María Nadie* (1957) y *Amasijo* (1962)—, durante las últimas décadas su obra literaria ha sido escasamente reimpresa y estudiada. Aunque a partir de 2017 se ha renovado el interés por su literatura, con motivo de los cincuenta años de su muerte, su trabajo periodístico ha permanecido en el olvido, desconocido e ignorado.

Desde el punto de vista periodístico, por lo tanto, la presente investigación ha permitido rescatar y sistematizar por primera vez las crónicas, columnas y entrevistas de la autora desde los archivos de periódicos y revistas en los que Brunet ofició como redactora y directora durante la primera mitad del siglo XX, para luego, a partir de estos textos, demostrar el *ethos* periodístico de Marta Brunet.

A través de este estudio he visibilizado a una Marta Brunet-cronista, que transita por los círculos letrados santiaguinos y reporta acerca de los escenarios que visita; a una Marta Brunet-entrevistadora, que se inmiscuye en la vida íntima de sus personajes y a una Marta Brunet-columnista, que plantea cuestiones de derechos políticos y de reivindicaciones sociales. He revelado a una Brunet no como una escritora que utiliza la prensa como un espacio de figuración de su obra literaria o solo un medio de sustento económico, sino como una periodista que incursiona en formatos propios de la prensa utilizando técnicas de la disciplina periodística. Brunet se presenta, de esta manera, no como una literata que ejerce el periodismo tangencialmente, sino como una periodista moderna que desarrolla una carrera profesional consistente con las reglas del oficio.

Una lectura exhaustiva de estos escritos me ha permitido distinguir cuatro grandes preocupaciones que aparecen en la agenda de la autora a lo largo de su trayectoria como periodista, que para este estudio fueron establecidas en tres etapas: «Reportera en formación» (1919-1924); «Periodista prolífica» (1925-1939) y «Periodista en su madurez» (1939-1967).

Durante estos tres periodos la escritora-periodista, de manera consistente, aborda temáticas que han sido agrupadas en cuatro categorías: «Artes y letras»; «Mujer en el mundo público y privado»; «Infancia»; y «Viajes y vida cotidiana».

En los años 30, el periodo en que Brunet desarrolla su fase más prolífica como redactora y directora de revistas, los estudios sobre la prensa y las audiencias aún se encuentran en ciernes. Solo en 1922 había sido publicado *Public opinion,* en cuyo primer capítulo, «El mundo exterior y las imágenes en nuestras mentes» («*The world outside and the pictures in our heads*»), el periodista Walter Lippmann indaga acerca del rol de la prensa en la opinión pública. Deben transcurrir cerca de cincuenta años para que, en 1968, Maxwell McCombs y Donald Shaw, jóvenes profesores de la Universidad de Carolina del Norte Chapel Hill, propongan uno de los constructos teóricos más influyentes del periodismo, conocido como *Agenda setting*, en que analizan la relación existente entre la prioridad de las temáticas impulsadas por los medios de comunicación y los intereses del público (McCombs y Valenzuela 2007, 45).

Sin conocer los alcances a los que se encumbraría la teoría de la *Agenda setting*, Brunet recoge una agenda temática periodística en concordancia con el proceso modernizador que le corresponde vivir en el Chile de la primera mitad del siglo XX, en un contexto de adelantos tecnológicos que abren el país a las tendencias del mundo; un crecimiento acelerado de la alfabetización; la emergencia de intelectuales de clase media ilustrada que ponen acento en las desigualdades sociales y de género de la sociedad en que se desenvuelven; y gobiernos deseosos de encarnar los cambios políticos de un país que progresa luego del centenario de su independencia.

La escritora-periodista propone a sus lectoras temáticas que para ella resultan esenciales para los cambios que requiere el país, tales como la preocupación por una infancia que no tiene derechos y demandas por una mayor participación de la mujer en el mundo público.

Aunque Marta Brunet además publica crónicas de viajes, críticas literarias y entrevistas culturales, en su agenda de prensa predomina la denuncia de las desigualdades sociales. En sus columnas, entrevistas y crónicas se niega a que la mujer no tenga derecho a trabajar fuera del hogar; se niega a que no tenga derecho a romper su matrimonio si no existe el amor; se niega a que no tenga derecho a espacios de soledad en la intimidad de su hogar sin dar cuentas a nadie. Es decir, expresa que una mujer no debe realizar renuncias. Reclama asimismo la necesidad de eliminar el trabajo infantil y de proteger a los pequeños que mendigan por las calles de la capital chilena ignorados por la población.

En ocasiones recurre a seudónimos, como Isabel de Santillana y Aladina, para construir y proyectar una serie de sensibilidades femeninas que experimentan tensiones identitarias durante la primera mitad del siglo XX, tales como: el dilema entre la mantención de los roles domésticos y la irrupción en el mundo asalariado.

Si bien Marta Brunet, bajo el seudónimo de la Hermanita Hormiga, reproduce consejos y recetas de alta cocina —lo que podría proyectarse como una perpetuación de los roles femeninos tradicionales— introduce columnas de corte modernizador con el propósito de resignificar los recetarios al servicio de la independencia económica femenina. Es decir, propone un modelo de mujer que transforma su instrucción doméstica en una oportunidad de transgresión y retribución salarial por esos conocimientos. De este modo, en sus escritos periodísticos Brunet ha reflejado una disyuntiva que recién en el siglo XXI será objeto de debates, y que se relaciona con el dilema de ser madre, esposa y trabajadora sin renuncias ni culpa.

Lo mismo sucede con las columnas culinarias en que alerta por la mala calidad de la alimentación de las más jóvenes, quienes, a su juicio, denotan una excesiva preocupación por la delgadez y la belleza externa, nuevamente un debate social que se desencadenará en el siglo XXI con la epidemia de los trastornos alimentarios y la pérdida de peso.

Desde esta perspectiva, puedo concluir —como un aporte del periodismo de Marta Brunet— la visibilización en la escena pública de mujeres y niños como un otro individual hasta entonces ignorado por la sociedad, sacando a la luz, al mismo tiempo, reivindicaciones que resultan pioneras para los estudios de género.

Pese a su agenda transformadora de la mujer, esta investigación demuestra que no es posible soslayar el hecho de que un buen número de las columnas y entrevistas de la autora revelan una tensión entre el mundo progresista por el que aboga y desea representar y el canon conservador en que se insertan sus lectoras, las revistas en las que publica sus escritos, y su propia biografía, cuyo *habitus* se compone a partir de pautas de crianza de una familia burguesa de españoles avecindados en Chile. Si bien ella se despoja de roles de género impuestos, como ser ama de casa, esposa y madre, en ella permanecen patrones sociales que facilitan su acceso a los círculos ilustrados de la escena cultural santiaguina. Brunet, de este modo, construye su trayectoria social manteniendo ciertos hábitos de su clase (Cisterna 2014, 115).

Desde el punto de vista temático resalta además el interés de la autora por tópicos relacionados con el arte y las letras, en que evidencia la necesidad de establecer políticas públicas para la promoción de la cultura y el rescate de tradiciones campesinas, como lo señala en columnas como «Choapinos» (1926), «Los niños y su teatro» (1939) y «Por nuestros artistas» (1939), donde propone subsidios económicos para los creadores, instrucción artística de la ciudadanía chilena y la recuperación del patrimonio de los pueblos originarios. Este interés temático se comprende, por un lado, a partir de su propia vivencia como escritora y las de sus amistades letradas, siendo testigo de la desprotección en que desarrollan su arte, sino también por el profundo lazo con el mundo rural del que proviene.

Sus relatos de viajes, asimismo, manifiestan una vocación por destacar la ciudad en que vive —con sus adelantos y carencias— y los pueblos y costas sureños en que transcurren su infancia y adolescencia. En estos escritos hace gala de gran humor y capacidad de reírse de sí misma y manifiesta un inagotable don conversador —al igual como se aprecia en sus entrevistas en que interroga a sus personajes sobre sus inquietudes personales——, además de su habilidad para experimentar con variopintos registros periodísticos.

En algunas columnas interpela seriamente a sus lectores desde la opinión fundada; en otros escritos hace gala de una sutil ironía; o se permite opinar de nimiedades. Los escritos periodísticos analizados demuestran que es una ilusión esperar a una Marta Brunet que aborde solamente sesudas temáticas, ya que es capaz de escribir de temáticas casi opuestas, desde espectáculos de vodevil hasta reseñas literarias; desde recetas de cocina hasta alta política.

Especialmente en sus entrevistas se confirma que no busca parecer una sabelotodo con preguntas extensas ni rebuscadas, sino que se aprecia un interés genuino por retratar realidades y conocer la intimidad de sus entrevistados. Marta Brunet presenta sus opiniones de manera directa y franca, con agudas reflexiones que encuentran en su periodismo el mejor espacio para difundirse. Marta Brunet ejerce así el esencial rol de la prensa de informar independientemente de los intereses particulares (Hutchins 1947, 20-29).

Gran parte de sus crónicas, columnas y entrevistas son publicadas por el diario *El Sur*, en una sección propia llamada *Kaleidoscopio*, que termina transformándose en la mejor vitrina de la pluma de la escritora-periodista entre 1926 y 1930. En su paso por este periódico penquista goza de amplios espacios de libertad personal para experimentar con formatos de escritura y temas tan variados como su curiosidad le permitan.

Más tarde, en las revistas *Familia* y *Ecrán*, donde es redactora y directora a partir de mediados de la década del 30, he evidenciado una vocación marcada por las temáticas relacionadas con la mujer y su compromiso con el género femenino. Lo anterior, sin embargo, no lo realiza con rabiosas militancias sino con argumentos fundados. Finalmente, en el diario *La Hora*, en 1939, y en la revista *Repertorio Americano*, he mostrado columnas con vocación política explícita, a través de escritos como «Niño mendicante» (1939), «Memch» (1939) y «Americanismo también es obra femenina» (1939), que coinciden además con el inicio de su carrera diplomática durante los gobiernos radicales chilenos y su etapa de «Periodista en su madurez».

Sus mensajes periodísticos han sido plasmados en tres formatos discursivos de la disciplina periodística, como son la crónica, columna y entrevistas, cuyo análisis estructural también ha sido parte de esta investigación.

Ha sido posible demostrar que tanto en las crónicas como en las columnas y entrevistas brunetianas, la escritora-periodista construye sus escritos a partir de bloques de textos, tal como realizan los periodistas literarios del siglo XXI, como Martín Caparrós, quien en su libro *Lacrónica* define la importancia que asigna a los bloques de textos en el periodismo narrativo o también llamado periodismo literario (Caparrós 2016, 88).

He visto cómo Brunet intercala bloques narrativos con bloques argumentativos, siendo los narrativos los predominantes en los tres formatos estudiados. Dentro de la variable Narración, se reveló que la autora recurre a la descripción de ambientes y personajes y al diálogo como recursos para elaborar sus piezas periodísticas; y la variable Argumentación es la que le ha permitido incorporar sus opiniones y comentarios personales.

A través de las crónicas, entrevistas y columnas, pude demostrar que Narración y Argumentación, sin embargo, no son variables desarticuladas, sino integradas de manera natural una con otra a lo largo de los textos, e incluso en algunas de ellos aparecen en bloques en proporción casi igualitaria. De esta manera, la autora logra fusionar mensajes periodísticos persuasivos con técnicas impresionistas de la literatura como el diálogo y la descripción.

En las entrevistas de la autora, por otro lado, se evidenció la variable Narración/diálogo como eje estructural de los textos, creando a los lectores la ilusión de «estar ahí» junto a Marta Brunet como testigos de la conversación con el entrevistado, verdaderos fisgones, lo que ratifica una de sus mayores virtudes como entrevistadora.

Otro hallazgo desde el punto de vista estructural se relaciona con una serie de columnas de la autora que escapan a la categorización tradicional desde el periodismo, ya que revelaron una narrativa singular, lejana a las crónicas informativas del siglo XX y las precursoras crónicas de Indias. Se trata de columnas emparentadas con el género epistolar que, si bien se encuentran presentes en escritos periodísticos el siglo XIX, no han sido suficientemente estudiadas en la disciplina periodística. De esta manera a partir de las «columnas epistolares» de Brunet podría profundizarse esta línea de investigación de los estudios reporteriles.

Por otro lado, un análisis de las fases argumentativas de sus entrevistas podría originar un nuevo formato periodístico que denominaría «entrevistas de opinión». Si ello se abordara en un futuro estudio académico sería pertinente realizar preguntas como: ¿Por qué formula ciertas preguntas y no otras? ¿Por qué reproduce diálogos directos con sus impresiones personales? ¿Por qué la autora sigue cierto orden en su argumentación?

Sería pertinente, además, determinar si Marta Brunet estructuraba sus entrevistas a partir de preguntas y respuestas respetando una sucesión cronológica, o bien, si esta era alterada de manera arbitraria según su óptica personal; además por qué escogía ciertas preguntas sobre otras y por qué destacaba ciertos rasgos de personalidad de sus entrevistados.

Otro ángulo susceptible de indagar en los estudios periodísticos brunetianos son los aspectos relacionados con el proceso de transformación colectivo de sus textos, es decir, con la elaboración y reelaboración que experimentan los escritos periodísticos antes de ser publicados (Casasús 1991, 96).

Lo anterior es fundamental a partir de lo demostrado en esta investigación, cuando corroboré la continuidad de la obra periodística de Brunet según la clasificación de Casasús (1991) en el sentido de publicar y republicar sus textos en diferentes medios de comunicación y en circunstancias distintas a lo largo de su trayectoria como reportera. Así lo he comprobado en las crónicas «La maestra rural», que publica en 1919 en el diario *El Día* y luego en 1927 en *El Sur*; «Fragmento de un diario» (1919), que firma como Miriam en *El Día*, y luego republica bajo el título «Del diario de una ingenua» (1927) con su nombre real en *El Sur*; y la crónica «Rodar tierras» (1930), que firma como Marta Brunet en *El Sur*, y años más tarde publica en *Ecrán* como «Vida y andanzas de Ernesto Morales» (1935) bajo el seudónimo de Aladina.

Desde el punto de vista dialógico, esta investigación ha demostrado que Brunet se ubica predominantemente como narradora homodiegética, asumiendo un rol protagonista en primera persona, lo que se transforma en otra característica distintiva de su periodismo. La autora utiliza la primera persona como una voz que describe no solo sentimientos personales sino los ambientes que observa desde su óptica personal.

De esta manera, su posición como narradora es más cercana a la del estadounidense James Agee, quien propone la observación personal y la percepción sensible como forma de conocimiento (Chillón 1999, 170) que a la de John Hersey y Truman Capote, quienes en los años 50 y 60 se esfuerzan por crear narradores externos, neutrales y omniscientes, con el propósito de una aparente objetividad.

Asimismo, es posible deducir que para narrar en primera persona la autora ha ensayado una rutina periodística que se constituye a partir de la tríada observar-describir-narrar en línea con lo propuesto por Martín Vivaldi cuando señala que es tarea del periodista observar los hechos, escoger los más más importantes y crear un relato interesante para el público (Vivaldi 2000, 404).

Marta Brunet no busca ser narradora aséptica y omnisciente; no evidencia un interés mayor por ubicarse fuera del relato o representar una voz carente de emociones. Al contrario, apuesta por ser una narradora participante y protagonista. Brunet no establece fronteras entre autor y narrador.

Esta postura brunetiana es relevante si se considera el dilema del narrador-periodista que enfrentaron también los representantes del Nuevo Periodismo estadounidense de los 60, como Tom Wolfe, Gay Talese y Joan Didion, al rebelarse en contra de la tradición británica periodística que daba por entendido que el narrador debía ser una voz tranquila, de personalidad apagada.

No solo en sus columnas Brunet oficia como narradora homodiegética, sino también en sus entrevistas y crónicas. En las primeras he visto cómo interpela permanentemente a sus entrevistados, involucrándose como hablante activa de la conversación. Como cronista, no solo describe lo que observa, sino que una vez más recurre a sus experiencias biográficas para enriquecer los relatos, lo que transforma algunos de sus escritos —particularmente sus relatos de viaje— en una suerte de cronotopo íntimo que ella comparte con sus lectores. Así, su capacidad de observación y sus recuerdos personales se transforman en elementos tan preponderantes para la construcción de sus escritos como los personajes que despliega en sus crónicas y entrevistas y hechos que reporta.

He demostrado que el lector conoce la realidad a través de los lentes de Marta Brunet, quien opina, juzga y describe. Esta predominancia de la primera persona (singular o plural) es distintiva en sus escritos si se le compara con sus contemporáneos nacionales de los años 30, como el cronista Joaquín Edwards Bello, quien prefiere la primera persona plural en sus relatos de viaje, o Elvira Santa Cruz, quien opta por la tercera persona en sus narraciones. Esta característica la diferencia además de los cronistas latinoamericanos de fines del siglo XX y principios del XXI, en cuyos textos aparece con preponderancia un narrador externo, que si bien relata en primera persona, lo asume no para relatar lo que siente, sino para intercalar comentarios sobre la realidad que observa (Aguilar 2020, 55).

Considerando que los escritos analizados para esta investigación son de carácter periodístico, es decir, construidos a partir de lo fáctico y no de lo literario, se comprueba la plena identidad entre narradora y autora como otro sello distintivo del *ethos* periodístico de la autora. El narrador periodístico —como se detalló en uno de los capítulos anteriores— no puede ni debe cumplir un rol ficticio, porque la disciplina reporteril, deontológicamente, exige veracidad, no verosimilitud, como ocurre en la literatura. No se incursiona en el mundo de la ficción, sino en el de la realidad (Desantes 1993, 41).

En consecuencia, una delimitación dada por una frontera entre un mundo real —ocupado por un autor— y un mundo ficticio —habitado por un narrador— no es un dilema esperable en la disciplina periodística.

Brunet, como autora y narradora, se ubica en un plano objetivo, no imaginario, para contar hechos y expresar opiniones sobre la realidad que le incumbe y afecta como cronista, entrevistadora y columnista.

Esta plena coincidencia es un aspecto que la escritora-periodista refuerza en sus escritos a partir de la exteriorización explícita de sus sentimientos, recuerdos personales y familiares e incluso limitaciones físicas como la ceguera contra la que batalló toda su vida. Sus limitaciones de visión se manifiestan en diversas crónicas y columnas como elementos propios de lo narrado y son expuestos por la autora sin ambages.

Realiza de esta manera un ejercicio de honestidad como periodista al presentarse abiertamente a sus lectores desde la subjetividad del yo. Sin embargo, en contadas ocasiones transita con absoluta libertad entre una narradora protagonista y una omnisciente, y, según la necesidad del relato, realiza cambios en los puntos de vista entre la primera, la segunda y tercera personas gramaticales, lo que demuestra cómo la construcción del narrador se convierte en un recurso literario que la autora utiliza al servicio de sus textos de prensa.

La utilización de otras técnicas complementarias de la narrativización del discurso periodístico en sus crónicas, columnas y entrevistas —tales como imitación de registro, acceso y ángulo del narrador— permiten concluir que la autora-periodista fusiona de manera armónica y natural la exigencia del realismo del periodismo con las técnicas literarias, logrando piezas reporteriles que traspasan lo meramente informativo y argumentativo para convertirse en textos de categoría periodístico-literaria.

Otro hallazgo de esta investigación revela cómo Brunet recurre a técnicas propias del periodismo moderno, tales como la construcción de escenas, el uso de guiones de diálogo y de verbos de atribución en pro de un relato que permita distinguir la voz del entrevistado y de su entrevistador.

En sus textos deduje, a partir de lo anterior, una suerte de simbiosis entre lo fáctico y lo literario. Desde lo factual, Brunet se convierte en una periodista que obtiene su información a partir de sus conversaciones y los lugares que visita y reporta. Desde la destreza literaria, utiliza la narración y descripción detallada como elementos enriquecedores de relatos, junto con la creación de imágenes mentales de los escenarios que da a conocer a sus audiencias.

Puedo concluir que los textos periodísticos de Marta Brunet se enmarcan en la tradición de la crónica periodística latinoamericana entendida como un laboratorio de experimentación y transformación de técnicas de la escritura, en línea con lo propuesto por Rotker, cuando define la crónica como el lugar de encuentro del discurso literario y periodístico (Rotker 2005, 130-133).

Pese a que en los tiempos en que la escritora-periodista desarrolla su labor aún no se acuñaba el concepto de periodismo literario, he demostrado que Brunet combinaba la recolección de hechos con una estructura narrativa elaborada, una voz personal, un escenario reconocible, la construcción de personajes, un tema y una trama, elementos que en la actualidad definen a un texto dentro de la categoría de periodismo literario (Abrahamson 2010, 89).

No sería posible afirmar, por lo tanto, que los años en que ejerció como periodista fuesen una tortura, como especulara el escritor uruguayo Ángel Rama («Marta Brunet Premio Nacional de Literatura» 21). Al contrario, luego de la lectura de los escritos analizados, podría señalar que Marta Brunet disfrutó de la profesión y que en sus crónicas, columnas y entrevistas no se aprecia una mera incorporación de recursos de ficción, sino elementos que la sitúan como una de las precursoras del periodismo literario chileno moderno.

BIBLIOGRAFÍA

BIBLIOGRAFÍA DE MARTA BRUNET

Brunet, Marta. «Pascua de resurrección». *El Día*, 4 de abril de 1920, p. 1.

—. «La labor artística de dos muchachos». *La Discusión*, 22 de octubre de 1922, p. 3.

—. *Cartas a Juan Guzmán Cruchaga entre 1923 y 1928*. Archivo del Escritor, Biblioteca Nacional, Chile.

—. *Carta a Samuel Glusberg*. 31 de julio de 1925a. Archivo Glusberg, Centro de Documentación e Investigación de las Culturas de Izquierda (CeDinCi), Argentina.

—. *Carta a Samuel Glusberg*. 9 de noviembre de 1925b. Archivo Glusberg, Centro de Documentación e Investigación de las Culturas de Izquierda (CeDinCi), Argentina.

—. «Amanda Labarca». *El Sur*, 23 de agosto de 1926a, p. 1.

—. «Camila Quiroga». *El Sur*, 5 de diciembre de 1926b, p. 3.

—. «Carol el Inquieto». *El Sur*, 26 de julio de 1926c, p. 3.

—. *Carta a Samuel Glusberg*. 20 de mayo de 1926d. Archivo Glusberg, Centro de Documentación e Investigación de las Culturas de Izquierda (CeDinCi), Argentina.

—. «Charlando con Raquel Adler». *El Sur*, 17 octubre de 1926e, p. 3.

—. «Choapinos». *El Sur*, 6 de junio de 1926f, f. 3.

—. «De ayer y de hoy». *El Sur*, 4 de julio de 1926g, p. 6.

—. «El otoño en los parques». *El Sur*, 23 de mayo de 1926h, p. 9.

—. «El roof garden». *El Sur*, 27 de diciembre de 1926i, p. 3.

—. «En casa de María Monvel». *El Sur*, 8 de agosto de 1926j, p. 3.

—. «Herminia Arrate de Dávila». *El Sur*, 2 de agosto de 1926k.

—. «La alameda». *El Sur*, 27 de junio de 1926l, p.

—. «Un hombre baila». *El Sur*, 27 de junio de 1926m, p. 3.

—. «Una visita a Federico García Sanchis». *El Sur*, 6 de noviembre de 1926n, p. 3.

—. «La lluvia». *El Sur*, 13 de junio de 1926ñ, p. 3.

—. «La signora X, quiromántica». *El Sur*, 28 de noviembre de 1926o, p. 3.

—. «Libros». *El Sur*, 24 de octubre de 1926p, p. 11.

—. «María Luján Ortiz Alcántara». *El Sur*, 12 de diciembre de 1926q, p. 3.

—. «Aguas dulces, aguas amargas: en la desembocadura del Bío-Bío».

El Sur, 6 de marzo de 1927a, p. 3.

—. «Del diario de una ingenua». *El Sur*, 10 de julio de 1927b, p. 3.

—. «Grave pequeño problema». *El Sur*, 9 de enero de 1927c, p. 3.

—. «Modas». *El Sur*, 24 de julio de 1927d, p. 5.

—. «Carta de una chilenita que está en Europa». *El Sur,* 12 de noviembre de 1928a, p. 3.

—. «Viaje». *El Sur*, 6 de mayo de 1928b, p. 3.

—. «Charlando con la señora Luisa Zanetta de Franzani, campeona hípica de Chile». *El Sur*, 21 de abril de 1929a, p. 3.

—. «Hablando con Victoria Caffarena, campeona de natación de Chile». *El Sur*, 17 de marzo de 1929b, p. 5.

—. «La amiga que llega de París». *El Sur*, 8 de diciembre de 1929c, p. 3.

—. «Sin título». *El Sur*, 2 de marzo de 1930, p. 3.

—. «Por nuestros artistas» *La Hora*, 6 de junio de 1939a, p.3.

—. «Niño mendicante». La Hora, 20 de agosto de 1939b.

—. *Obra narrativa. Novelas. Tomo I*. Ediciones Universidad Alberto Hurtado, 2014.

—. *Obra narrativa. Cuentos Tomo II*. Ediciones Universidad Alberto Hurtado 2017.

—. *Crónicas, columnas y entrevistas*. La Pollera Ediciones, 2019.

—. *Cuentos escogidos*. Alfaguara, 2020.

Brunet, Marta [Aladina]. «Andanzas de Ernesto Morales». *Ecrán*, 9 de abril de 1935a, p. 15.

—. «Carta a Eugenia María». *Ecrán*, 30 de abril de 1935b, p. 48.

—. «Estampas contrapuestas». *Ecrán*, 26 de marzo de 1935c, pp.10-49-51.

—. «No siempre el tiempo pasado fue el mejor». *Ecrán,* 23 de abril de 1935d, p. 29-58.

—. «Temas de noviembre». *Ecrán*, 5 de noviembre de 1935e, p. 18.

Brunet, Marta [Isabel de Santillana]. «Hogar dulce hogar». *Familia*, 3 de julio de 1935, p. 3.

—. «Ante todo el hogar». *Familia*, no. 122, 1937.

—. «15 años en flor». *Familia*, no. 114, 1938a, p. 3.

—. «Anuncio de primavera». *Familia*, no. 118, 1938b, p. 3.

—. «De ahora y de antes». *Familia*, no. 113, 1938c, p. 3.

—. «Fanfarria». *Familia*, no. 123, 1938d, p. 3.

—. «Fin de semana». *Familia*, no. 121, 1938e, p. 3.

—. «Gota de leche». *Familia*, no. 120, 1938f, p. 3.

—. «Juguetes». *Familia*, no. 116, 1938g, p. 3.

—. «La alegría del niño». *Familia*, no. 111, 1938h, p. 3.

—. «Lavaderos». *Familia*, no. 119, 1938i, p. 3.

—. «Lo más grave». *Familia*, no. 115, 1938j, p. 3.

—. «Por nuestro cuerpo cansado». *Familia*, no. 117, 1938k, p. 3.

—. «Regateo». *Familia*, no. 112, 1938l, p. 3.

Brunet, Marta [la Hermanita Hormiga]. *Tratado de arte culinario*. Editorial Nascimiento, 1931.

—. «Cocktail». *Familia*, 7 de agosto de 1935a, p. 64.

—. «El arte de trinchar». *Familia*, 19 de junio de 1935b, p. 63.

—. «La comida italiana». *Familia*, julio de 1935c, p. 61.

—. «La frutas». *Familia*, 3 de julio de 1935d, p. 59.

—. «Las verduras». *Familia*, 24 de julio de 1935e, p. 61.

—. «Los dulces chilenos». *Familia*, 17 julio de 1935f, p. 59.

—. «Los escabeches». *Familia*, 28 de agosto de 1935g, p. 63.

—. «Los huevos». *Familia*, 14 de agosto de 1935h, p. 63.

—. «Platos criollos». *Familia*, 21 de agosto de 1935i, p. 64.

—. «Saca apuros». *Familia*, no. 121, 1938a, p. 61.

—. «Comida para las colegialas». *Familia*, no. 114, 1938b, p. 59.

—. «Del mar». *Familia*, n 115, 1938c, p. 59.

—. «Dulce para los golosos». *Familia*, no. 116, 1938d, p. 57.

—. «Hay que comer huevos». *Familia*, no. 117, 1938e, p. 61.

—. «Los pescados». *Familia*, no. 119, 1938f, p. 57.

—. «Para los días fríos». *Familia*, no. 112, 1938g, p. 59.

—. «Picnic». *Familia*, no.122, 1938h, p. 61.

—. «Sentido utilitario». *Familia*, no. 120 1938i.

—. «Una vez a las perdidas». *Familia*, no. 118, 1938j, p. 59.

—. «Verduras del tiempo». *Familia*, no. 113, 1938k, p. 61.

—. «Verduritas nuevas». *Familia*, no. 123, 1938l, p. 61.

BIBLIOGRAFÍA SOBRE MARTA BRUNET

Aguilar, Milton. «Narrar a la chillaneja». *Las Últimas Noticias*, 11 de octubre, 1997, p. 33.

Alone. «Estudios: comentario crítico. Aguas Abajo por Marta Brunet». www.cervantesvirtual.com/portales/Marta_brunet (fecha de consulta 10/03/2019).

—. «Marta Brunet, Premio Nacional de Literatura 1961». *El Mercurio*, 9 de septiembre de 1961, p. 5 (fecha de consulta 10/03/2019).

—. «Bienvenido. Novela por Marta Brunet». *La Nación*, 15 de septiembre de 1929, p.2.

Amaro, Lorena. «En un país de silencio: narrativa de Marta Brunet». *Obra Narrativa. Novelas. Tomo I*. Ediciones Universidad Alberto Hurtado, 2014.

—. «Zonas de contacto y cuerpos enfermos en una relectura de Reloj de Sol, de Marta Brunet». *Anales de Literatura Chilena*, no. 36, 2021, pp. 237–49. DOI: https://doi.org/10.7764/ANALESLITCHI.36.12

Arratia, Olga. «Con Marta Brunet, Premio Nacional de Literatura». *En Viaje*, julio de 1962, pp. 38–39.

Balart, Carmen. «Dos miradas femeninas sobre el mundo: Marta Brunet y María Luisa Bombal». *Revista Intercambio*, 1989.

Careaga, Roberto. «Marta Brunet, la transgresora». *Revista de Libros de El Mercurio*, 17 de septiembre de 2017, p. 7.

Carmona, Darío. «28 preguntas a Marta Brunet». *Ercilla*, 2 de julio de 1958, p.11.

Carradori, Silvia. «La literatura como espacio de reflexión y resistencia: la maternidad (de)construida en Aguas Abajo, de Marta Brunet». *Nomadías*, vol. 24, 2017, pp. 89–111.

Carreño, Rubí. «Una escena crítica: estereotipos de género e ideologías de género en la recepción crítica de Marta Brunet y María Luisa Bombal». *Anales de Literatura Chilena*, no. 3, 2002, pp. 43–51.

—. «Piedrazo al patriarcado, de Marta Brunet». *Marta Brunet. Obra narrativa. Cuentos. Tomo II*. Ediciones Universidad Alberto Hurtado, 2017.

Carvajal, Osvaldo. «La sociedad literaria de Marta Brunet y Alone: apropiaciones en el ejercicio de la crítica literaria chilena de principios del siglo XX». *Anales de Literatura Chilena*, no. 36, 2021. DOI: https://doi.org/10.7764/ANALESLITCHI.36.11

Carvajal, Osvaldo y Antonia Viu. «Trayectorias editoriales: devenires de Bestia Dañina (1926)». *Anales de Literatura Chilena*, no. 36, 2021. DOI: https://doi.org/10.7764/ANALESLITCHI.36.16

Cisterna, Natalia. «El conjuro en la soledad: los relatos de brujas de Marta Brunet». *Anales de Literatura Chilena*, no. 36, 2021, pp. 285–97.

—. «Historia del texto y criterios editoriales». *Marta Brunet. Obra narrativa. Cuentos. Tomo II*. Ediciones Universidad Alberto Hurtado, 2017.

—. «La definición de las trayectorias literarias en dos escritoras chilenas modernas: María Flora Yáñez y Marta Brunet». *Revista Chilena de Literatura*, no. 86, 2014, pp. 101–20.

—. «La vigencia de Marta Brunet». *Anales de Literatura Chilena*, vol. 20, no. 32, 2019, pp. 233–40. DOI: https://doi.org/10.7764/ANALESLITCHI.32.13

Darrigrandi, Claudia. «Escrituras imprecisas: Marta Brunet en la prensa chilena». *Revista Chilena de Estudios Latinoamericanos*, no. 14, 2020, pp. 259–64.

—. «Informar y seleccionar: Brunet como columnista y editora». *Anales de Lite ratura Chilena*, no. 36, 2021, pp. 251–67. DOI: https://doi.org/10.7764/ANALESLITCHI.36.13

Delfino, Augusto. «Marta Brunet». *El Mercurio*, 22 de diciembre de 1946, pp. 3-4.

Díaz Arrieta, Hernán. «Marta Brunet, Premio Nacional de Literatura 1961». El Mercurio, 9 de septiembre de 1961, p. 5.

—. «Marta Brunet y la moral literaria». *La Nación*, 31 de julio de 1927, p. 7.

Donoso, José. "En Europa se hizo la luz». *Ercilla*, 1961, pp. 11–14.

Ecrán. «Marta Brunet colaborará en Ecrán». *Ecrán*, 19 de marzo de 1935, p. 1.

El Mercurio. «Marta Brunet agraciada con el Premio Nacional de Literatura». *El Mercurio*, 9 de septiembre de 1961.

Espinosa, Januario. «Apariencia de Marta Brunet». *El Mercurio*, 11 de agosto de 1940.

Farandato, Ketty. «Marta Brunet». *El Mercurio de Antofagasta*, 6 de octubre de 1986, p. 3.

Gálvez, Karim. *Rodar tierras. Crónicas, columnas y entrevistas*. La Pollera Ediciones, 2022.

García Games, Julia. «Marta Brunet». En *Cómo los he visto yo*. Editorial Nascimiento, 1930.

Guerrero, Pedro Pablo. «El exitoso regreso de Marta Brunet». *Revista de Libros de El Mercurio*, 2 de noviembre de 2014.

Hernández, Sergio. «Notas biográficas de Marta Brunet». *Theoría*, vol. I, 1995, pp. 111–19.

La Discusión. «Marta Brunet: 100 años». *La Discusión,* 12 de agosto de 1997, p.82.

Lago, Tomás. *Chillán y Marta Brunet. Grandes de Ñuble*. Ediciones Universidad del Bío-Bío, 2014.

Latcham, Ricardo. «Marta Brunet». *La Nación*, 29 de octubre de 1961.

López, Berta. «Estudios: recepción crítica». www.cervantesvirtual.com/portales/Marta_brunet (fecha de consulta 10/05/2019).

—. «La autora: biografía». www.cervantesvirtual.com/portales/Marta_brunet (fecha de consulta 10/05/2019).

—. *Órbita de Marta Brunet*. Ediciones Universidad de Concepción, 1997.

Lindo, Hugo. «Diez minutos con Marta Brunet». *Repertorio Americano*, enero de 1958, pp. 8–9.

Llanos, Bernardita. «Apasionados en Chile: la narrativa de Marta Brunet, María Luisa Bombal y Diamela Eltit». *Cyber Humanitas*, no. 50, 2009.

Mistral, Gabriela. Sobre Marta Brunet. www.letras.s5.com (fecha de consulta 21/06/2021).

Montes, Hugo. «Evocación de Marta Brunet». *Atenea*, no. 465–466, 1992, pp. 291–96.

—. «Poesía de Marta Brunet». *Revista Chilena de Literatura*, no. 20, 1982, pp. 41-62.

Morgan, Patricia. «Marta Brunet». *En Viaje*, noviembre de 1947, p. 35.

Mundt, Tito. «El hálito chillanejo de Marta Brunet». *La Discusión*, 1967, p.3.

Muñoz, Mariano. «Recordando a Marta Brunet». *La Prensa Austral*, 8 de agosto de 1991, p. 9.

Orellana, Gilko. «Viéndolos pasar. XXIII. Marta Brunet». *Las Últimas Noticias*, 31 de marzo de 1928.

Ossa, Carlos. «Significación del Premio Nacional de Literatura». *El Siglo*, 17 de septiembre de 1961.

Orthus, Pedro. «Marta Brunet entrevistada por un alumno». *Boletín del Instituto Nacional*, no. 1, 1936.

Oyarzún, Kemy. «En torno a Amasijo, de Marta Brunet» *Marta Brunet. Obra narrativa. Novelas*. Ediciones Universidad Alberto Hurtado, 2014.

—. «Género y canon: la escritura de Marta Brunet». *Cyber Humanitatis*, 2000.

Rama, Ángel. «Marta Brunet Premio Nacional de Literatura». *Marcha*, 18 de febrero de 1962, pp. 21–22.

Revista de Libros. «La juventud de Marta Brunet». *Revista de Libros de El Mercurio*, 5 de agosto de 2005.

Rojo, Grínor. «Apunte sobre María Nadie de Marta Brunet. *Marta Brunet. Obra narrativa. Novelas. Tomo I*. Ediciones Universidad Alberto Hurtado, 2014.

Romero, Alicia. «Marta Brunet. Sustancia de Chillán». *Quinchamalí*, no. 12, 2014, pp. 106–19.

Rossel, Milton. «Reencuentro con Marta Brunet». *Atenea*, 1961, pp. 3–13.

Rubio, Cecilia. «La inversión feliz en la cuentística de Marta Brunet». *Acta Literaria*, no. 20, 1995.

Sienna, Pedro. «¿Cómo, cuándo y por qué se hizo usted escritor?». *Zig-Zag*, 16 de agosto de 1935.

Torres, Arturo. «Marta Brunet». *El Mercurio*, 16 de marzo de 1958.

Vaisse, Emilio. «Marta Brunet y Montaña Adentro». *Estudios Críticos de Literatura Chilena*, 1940, pp. 65-69.

Zig-Zag. «Marta Brunet fue calificada como inmoral y hereje». *Zig-Zag*, 10 de diciembre de 1961, pp. 59–60.

BIBLIOGRAFÍA GENERAL

Aare, Cecilia. «A narratological approach to literary journalism: how an interplay between voice and point of view may create empathy with the other». *Literary Journalism Studies*, vol. 8, no. 1, 2016, pp. 106–39.

Abril, Natividad. *Periodismo de opinión*. Editorial Síntesis, 1999.

Abrahamson, David. «A narrative of collegial discovery on some conceptual essentials». *Literary Journalism Studies*, no.2, 2010, pp. 85-95.

Acevedo, Guillermo Bravo, et al. *Chile 1880-1930. Literatura e historia social*. Universidad Metropolitana de Ciencias de la Educación, 2001.

Acevedo, Carlos. «Presente y pasado en la historia de la educación en Chile: 1850-1950». *Foro educacional*, vol. 10, 2006, pp. 133-148.

Aedo-Richmond, Ruth. *La educación privada en Chile: un estudio histórico-analítico desde el periodismo colonial hasta 1990*. Ril editores, 2000.

Aguilar, Marcela, et al. *Escrituras a ras de suelo. Crónica latinoamericana del siglo XX*. Ediciones Universidad Finis Terrae, 2014.

—. *La era de la crónica*. Ediciones UC, 2020.

Alburquerque-García, Luis. «El relato de viajes: hitos y formas en la evolución del género». *Revista de Literatura*, vol. 73, no. 145, 2011, pp. 15–34. DOI: https://doi.org/10.3989/revliteratura.2011.v73.i145.250

Aldama Pando, Isamarzoy. «La literatura como intercambio verbal. Aplicación del modelo de las implicaturas conversacionales al análisis de un texto narrativo». *Santiago*, 2017, p. 359.

Aldea, Quintín. «España y Europa en la guerra de los treinta años». *Cuenta y razón*, no. 115, 2000, pp. 65-74.

Alexander, Andrés. «La crónica, una tradición periodística y literaria latinoamericana». *Historia y Comunicación Social*, no. 1, 2018, pp. 213–29. DOI: https://doi.org/10.5209/HICS.59842

Alfaro, José María. «Literatura y periodismo» *Cuenta y Razón*, no. 5, 1982, pp. 95-100.

Alonso, Martín. *Ciencia del lenguaje y arte del estilo*. Orbe, 1955.

Alsina, Miquel Rodrigo. *La construcción de la noticia*. Paidós, 1989.

Alvarado, Marina. «La sección folletín de la prensa chilena de mediados de siglo XIX: espacio privilegiado para la crónica». *Estudios sobre el mensaje periodístico*, no. 25, 2019, pp. 1275–92. DOI: https://doi.org/10.5209/esmp.66987

Amaro, Lorena. «Las muertas: actamiento y ruptura del orden simbólico en recuerdos de mi vida, de Martina Barros». *Taller de Letras*, no. 48, 2011, pp. 11–19.

Amunátegui, Miguel Luis. *La alborada poética en Chile después del 18 de septiembre de 1810*. Imprenta Nacional, 1892.

Anaya, Héctor. «Periodismo y literatura». http://www.hottopos.com/vdletras/ hect.htm (fecha de consulta 15/06/2020).

Appadurai, Arjun. «Gastro-american ethnologistolitics in hindu south Asia». *American Ethnologist*, vol. 8, no. 3, 1981, pp. 494–511. DOI: https://doi.org/10.1525/ae.1981.8.3.02a00050

Arcos, Carol. «Figuraciones autoriales: la escritura de mujeres chilenas en el siglo XIX (1840-1890)». *Revista Iberoamericana*, vol. 254, 2016, pp. 45–70. https://doi.org/10.5195/reviberoamer.2016.7359

Ardévol-Abreu, Alberto, et al. «Orígenes y desarrollo de la teoría de la agenda setting en comunicación. Tendencias en España (2014-2019)». *El Profesional de la Información*, 2020, pp. 1–24. DOI: https://doi.org/10.3145/epi.2020.jul.14

Aristóteles. *Ética y poética*. Océano Grupo Editorial, 2001.

Ashton, Susanna. «Narrating the news: new journalism and literary genre in late nineteenth-century american newspapers and fiction (review)». *American Periodicals*, no. 1, 2007, pp. 130–32. DOI: https://doi.org/10.1353/amp.2007.0000

Aylwin, Mariana, et al. *Chile en el siglo XX*. Editorial Planeta, 1990.

Bajtin, Mijael. *El método formal en los estudios literarios: introducción crítica a una poética sociológica*. Alianza, 1994.

Bak, John y Mónica Martínez. «Literary journalism as a discipline». *Brazilian journalism research,* 14.3, 2018, pp. 620–27. DOI: https://doi.org/10.25200/BJR.v14n3.2018.1163

Barros, Martina. «La esclavitud de la mujer». *Revista de Santiago* no. 6, 1872.

—. *Recuerdos de mi vida*. Editorial Orbe, 1942.

Barthes, Roland. «El efecto de realidad». *Revista de Occidente*, no. 386–387, 2013, pp. 210–19.

—. *Análisis estructural del relato.* Coyoacán, 1996.

Benavides, Jeovanny. «La construcción del narrador en Rubem Fonseca. Análisis del cuento El Cobrador». *Letras*, vol. 91, no. 134, 2020, pp. 199–210. DOI: https://doi.org/10.30920/letras.91.134.10

Benjamin, Walter. *Para una crítica de la violencia y otros ensayos. Iluminaciones.* Vol. 4. Taurus, 1999.

—. *El narrador.* Editorial Metales Pesados, 2016.

Bernal, Sebastián y Albert Chillón. *Periodismo informativo de creación.* Editorial Mitre, 1985.

Bernasconi, Oriana. «Aproximación narrativa al estudio de fenómenos sociales: principales líneas de desarrollo». *Acta Sociológica*, vol. 1, no. 56, 2011, p. 9. DOI: https://doi.org/10.22201/fcpys.24484938e.2011.56.28611

Biblioteca Nacional. *Anuario de la prensa chilena vol.21.* Imprenta Cervantes, 1892.

Biblioteca Nacional. *Anuario de la prensa chilena vol.41.* Imprenta Cervantes, 1895.

Biblioteca Nacional. *Anuario de la prensa chilena vol.59.* Imprenta Esmeralda, 1899.

Biblioteca Nacional. *Anuario de la prensa chilena.* Imprenta Cervantes, 1905.

Birkner, Thomas. «Journalism 1914». *Journalism History*, vol. 42, no. 3, 2016, pp. 153–63. DOI: https://doi.org/10.1080/00947679.2016.12059152

Blanco-López, Desiderio. «Autor, enunciador, narrador». *Lienzo*, no. 25, 2019, pp. 9–26. DOI: https://doi.org/10.26439/lienzo.2019.n040.4305

Bond, Fraser. *Introducción al periodismo.* Limusa Noriega Editores, 1996.

Bordieu, Pierre. «Las reglas del arte». *Génesis y estructura del campo literario.* Anagrama, 1995.

Borges, Rogerio Pereira. «Writing on self, writing on the other: literary journalism as theoretical parameter for the biographical genres». *Brazilian Journalism Research*, vol. 14, no.3, 2018, pp. 774–97. DOI: https://doi.org/10.25200/BJR.v14n3.2018.1123

Boyton, Robert. *El nuevo nuevo periodismo.* El Mercurio Aguilar, 2009.

Bravo Lira, Bernardino. *Imagen de Chile en el siglo XX: cultura, sociedad, instituciones.* Universidad Metropolitana de Ciencias de la Educación, 1988.

Brunetti, Paulina. «De la antigua prensa de opinión: usos del género epistolar».

Question/Cuestión, vol. 1, no. Verano, 2013, pp. 224–38.

Bueno, Miguel. «Octavio Paz, el arco y la lira». *Revista de Filosofía Dianoia*, vol. 3, no. 3, 1957, p. 416. DOI: https://doi.org/10.22201/iifs.18704913e.1957.3.1387

Cantavella, Juan. «La comprometida pervivencia del artículo literario». *Cultura: Revista de la Asociación de Docentes de la USMP*, no. 24, 2010, pp. 1–20.

—. «Los diálogos literarios como precursores de la entrevista periodística». *Estudios sobre el Mensaje Periodístico*, nº2, 1995, pp. 100–109.

—. «La columna informativa: un desafío de exigencia entre la omnipresente opinión». *Estudios sobre el Mensaje Periodístico*, 2000, nº6, pp. 53-62.

Cantavella, Juan y José Serrano. *Redacción para periodistas: informar e interpretar*. Ariel, 2004.

Caparrós, Martín. *Lacrónica*. Editorial Planeta, 2016.

Capella, Claudia. «Una propuesta para el estudio de la identidad con aportes del análisis narrativo». *Psicoperspectivas*, vol. 12, no. 2, 2013, pp. 117–28.

Capote, Truman. *A sangre fría*. Anagrama, 2018. DOI: https://doi.org/10.5027/psicoperspectivas-Vol12-Issue2-fulltext-281

Carvalho, Carlos Alberto. «Memoria y narración en el periodismo: sobre algunas dimensiones implicadas». *Chaspi: Revista Latinoamericana de Comunicación*, no. 125, 2014, pp 84-90. DOI: https://doi.org/10.16921/chasqui.v1i125.46

Casals, María Jesús. *Mensajes periodísticos y sociedad del conocimiento. Libro homenaje al profesor José Luis Martínez Albertos.* Universidad Complutense de Madrid, 2004.

—. «La columna personal: de esos embusteros días del ego inmarchitable». *Estudios sobre el Mensaje Periodístico*, n° 6, 2000, pp. 31-51.

Casasús, Josep y Ladevéze, Luis. *Estilo y géneros periodísticos*. Ariel Comunicación, 1991.

Celma, María Pilar y Carmen Morán. *Con voz propia. La mujer en la literatura española de los siglos XIX y XX.* Junta de Castilla y León. Fundación Instituto Castellano y Leonés de la Lengua, 2006.

Chile Ilustrado. «Chile Ilustrado». Chile Ilustrado, mayo de 1902, p. 4.

Chillon, Albert. *Literatura y periodismo. Una tradición de relaciones promiscuas.* Universitat de Valencia, 1999.

—. *La palabra facticia. Literatura, periodismo y comunicación*. Universitat de Valencia, 2014.

Collier, Simón y William F. Sater. *Historia de Chile 1808-1994*. Cambridge University Press, 1998.

Contreras, Joyce, et al. *Escritoras chilenas del siglo XX. Su incorporación pionera en la esfera pública y el campo cultural.* Ril editores, 2017.

Contreras, Nadia. «La mujer moderna en La Última Niebla y La Bella Durmiente: la tensión entre el deber ser y el querer ser». *Nomadías*, no. 26, 2018, pp. 31–44.

Correa, Sofía. *Historia del siglo XX chileno: balance paradojal*. Sudamérica, 2001.

Crespo, Elsy. «El estudio de las obras literarias desde la perspectiva de análisis propuesta por Pierre Bourdieu». *Espéculo: Revista de Estudios Literarios*, no. 20, 2003, p. 19.

Cruz Seoane, María. «El periodismo como género literario y como tema novelesco». *Literatura y periodismo: la prensa como espacio creativo*. Aedile, 2003.

Cruz, Nicolás y Whipple, Pablo. *Nueva historia de Chile. Desde los orígenes hasta nuestros días.* Zig-Zag, 1996.

Cuartero-Naranjo, Antonio. «El concepto de nuevo periodismo y su encaje en las prácticas periodísticas narrativas en España». *Doxa Comunicación* vol. 25, 2017, pp. 43–62. DOI: https://doi.org/10.31921/doxacom.n25a2

Cuasante Fernández, Elena. «Tiempo de la narración y niveles narrativos en la literatura autobiográfica». *Alpha*, no. 40, 2015, pp. 9–20. DOI: https://doi.org/10.4067/S0718-22012015000100002

Dader, José Luis. «El periodista entre el poder». *Revista Latina de Comunicación Social*, vol. 69, 2014, pp. 637–60.

Darrigrandi, Claudia. «Crónica latinoamericana: algunos apuntes sobre su estudio». *Cuadernos de Literatura*, vol. 17, no. 34, 2013, pp. 122–143.

—. «Gente que uno ve pasar sin dejar huella: El Roto en las portadas de la novela de Joaquín Edwards Bello». *Revista Iberoamericana*, no. 250, 2015, pp. 73–94,

—. *Jenaro Prieto. La melancolía de los contribuyentes: crónicas de ciudadanos y oficina*. La Pollera Ediciones, 2021.

De la Guardia, Carmen. «La violencia del nombre. Mujeres, seudónimos y silencios». En *El origen histórico de la violencia contra las mujeres*, 2009, pp. 201–39.

De la Vega, Daniel. *Luz de candilejas. El teatro y sus miserias*. Nascimiento, 1930.

De Ramón, Armando. *Historia de Chile. Desde la invasión incaica hasta nuestros días*. Catalonia, 2003.

Dearing, James y Everett Rogers. «Communication concepts». *Agenda Setting*, 1996, pp. 1–23. DOI: https://doi.org/10.4135/9781452243283

Del Campo Cortés, Eduardo. «El diario palestino de Juan Goytisolo: un reportaje en primera persona sobre la intifada palestina y la ocupación israelí». *Poligramas*, no. 54, 2022, pp. 1–29. DOI: https://doi.org/10.25100/poligramas.v0i54.12022

Desantes, José María. *Información y derecho*. Pontificia Universidad Católica de Chile, 1993.

De Valdés, María Elena. «El discurso narrativo en la obra de María Luisa Bombal». *Revista Canadiense de Estudios Hispánicos*, vol. 14, No. 3, 1990.

Díaz Noci, Javier. «Las raíces de los géneros perodísticos interpretativos: prece- dentes históricos formales del reportaje y la entrevista». *Estudios sobre el Mensaje Periodístico*, 2000, no. 6, pp. 135-152.

—. «Narrative strategies in the origin of journalism: an analysis of the first spanish-language gazettes». *Análisis,* 2017, pp. 15–32. DOI: https://doi.org/10.5565/rev/analisi.3089

Díaz, Wenceslao. *María y los espíritus. Diarios y cartas de María Tupper*. Ediciones UC, 2015.

Didion, Joan. *Noches azules*. Mondadori, 2000.

—. *El año del pensamiento mágico*. Random House, 2021.

Dow, William. «The center and beyond: the expansion of american literary journalism studies». *Revista Famecos-Midia, Cultura e Tecnología*, vol. 23, 2016, pp. 137–50.

Duero, Dante y Xilenia Carreras. «Un análisis fenomenológico y narrativo de los diarios de la escritora Aleenerodra Pizarnik». *Athenea Digital*, vol. 15, no. 1, 2015, pp. 31–63. DOÍ: https://doi.org/10.5565/rev/athenea.1044

Duque, Lyle. «Catherine Kohler Riessman. Narrative methods for the human sciences». *Forum Qualitative Sozialforschung*, vol. 11, no. 1, 2010.

Eaton, Oline. «The past is present: Jacqueline Kennedy Onassis in american chaos, pre/post 9/11». *Celebrity Studies*, vol. 9, no. 3, julio 2018, pp. 291–306.

—. «Watergate-ing Norman Mailer's Marilyn: life writing in cultural context». *Life Writing*, vol. 16, no. 2, 2019, pp. 261–77. DOI: https://doi.org/10.1080/14484528.2019.1548260

Eco, Umberto. *Lector in fabula. La cooperación interpretativa en el texto narrativo*, Editorial Lumen, 1993.

Edwards Bello, Joaquín. *Crónicas*. Zig-Zag, 1969.

—. *El Roto*. Editorial Universitaria, 1990.

—. «Impresiones de Valparaíso». *La Nación*, 24 de enero de 1924, p. 3.

Elliott, Michael A. «Other times: Herman Melville, Lewis Henry Morgan, and Ethnographic writing in the antebellum United States». *Criticism*, vol. 49, no. 4, 2007, pp. 481–503. DOI: https://doi.org/10.1353/crt.0.0041

Errázuriz, Javiera. «Discursos en torno al sufragio femenino en Chile 1865-1949». *Historia*, vol. II, no. 38, 2005, pp. 257–86. DOI: https://doi.org/10.4067/S0717-71942005000200002

Fernandez, Antonio. *El periodismo literario de Jaime Campmany*. Universidad de Murcia, 2016.

Fernández, Francisca. «Género y mestizaje en América Latina: las figuras de la chola y la china en los Andes». *Revista de Estudios Cotidianos*, vol. 3, 2013, pp. 376–86.

Fernández Lagunilla, M. y C. Pendones. «Recursos polifónicos del narrador en el discurso periodístico». *Revista de Filología Románica*, no.10, 1993, pp. 285–294.

Fernández Parrat, Sonia. «Periodismo y literatura: una contribución a la delimitación de la frontera». *Estudios sobre el Mensaje Period´ıstico*, vol. 12, 2006, pp. 275–84.

—. «El debate en torno a los géneros periodísticos en la prensa: nuevas propuestas de clasificación». *Zer-Revista de Estudios de Comunicación*, no. 11. 2001, p. 13.

Feudal, Guillermina. «Valorización del arte en los textos periodísticos de Clarice Lispector y Sara Gallardo (1967-1973)». *Orbis Tertius*, vol. 22, no. 26, 2017, p. 053. DOI: https://doi.org/10.24215/18517811e053

Fitzgerald, Jonathan. «Nineteenth-century women writers and the sentimental roots of literary journalism». *Literary Journalism Studies*, vol. 9, no. 2, 2017, pp. 8–27.

Fludernik, Monika. «Second person fiction: Narrative you as addressee and/or protagonist». *Arbeiten aus Anglistik und Amerikanisti*, 1993, pp 217-247.

Fontanille, Jacques. *Semiótica del discurso*. Fondo de Cultura Económica, 2017.

Forneas, María Celia. «La columna periodística: algunas ideas». *Estudios sobre el Mensaje Periodístico*, no. 9, 2003, pp. 139–58.

Foucault, Michel. *¿Qué es un autor?* Ediciones literales, 2010.

—. *El orden del discurso*. Tusquets editores, 1992.

Gálvez, Gloria. «La mujer: realidad y fantasía en los cuentos». *Scripta Humanistica*, 1986.

García-Huidobro, Cecilia. *Diarios Tempranos. Donoso in Progress, 1950-1965*. Universidad Diego Portales, 2016.

—. *Joaquín Edwards Bello. Un trasatlántico varado en El Mapocho*. Aguilar Chilena, 2005.

García-Huidobro, Cecilia y Escobar, Paula. *Una historia de las revistas chilenas*. Ediciones Universidad Diego Portales, 2012.

García de León, Encarnación. «Literatura periodística o periodismo literario». *Actas del XIII Congreso de la Asociación Internacional de Hispanitas*, Castalia, 2000.

García Landa, José Angel. «El autor implícito y el narrador no fiable según nuestro punto de vista». *SSRN Electronic Journal*, octubre 2011-2012.

García, Miguel. «El columnismo como género literario». *Literatura y periodismo: la prensa como espacio creativo*. Aedile, 2003.

Genette, Gerard. «El discurso del relato». *Figures III*, 1972, pp. 65-224.

—. «Fronteras del relato». En *Análisis estructural del relato. Tiempo Contemporáneo*, 1970.

Gil-Albarellos, Susana y Mercedes Rodríguez. *Ecos silenciados. La mujer en la literatura española. Siglos XII al XVIII*. Junta de Castillo y León. Fundación Instituto Castellano y Leonés de la Lengua, 2006.

Giordano, Alberto. «Autoficción: entre literatura y vida». *Coloquio internacional. La autoficción en América Latina*, 2013, pp. 1–20.

Godoy, Hernán. *El carácter chileno: estudio preliminar y selección de ensayos*. Editorial Universitaria, 1991.

Gómez, Beatriz. «Contexto teórico para el estudio de los orígenes de la biografía periodística en España». *Observatorio*, 2012, pp. 229–59.

Gómez Calderón, Bernardo. «La columna personal, género en disputa entre la literatura y el periodismo». *Literatura y Periodismo: La Prensa Como Espacio Creativo*. Aedile, 2003.

Gómez y Patiño, María. «La primera crónica de Miguel Hernández: el nuevo periodismo (1936-1939)». *Historia y Comunicación Social*, vol. 20, no. 1, 2015, pp.159–72. DOI: https://doi.org/10.5209/rev_HICS.2015.v20.n1.49553

Góngora, Mario. *Ensayo histórico sobre la noción de estado en Chile en los siglos XIX y XX*. Editorial Universitaria, 2003.

González, José Ramón, et al. *Testimonios del desastre. Periodistas y escritores en los campos de batalla*. Ediciones Trea, 2016.

González Reyna, Susana. *Periodismo de opinión y discurso*. Editorial Trillas, 1991.

González Ruiz, Nicolás. *Enciclopedia del periodismo*. Noguer, 1966.

Gray, F. Elizabeth. «Journalism and poetry in the calls to action». *Journalism Studies*, no. 7, 2017, pp. 807–25.

Grijelmo, Álex. *El estilo del periodista*. Taurus, 2001.

Guerra-Cunningham Lucía. «Visión de lo femenino en la obra de María Luisa Bombal: una dualidad contradictoria del ser y el deber-ser». *Revista Chilena de Literatura*, vol. 25, no. 25, 1985, pp. 87–99.

Guerra, Lucía. *Mujer, cuerpo y escritura en la narrativa de María Luisa Bombal*. Ediciones Universidad Católica de Chile, 2012.

Guerra Manzo, Enrique. «Las teorías sociológicas de Pierre Bourdieu y Norbert Elias: los conceptos de campo social y habitus». *Estudios Sociológicos*, no. 83, vol. XXVII, 2010, pp. 383-409.

Guimar, Augusto, et al. «Análisis documental de contenido de textos narrativos: bases epistemológicas y perspectivas metodológicas». *Ibersid: Revista de Sistemas de Información y Documentación*, no. 1, 2007, pp. 93-99. DOI: https://doi.org/10.54886/ibersid.v1i.3267

Gutiérrez, Ruth. «The concept of relationship epistemological considerations about the cognitive value of fiction». *Revista de Comunicación. Perú*, no. 2, 2018, pp. 292-315.

Gutiérrez, Fernando, et al. «El peso de la presión social y política: estudio de las limitaciones que condicionan el desempeño de los periodistas en cinco países latinoamericanos». *Anuario Electrónico Estudios de Comunicación Social*, vol. 9, no. 1, 2016, pp. 85–10b. DOI: https://doi.org/10.12804/disertaciones.09.01.2016.05

Habermas, Jürgen. *Teoría de la acción comunicativa: complementos y estudios previos*. Cátedra, 1994.

Hartsock, John. «Note from the editor... ». *Literary Journalism Studies*, vol. 5, no. 2, 2013, p.5.

Hernández, José Antonio, et al. *Retórica, literatura y periodismo. Actas del V seminario Emilio Castelar*. Ayuntamiento de Cádiz. Fundación Municipal de Cultura. Universidad de Cádiz, 2006.

Herrscher, Roberto. *Periodismo narrativo*. RiL editores. Universidad Finis Terrae, 2009.

Hersey, John. *Hiroshima*. Debate, 2015.

Hozven, Roberto. «Patrimonialismo y casuismo, puerto y santiaguinería en las crónicas ensayísticas de Joaquín Edwards Bello». *Nueva Revista del Pacífico*, 2020, no. 72, pp. 214-238. DOI: https://doi.org/10.4067/S0719-51762020000100214

Hutchins, Robert. «Informe sobre la libertad de prensa», 1947.

Izquierdo, Gonzalo. *Historia de Chile, tomo III*. Editorial Andrés Bello, 1990.

Johanningsmeier, Charles. «Narrating the news: new journalism and literary genre in late nineteenth-century american newspapers and fiction (Review)». *American Literary Realism*, vol. 40, no. 1, 2007, pp. 92-94.

Jung, Carl. *Obra completa*. Trotta, 1999.

Keeble, Richard Lance, et al. «Literary journalism as a discipline: Tom Wolfe and beyond». *Brazilian Journalism Research*, no. 14. 2018, pp. 862–81.

Kholer Riessman, Catherine. *Narrative methods for the human sciences*. Sage Publications, 2008. DOI: https://doi.org/10.25200/BJR.v14n3.2018.1126

Kottow, Andrea, «Feminismo y femineidad: escritura y género en las primeras escritoras feministas en Chile». *Atenea*, no. 508, 2013, pp. 151–69. DOI: https://doi.org/10.4067/S0718-04622013000200011

Lagos-Pope, María Inés. «Performing women and modern literary culture in latín america». *MLN*, vol. 122, no 2, p. 459-463. DOI: https://doi.org/10.1353/mln.2007.0044

Larssen, Kristiane y Harald Hornmoen. «The literary journalist as fellow human being». *Literary Journalism Studies*, vol. 5, no. 1, 2013, pp. 81–96.

Leal Souza, Bruno. «Sobre periodismo y narración: desplazamientos y cuestiones». *CIC. Cuadernos de Información y Comunicación*, no. 19, 2014, pp. 159–79.

Lee Bartky, Sandra. «Foucault, la feminidad y la modernización del poder patriar- cal». *La Manzana de La Discordia*, vol. 3, no. 1, 2016, p. 137. DOI: https://doi.org/10.25100/lmd.v3i1.1493

Lemann, Nicholas. «The journalism in literary journalism». *Literary Journalism Studies*, vol. 7, no. 2, 2015, pp. 50–58.

Lima, Edvaldo. «Literary journalism and transformative communication: proposal for the alignment of the new discipline with the growing trend of a communication transformative practice in social and human development». *Brazilian Journalism Research*, no. 14, 2018, p.840. DOI: https://doi.org/10.25200/BJR.v14n3.2018.1131

López Canicio, Gemma. «Ficción en la novela de no ficción. Análisis del estatuto ficcional a partir del narrador». *Impossibilia. Revista Internacional de Estudios Literarios*, no. 13, 2017, pp. 176-198.

López Hidalgo, Antonio. «La historia de vida periodística, un género poco usual en la prensa española». *Ámbitos. Revista Internacional de Comunicación*, no. 6, 2001, pp. 95–106. DOI: https://doi.org/10.12795/Ambitos.2001.i06.07

López Pan, Fernando. «El ethos retórico, un rasgo común a todas las modalidades del género columna». *Insula*, vol. 703–704, 2005, pp. 12–15.

—. *70 Columnistas de la prensa española*. Eunsa, 1995.

Luppi, Juan Pablo. «Recuentos de un yo anfibio. El autor en la trama del relato». *Revista de Literaturas Modernas*, 06/2018, pp. 49–64.

Maguire, Roberta S. «African american literary journalism: extensions and elabo- ration». *Literary Journalism Studies*, vol. 5, no. 2, 2013, pp. 8–14.

Mancera Rueda, Ana. «El periodismo en las preceptivas literarias de los siglos XIX y XX». *Dicenda: Cuadernos de Filología Hispánica*, vol. 29, no. 29, 2011, pp. 231–50. DOI: https://doi.org/10.5209/rev_DICE.2011.v29.37790

—. «La teoría de los géneros periodísticos en España: notas sobre su origen y estado de la cuestión». *Sala de Prensa*, no. 117, 2009, pp. 1-25.

—. «Oralidad y coloquialidad en la prensa española: la columna periodística». *Actas del XXXVII simposio internacional de la sociedad española de lingüística (SEL)*, 2008, pp. 469–78.

Martínez Albertos, José Luis. *Curso general de redacción periodística*. Paraninfo, 1992.

—. *El lenguaje periodístico*. Paraninfo, 1989.

Martínez, Tomás Eloy. «Periodismo y narración: desafíos para el siglo XXI». *Cuadernos de Literatura*, vol. 8, no. 15, 2002, pp. 115–23.

Martínez Vallvey, Fernando. *La entrevista periodística desde el punto de vista conversacional*. Ediciones Universidad Pontificia de Salamanca, 1995.

McCombs, Maxwell y Sebastián Valenzuela. «The Agenda-Setting Theory». *Cuadernos.Info*, no. 20, 2007, pp. 44–51. DOI: https://doi.org/10.7764/cdi.20.111

Méndez, Mariela. *Crónicas travestis. El periodismo transgresor de Alfonsina Storni, Clarice Lispector y María Moreno*. Beatriz Viterbo Editora, 2018.

Menéndez, Nuria. «Vindicación feminista. A paradigmatic case of exclusion in the history of journalism in Spain». *Historia y Comunicación Social*, vol. 24, no. 1, 2019, pp. 7–28. DOI: https://doi.org/10.5209/hics.64463

Mesa, Rafael. «La crónica, un género del periodismo literario equidistante entre la información y la interpretación». *Espéculo. Revista de Estudios Literarios de la Universidad Complutense de Madrid*, 2006, pp. 1-9.

Milos, Pedro. *Frente popular en Chile: su configuración, 1935-1938*. Lom Ediciones, 2008.

Montecino, Sonia. *El pelo de Chile y otros textos huachos*. Ediciones de la Subdirección de Investigación. Servicio Nacional del Patrimonio Cultural, 2021.

—. *Madres y huachos. Alegorías del mestizaje chileno*. Catalonia, 2007.

Montero, Claudia. «El ensayo de género y las demandas de los derechos de las mujeres». *Divergencia* no. 6, 2016, pp. 41–53.

—. *Y también hicieron periódicos. Cien años de prensa de mujeres en Chile 1850-1950*. Hueders, 2018.

–. «Acción Femenina y nación: entre la exclusión y la pertenencia». *América Latina y el Mundo*. Facultad de Filosofía y Humanidades, Universidad de Chile, 2004.

Montesa, Salvador. *Literatura y periodismo: la prensa como espacio creativo*. Aedile, 2003.

Morton, Lindsay. «The role of imagination in literary journalism». *Literary Journalism Studies*, vol. 10, no. 1, 2018, pp. 92–111.

Nadal, José María. «Las columnas periodísticas de tipo creativo y la narratividad. La lógica narrativa y los artículos de Juan José Millas en El País». *Tropelías: Revista de Teoría de La Literatura y Literatura Comparada*, vol. 12–14, 2003, pp. 377–92. DOI: https://doi.org/10.26754/ojs_tropelias/tropelias.200312-145811

Nerone, John. «Genres of journalism history». *Communication Review*, vol. 13, no. 1, 2010, pp. 15–26. DOI: https://doi.org/10.1080/10714420903558639

Orellana, María Isabel. *Una mirada a la escuela chilena. Entre la lógica y la paradoja*. SM Ediciones, 2010.

Orozco Vera, María. «La forma autobiográfica como configuración del discurso literario femenino en la narrativa de Marta Brunet, María F. Yáñez, M.L. Bombal y María C. Geel». *Anales de Literatura Hispanoamericana*, no. 23, 1994, pp. 295–314.

Osorio, Olga. «Los orígenes del trabajo periodístico de Sofía Casanova al inicio de la I guerra mundial». *Historia y Comunicación Social* vol. 19, 2014, pp. 47–60. DOI: https://doi.org/10.5209/rev_HICS.2014.v19.47284

Osorio, Raúl. «Reportage: methodology of literary journalism». *Brazilian Journalism Research*, vol. 14, no. 3, 2018, pp. 720–39. DOI: https://doi.org/10.25200/BJR.v14n3.2018.1124

Orrego, Rosario. *Rosario Orrego de Uribe. Sus mejores poemas, artículos y la novela corta «Teresa». Biografía y selección de Isaac Grez Silva.* Editorial Nascimiento, 1931.

Oviedo, José Miguel. «Reflexiones sobre el criollismo y su desarrollo en Chile». *Anales de Literatura Hispanoamericana*, vol. 27, no. 1896, 1998, pp. 25–34.

Palau-Sampio, Dolors y Antonio Cuartero-Naranjo. «El periodismo narrativo español y latinoamericano: influencias, temáticas, publicaciones y puntos de vista de una generación de autores». *Revista Latina de Comunicación Social*, no. 73, 2018, pp. 961–79. DOI: https://doi.org/10.4185/RLCS-2018-1291

Palenque, Marta. «Entre periodismo y literatura: indefinición genérica y modelos de escritura Entre 1875 y 1900». *Del romanticismo al realismo: actas del I coloquio de la sociedad de literatura española del siglo XIX.* Universitat de Barcelona, 1998.

Passos, Mateus, et al. «The Chudnovsky case: how literary journalism can open the black box of science». *Currículo Lattes*, no. diciembre, 2010.

Patterson, Carlos. «El buen reportaje, su estructura y características». *Revista Latina de Comunicación Social*, no.6, 2003, p.1.

Paz, Octavio. *El laberinto de la soledad. Obras Completas. Volumen III.* Fondo de Cultura Económica, 1996.

Pérez, Álvaro et al. «Los géneros retratísticos durante la II república española en las revistas Estampa y Crónica (1931-1936): características de un género periodístico en auge». *Estudios sobre el Mensaje Periodístico*, 2017, vol. 23, n° 2, 1351-1368. DOI: https://doi.org/10.5209/ESMP.58049

Pérez, Álvaro y Martínez, Antonio. «El arte del retrato en los textos periodísticos de Manuel Chaves Nogales». *Zer. Revista de Estudios de Comunicación*, vol. 21, no. 40, 2016, pp. 219–36. DOI: https://doi.org/10.1387/zer.16426

Pier, John. «Gèrard Genette's evolving narrative poetics». *Narrative*, vol. 18, no. 1, 2010, pp.8-18. DOI: https://doi.org/10.1353/nar.0.0038

Pinto, Patricia. «El paradigma masculino/femenino en el discurso narrativo de Amanda Labarca». *Acta Literaria*, vol. 16, no. 15, 1990, pp. 133–46.

Pizer, Donald. «Late nineteenth-century american literary naturalism: a reintroduction». *American Literary Realism*, vol. 38, no. 3, 2006, pp. 189-202.

Poblete, Patricia. «Hibridez y tradición en la crónica latinoamericana contemporánea. Los textos de Rafael Gumucio». *Revista Iberoamericana*, vol. 82, no. 254, 2016, pp. 185–98. DOI: https://doi.org/10.5195/reviberoamer.2016.7368

—. «Periodistas/literatos: autoría, mercado y campo cultural». *Periodismo narrativo en América Latina.* Ciespal, 2017.

—. «Crónica narrativa contemporánea: enfoques, deslindes y desafíos metodológicos». *Literatura Mexicana*, vol. 31, no. 1, 2019, p. 133.

Prieto, Jenaro. *Humo de pipa*. Editorial del Pacífico, 1955. DOI: https://doi.org/10.19130/iifl.litmex.31.1.2020.1143

Puente, Soledad, et al. «Modelamiento de los aspectos intervinientes en el proceso de pauta periodística». *Palabra Clave*, vol. 17, no. 1, 2014, pp. 205–25. https://doi.org/10.5294/pacla.2014.17.1.7

Puerta, Andrés. «El periodismo narrativo o una manera de dejar huella de una sociedad en una época». *Anagramas Rumbos y Sentidos de la Comunicación*, vol. 9, no. 18, 2011, pp. 47–60. https://doi.org/10.22395/angr.v9n18a3

—. «Una voz de los olvidados». *Anagramas Rumbos y Sentidos de la Comunicación*, vol. 7, no. 14, 2009, pp. 63–80.

Quevedo, Juan Francisco. «Apuntes sobre el autor y el narrador». *El Guiniguada*, no. 2, 1991, pp. 223-230.

Real Academia Española. *Diccionario de la Lengua Española*. 23.a Edición, 1992.

Reyes del Villar, Soledad. *El centenario de Chile (1910): relato de una fiesta*. Globo Editores, 2007.

Ricoeur, Paul. *El conflicto de las interpretaciones*. Fondo de Cultura Económica, 2003.

—. *Historia y narratividad*. Grupo Planeta, 1999.

—. «La vida: un relato en busca de narrador». *Ágora, Papeles de Filosofía,* 25/2, 2006, p.9-22.

—. *Tiempo y narración. III: El tiempo narrado. Vol.3*. Siglo XXI, 2003.

Roberts, William y Fiona Giles. «Mapping nonfiction narrative: a new theoretical approach to analyzing literary journalism». *Literary Journalism Studies*, vol. 6, no. 2, 2014, pp. 100–17.

Rodríguez, Jorge. «Gómez Alfaro: pioneer of interdisciplinary studies on the rela- tionships between journalism and literature in Spain». *Revista Latina de Comunicación Social*, no. 65, 2010, pp. 1–9. DOI: https://doi.org/10.4185/RLCS-65-2010-885-089-098-EN

—. «La clasificación del periodismo en las preceptivas retóricas y literarias del XIX español. Entre el desdén y la perplejidad». *Textual y Visual Media*, 2009, no 2, p. 235-246.

Rojas Flores, Jorge. *Historia de la infancia en el Chile republicano 1810-2010*. Ocho libros, 2010.

Romero Álvarez, María. «El pacto periodístico». *Revista Mexicana de Ciencias Políticas y Sociales*, vol. 45, no. 186, 2002, pp. 159-173. DOI: https://doi.org/10.22201/fcpys.2448492xe.2002.186.48144

Romero Tobar, Leonardo. «Los géneros literarios en el periodismo del traspaso de siglos». *Literatura y periodismo: la prensa como espacio creativo*. Aedile, 2003.

Rotker, Susana. *La invención de la crónica*. Fondo de Cultura Económica, 2005.

Roxane. «Danzas japonesas de ayer y hoy». *El Mercurio*, 10 de mayo de 1931a, p. 5.

—. «Singapore. El Gibraltar de oriente». *El Mercurio*, 20 de diciembre de 1931b, p. 3.

—. «Un viaje a la China». *El Mercurio*, 7 de junio de 1931c, p. 4.

Rozotto, David. «El criollismo en la América de habla hispana: revisita y reflexiones sobre el patrimonio de una literatura centenaria». *Literatura: teoría, historia, crítica*, vol.1, no.1, 2019, pp. 117-141. DOI: https://doi.org/10.15446/lthc.v21n1.74868

Rubio Martín, María. «Nuevas cartografías del libro de viajes contemporáneos: la cultura especular». *Letras*, no.57, 2010, pp. 149–162.

—. «En los límites del libro de viajes: seducción, canonicidad y transgresión de un género». *Revista de Literatura*, no. 145. pp.65-90.

Rueda-Acedo, Alicia. «El cuento periodístico y la entrevista literaria de Rosa Montero: Paulo Pumilio y Javier Marías: en estado de gracia». *Hispania*, vol. 93, no. 4, 2010, pp. 605–14. DOI: https://doi.org/10.1353/hpn.2010.a407175

Ruiz, Jorge. «Análisis sociológico del discurso: métodos y lógicas». *Forum: Qualitative Social Research*, vol. 10, no. 2, 2009.

Saavedra, Gonzalo. «El coqueteo con la ficción». *Cuadernos Info*, no. 9, 1994, pp. 61–71. https://doi.org/10.7764/cdi.9.303

—. «Narradores que saben más». *Cuadernos de Información*, vol. 14, 2001, pp. 63–73.

Sagredo, Rafael y Cristián Gazmuri. *Historia de la vida privada en Chile. El Chile moderno de 1840 a 1925*. Taurus, 2005.

Saiz, María Dolores. «La prensa madrileña en torno a 1898». *Historia y Comunicación Social*, no. 3, 1998, pp. 195–200.

Salazar, Paola. «El trabajo con la voz del otro. Un acercamiento al análisis narrativo en la investigación psicosocial». *Revista Intercontinental de Psicología y Educación*, no.18, 2016, pp. 103–23.

Salavarría, Ramón. «Aproximación a los orígenes de la preceptiva sobre escritura periodística (1840-1940)». *Communication and Society*, no. 10, 1997, pp. 61-94. DOI: https://doi.org/10.15581/003.10.35635

Sampio, Dolores y Antonio Cuartero. «El periodismo narrativo español y latinoamericano: influencias, temáticas, publicaciones y puntos de vista de una generación de autores». *Revista Latina de Comunicación Social*, vol. 73, 2018, pp. 961–79. DOI: https://doi.org/10.4185/RLCS-2018-1291

Sangronis, Miliber y Clarisbeth Puentes. «La gestualidad y los segmentos narrativos propuestos por Labov: análisis de una narración». *Lengua y Habla*, vol. 19, no. 1992, 2015, pp. 216–30.

Santa Cruz, Elvira. «Los derechos de la mujer en la V conferencia panamericana". *El Mercurio*, 22 de abril de 1923.

Santamaría, Luisa. «Géneros literarios y géneros periodísticos». *Periodística: Revista Académica*, 1991, pp. 107-110.

Santibáñez, Abraham. *Periodismo interpretativo: los secretos de la fórmula Time*. Andrés Bello, 1974.

Sartre Jean Paul. *¿Qué es la literatura?* Losada, 2008.

Sèbart, Olivia. «La crónica modernista mexicana». http://cle.ens-lyon.fr/ contributeurs/ sebart-olivia

Shaber, Sarah. «Hemingway's literary journalism: the spanish civil war dispatches». *Journalism Quarterly*, vol. 57, no. 3, 1980, pp. 420–535. DOI: https://doi.org/10.1177/107769908005700306

Schmidt, Thomas. «Pioneer of style: how the Washington Post adopted literary journalism». *Literary Journalism Studies*, vol. 9, no. 1, 2017, pp. 34–59.

Schwab, Christiane. «Transforming city in nineteenth-century literary jour- nalism: Ram´on de Mesonero Romanos' Madrid scenes and Charles Dickens' street sketches». *Urban History*, vol. 46, no. 2, 2019, pp. 225–45. DOI: https://doi.org/10.1017/S0963926818000391

Serrano Orejuela, Eduardo. «El narrador y sus saberes». *Poligramas*, no. 41, 2017, p. 47. DOI: https://doi.org/10.25100/poligramas.v0i41.4406

Serrano, Sol, et al. *Historia de la educación en Chile (1810-2010)*. Taurus, 2012.

Silva Castro, Raúl. «Joaquín Edwards Bello y Daniel de la Vega prosistas chilenos». *Revista Hispánica Moderna,* no. 3, 1986, pp. 791–98.

Sims, Norman. «Literary journalism courses and professional writers». *Journalism Educator,* vol. 45, no. 4, 1991, pp. 72–74. DOI: https://doi.org/10.1177/107769589104500413

—. *Los periodistas literarios o el arte del reportaje personal*. Aguilar, 2009.

—. «International Literary Journalism in Three Dimensions». *World Literature Today*, vol. 86, no. 2, 2012a, pp. 32–36. DOI: https://doi.org/10.1353/wlt.2012.0105

—. «The personal and the historical: literary journalism and literary history». *Global literary journalism: Exploring the journalistic imagination*. Brussel, 2012b, pp. 207-217.

Souza, Bruno. «Sobre periodismo y narración: desplazamientos y cuestiones». *Cuadernos de Información y Comunicación,* vol. 19, 2013, pp. 159-178. CIC.

Subercaseaux, Bernardo. «Literatura, nación y nacionalismo». *Revista Chilena de Literatura,* no. 1903, 2007, pp. 5–37. DOI: https://doi.org/10.4067/S0718-22952007000100001

—. «Editoriales y círculos intelectuales en Chile 1930-1950». *Revista Chilena de Literatura,* no. 72, 2008, pp. 221–33.

—. *Historia de las ideas y de la cultura en Chile: desde la independencia hasta el bicentenario*. Editorial Universitaria, 2011.

Sulle, Enric. *Teoría de la novela. Antología de textos del siglo XX*. Nuevos Instrumentos Universitarios, 1996.

Sullivan, Christopher C. «John Steinbeck, war reporter: fiction, journalism and types of truth». *Journalism History*, vol. 23, no. 1, 1997, pp. 16–23. DOI: https://doi.org/10.1080/00947679.1997.12062461

Tablada, José Juan. *Obras IV. Diario (1900-1944)*. Universidad Nacional Autónoma de México. Nueva Biblioteca Mexicana, 1992.

Tarsilla, Michele. «Applied thematic analysis». *Canadian Journal of Program Evaluation*, vol.29, 2014, pp. 141–43. DOI: https://doi.org/10.3138/cjpe.29.1.141

Thorne, Ann. «Developing a personal style: Janet Flanner's literary journalism». *American Journalism*, vol. 23, no. 1, 2006, pp. 35–62. DOI: https://doi.org/10.1080/08821127.2006.10677996

Tinto, José. «El análisis de contenido como herramienta de utilidad para la realización de una investigación descriptiva». *Provincia*, vol. 1, no. 29, 2013, pp. 135–73.

Todorov, Tzvetan. *Las categorías del relato literario*. Editorial Tiempo Contemporáneo, 1970.

Tomachevski, Boris. *Teoría de la literatura*. Ediciones Akal, 1982.

Torregrosa, Juan-Francisco y Carmen Gaona. «Antecedentes y perspectivas sobre periodismo literario español durante el siglo XX». *Historia y Comunicación Social*, vol. 18, no.0, 2014, pp. 789–98.

DOI: https://doi.org/10.5209/rev_HICS.2013.v18.44008

Torras, Meri. *Carme Riera. Espacios fronterizos*. Ediciones Universidad de Valladolid, 2019.

Trancón, Santiago. «El acto de narrar: relaciones entre autor y narrador». *Epos: Revista de Filología*, no. 28, 2012, p. 451. DOI: https://doi.org/10.5944/epos.28.2012.12284

Tuñón, Amparo. «Periodismo y literatura: el último encuentro». *Literatura y periodismo: la prensa como espacio creativo*. Aedile, 2003.

Vanoost, Merie. «Defining narrative journalism through the concept of plot». *Digesis*, no.2.2, 2013, pp. 77-97.

Vargas Llosa, Mario. *García Márquez: Historia de un deicidio*. Alfaguara, 2021.

Vasilachis, Irene. *Estrategias de investigación cualitativa. Vol, II*. Gedisa (2019).

Vásquez, Malva Marina. «Memoria de género y muerte auténtica en La Amortajada de María Luisa Bombal». *Chasqui*, vol. 44, no. 2, 2015, pp. 285–304.

Vega-Estarita, Lina y Marta Barrios. «El periodismo literario en el caribe colombiano: Ernesto McCausland Sojo y la pervivencia de la crónica». *Signo y Pensamiento*, vol. 35, no. 69, 2016, pp. 84–99. DOI: https://doi.org/10.11144/Javeriana.syp35-69.plcc

Vergara, Lucas. *Tito Mundt: el último gran reportero*. Lolita Editores, 2015.

Vial, Gonzalo. *Historia de Chile, 1891-1973: la sociedad chilena en el cambio de siglo, 1891-1920*. Editorial Santillana, 1981.

Villacis, Rodrigo. «La entrevista como género literario». *Chasqui*, vol. 58, 1997, pp. 66–65.

Viú, Julieta. «Reseña de crónicas travestis. El periodismo transgresor de Alfonsina Storni, Clarice Lispector y María Moreno». *Anclajes*, vol. 23, no. 2, 2019, pp. 103–104. DOI: https://doi.org/10.19137/anclajes-2019-2328

Vivaldi, Martín. *Curso de redacción, teoría y práctica de la composición y del estilo*. Paraninfo, 2000.

—. *Géneros periodísticos*. Paraninfo, 1987.

Weinberg, Liliana. «José Martí: cronista de lo invisible». *CELEHIS,* 2018, pp. 105–23.

Wild, Gerhard. «Edwards Bello, Joaquín». *Kindlers Literatur Lexikon*, 2020, pp. 1–1. DOI: https://doi.org/10.1007/978-3-476-05728-0_3498-1

Wolfe, Tom. *El nuevo periodismo*. Anagrama, 1992.

Wood, David. «Introduction: interpreting narrative». *On Paul Ricoeur*. Routledge, 2002. DOI: https://doi.org/10.4324/9780203416815

Zdovc, Sonja. «Literary journalism: the intersection of literature and journalism». *Acta Neophilologica*, vol.37, 2004, pp.17-23. DOI: https://doi.org/10.4312/an.37.1-2.17-23.